煤矿生态环境相关法规政策汇编

郝育红　高　辉　代其彬　吴瑞志
崔　岩　田　莉　田新国　编著

中国环境出版集团·北京

图书在版编目（CIP）数据

煤矿生态环境相关法规政策汇编 / 郝育红等编著
. —北京：中国环境出版集团，2023.5
ISBN 978-7-5111-5231-2

Ⅰ. ①煤…　Ⅱ. ①郝…　Ⅲ. ①矿山环境—生态环境保护—环境保护法—汇编—中国 ②矿山环境—生态环境—环境保护政策—汇编—中国　Ⅳ. ① D922.689 ② X322.2

中国版本图书馆 CIP 数据核字（2022）第 141589 号

出 版 人　武德凯
责任编辑　杨旭岩
封面设计　易出版

出版发行　中国环境出版集团
（100062　北京市东城区广渠门内大街 16 号）
网　址：http：//www.cesp.com.cn
电子邮箱：bjgl@cesp.com.cn
联系电话：010-67112765（编辑管理部）
发行热线：010-67125803，010-67113405（传真）
印　刷　玖龙（天津）印刷有限公司
经　销　各地新华书店
版　次　2023 年 5 月第 1 版
印　次　2023 年 5 月第 1 次印刷
开　本　787 × 1092　1/16
印　张　16
字　数　324 千字
定　价　68.00 元

FOREWORD

前言

随着我国经济社会发展和“十四五”规划的展开，煤矿生态环境保护与修复也进入新时代。在现有国家和地方法规的框架下，如何有效开展煤矿生态环境保护和修复，一直是煤矿行业同行努力思考的问题。近年来，国家和地方不断加强对煤矿生态环境的保护与修复，持续制定并发布了一系列与煤矿生态环境保护和修复相关的法律、规范和规定，这些法律、规范和规定对于开展煤矿生态环境的保护与修复工作，提高煤矿生态环境保护与修复人员的水平起到了很大的作用。为适应煤矿生态环境保护与修复部门和从业人员开展工作的需要，根据多年的实践工作经验，对国家和地方相关法律、规范和规定进行了有针对性的遴选并分类汇编成册，供同行参考。本书突出了国家和地方法规的权威性和实用性，适用广大煤矿生态环境保护与修复单位和部门以及其从业人员，同时为相关专业的学生学习提供参考，也可以作为相关人员的培训教材使用。

限于编者水平，书中疏漏或不妥之处在所难免，恳请广大读者批评指正。

编　者

2021年1月于邯郸

CONTENTS

目　录

汇编一　国家法律

汇编二　国家法规

汇编三　河北省法规

汇编四　技术规范

汇编一　国家法律

中华人民共和国环境保护法

（1989年12月26日第七届全国人民代表大会常务委员会第十一次会议通过　2014年4月24日第十二届全国人民代表大会常务委员会第八次会议修订）

目　录

第一章　总则

第一条　为保护和改善环境，防治污染和其他公害，保障公众健康，推进生态文明建设，促进经济社会可持续发展，制定本法。

第二条　本法所称环境，是指影响人类生存和发展的各种天然的和经过人工改造的自然因素的总体，包括大气、水、海洋、土地、矿藏、森林、草原、湿地、野生生物、自然遗迹、人文遗迹、自然保护区、风景名胜区、城市和乡村等。

第三条　本法适用于中华人民共和国领域和中华人民共和国管辖的其他海域。

第四条　保护环境是国家的基本国策。

国家采取有利于节约和循环利用资源、保护和改善环境、促进人与自然和谐的经济、技术政策和措施，使经济社会发展与环境保护相协调。

第五条　环境保护坚持保护优先、预防为主、综合治理、公众参与、损害担责的原则。

第六条　一切单位和个人都有保护环境的义务。

地方各级人民政府应当对本行政区域的环境质量负责。

企业事业单位和其他生产经营者应当防止、减少环境污染和生态破坏，对所造成的损害依法承担责任。

公民应当增强环境保护意识，采取低碳、节俭的生活方式，自觉履行环境保护义务。

第七条 国家支持环境保护科学技术研究、开发和应用，鼓励环境保护产业发展，促进环境保护信息化建设，提高环境保护科学技术水平。

第八条 各级人民政府应当加大保护和改善环境、防治污染和其他公害的财政投入，提高财政资金的使用效益。

第九条 各级人民政府应当加强环境保护宣传和普及工作，鼓励基层群众性自治组织、社会组织、环境保护志愿者开展环境保护法律法规和环境保护知识的宣传，营造保护环境的良好风气。

教育行政部门、学校应当将环境保护知识纳入学校教育内容，培养学生的环境保护意识。

新闻媒体应当开展环境保护法律法规和环境保护知识的宣传，对环境违法行为进行舆论监督。

第十条 国务院环境保护主管部门，对全国环境保护工作实施统一监督管理；县级以上地方人民政府环境保护主管部门，对本行政区域环境保护工作实施统一监督管理。

县级以上人民政府有关部门和军队环境保护部门，依照有关法律的规定对资源保护和污染防治等环境保护工作实施监督管理。

第十一条 对保护和改善环境有显著成绩的单位和个人，由人民政府给予奖励。

第十二条 每年6月5日为环境日。

第二章 监督管理

第十三条 县级以上人民政府应当将环境保护工作纳入国民经济和社会发展规划。

国务院环境保护主管部门会同有关部门，根据国民经济和社会发展规划编制国家环境保护规划，报国务院批准并公布实施。

县级以上地方人民政府环境保护主管部门会同有关部门，根据国家环境保护规划的要求，编制本行政区域的环境保护规划，报同级人民政府批准并公布实施。

环境保护规划的内容应当包括生态保护和污染防治的目标、任务、保障措施等，并与主体功能区规划、土地利用总体规划和城乡规划等相衔接。

第十四条 国务院有关部门和省、自治区、直辖市人民政府组织制定经济、技术政策，应当充分考虑对环境的影响，听取有关方面和专家的意见。

第十五条 国务院环境保护主管部门制定国家环境质量标准。

省、自治区、直辖市人民政府对国家环境质量标准中未作规定的项目，可以制定地方环境质量标准；对国家环境质量标准中已作规定的项目，可以制定严于国家环境质量标准的地方环境质量标准。地方环境质量标准应当报国务院环境保护主管部门备案。

国家鼓励开展环境基准研究。

第十六条 国务院环境保护主管部门根据国家环境质量标准和国家经济、技术条件，制定国家污染物排放标准。

省、自治区、直辖市人民政府对国家污染物排放标准中未作规定的项目，可以制定地方污染物排放标准；对国家污染物排放标准中已作规定的项目，可以制定严于国家污染物排放标准的地方污染物排放标准。地方污染物排放标准应当报国务院环境保护主管部门备案。

第十七条 国家建立、健全环境监测制度。国务院环境保护主管部门制定监测规范，会同有关部门组织监测网络，统一规划国家环境质量监测站（点）的设置，建立监测数据共享机制，加强对环境监测的管理。

有关行业、专业等各类环境质量监测站（点）的设置应当符合法律法规规定和监测规范的要求。

监测机构应当使用符合国家标准的监测设备，遵守监测规范。监测机构及其负责人对监测数据的真实性和准确性负责。

第十八条 省级以上人民政府应当组织有关部门或者委托专业机构，对环境状况进行调查、评价，建立环境资源承载能力监测预警机制。

第十九条 编制有关开发利用规划，建设对环境有影响的项目，应当依法进行环境影响评价。

未依法进行环境影响评价的开发利用规划，不得组织实施；未依法进行环境影响评价的建设项目，不得开工建设。

第二十条 国家建立跨行政区域的重点区域、流域环境污染和生态破坏联合防治协调机制，实行统一规划、统一标准、统一监测、统一的防治措施。

前款规定以外的跨行政区域的环境污染和生态破坏的防治，由上级人民政府协调解决，或者由有关地方人民政府协商解决。

第二十一条 国家采取财政、税收、价格、政府采购等方面的政策和措施，鼓励和支持环境保护技术装备、资源综合利用和环境服务等环境保护产业的发展。

第二十二条 企业事业单位和其他生产经营者，在污染物排放符合法定要求的基础上，进一步减少污染物排放的，人民政府应当依法采取财政、税收、价格、政府采购等方面的政策和措施予以鼓励和支持。

第二十三条 企业事业单位和其他生产经营者，为改善环境，依照有关规定转产、搬迁、关闭的，人民政府应当予以支持。

第二十四条 县级以上人民政府环境保护主管部门及其委托的环境监察机构和其他负有环境保护监督管理职责的部门，有权对排放污染物的企业事业单位和其他生产经营者进行现场检查。被检查者应当如实反映情况，提供必要的资料。实施现场检查的部门、机构及其工作人员应当为被检查者保守商业秘密。

第二十五条 企业事业单位和其他生产经营者违反法律法规规定排放污染物，造成或者可能造成严重污染的，县级以上人民政府环境保护主管部门和其他负有环境保护监督管理职责的部门，可以查封、扣押造成污染物排放的设施、设备。

第二十六条 国家实行环境保护目标责任制和考核评价制度。县级以上人民政府应当将环境保护目标完成情况纳入对本级人民政府负有环境保护监督管理职责的部门及其负责人和下级人民政府及其负责人的考核内容，作为对其考核评价的重要依据。考核结果应当向社会公开。

第二十七条 县级以上人民政府应当每年向本级人民代表大会或者人民代表大会常务委员会报告环境状况和环境保护目标完成情况，对发生的重大环境事件应当及时向本级人民代表大会常务委员会报告，依法接受监督。

第三章 保护和改善环境

第二十八条 地方各级人民政府应当根据环境保护目标和治理任务，采取有效措施，改善环境质量。

未达到国家环境质量标准的重点区域、流域的有关地方人民政府，应当制定限期达标规划，并采取措施按期达标。

第二十九条 国家在重点生态功能区、生态环境敏感区和脆弱区等区域划定生态保护红线，实行严格保护。

各级人民政府对具有代表性的各种类型的自然生态系统区域，珍稀、濒危的野生动植物自然分布区域，重要的水源涵养区域，具有重大科学文化价值的地质构造、著名溶洞和化石分布区、冰川、火山、温泉等自然遗迹，以及人文遗迹、古树名木，应当采取措施予以保护，严禁破坏。

第三十条 开发利用自然资源，应当合理开发，保护生物多样性，保障生态安全，依法制定有关生态保护和恢复治理方案并予以实施。

引进外来物种以及研究、开发和利用生物技术，应当采取措施，防止对生物多样性的破坏。

第三十一条 国家建立、健全生态保护补偿制度。

国家加大对生态保护地区的财政转移支付力度。有关地方人民政府应当落实生态保护补偿资金，确保其用于生态保护补偿。

国家指导受益地区和生态保护地区人民政府通过协商或者按照市场规则进行生态保护补偿。

第三十二条 国家加强对大气、水、土壤等的保护，建立和完善相应的调查、监测、评估和修复制度。

第三十三条 各级人民政府应当加强对农业环境的保护，促进农业环境保护新技术的使用，加强对农业污染源的监测预警，统筹有关部门采取措施，防治土壤污染和土地沙化、盐渍化、贫瘠化、石漠化、地面沉降以及防治植被破坏、水土流失、水体富营养化、水源枯竭、种源灭绝等生态失调现象，推广植物病虫害的综合防治。

县级、乡级人民政府应当提高农村环境保护公共服务水平，推动农村环境综合整治。

第三十四条 国务院和沿海地方各级人民政府应当加强对海洋环境的保护。向海洋排放污染物、倾倒废弃物，进行海岸工程和海洋工程建设，应当符合法律法规规定和有关标准，防止和减少对海洋环境的污染损害。

第三十五条 城乡建设应当结合当地自然环境的特点，保护植被、水域和自然景观，加强城市园林、绿地和风景名胜区的建设与管理。

第三十六条 国家鼓励和引导公民、法人和其他组织使用有利于保护环境的产品和再生产品，减少废弃物的产生。

国家机关和使用财政资金的其他组织应当优先采购和使用节能、节水、节材等有利于保护环境的产品、设备和设施。

第三十七条 地方各级人民政府应当采取措施，组织对生活废弃物的分类处置、回收利用。

第三十八条 公民应当遵守环境保护法律法规，配合实施环境保护措施，按照规定对生活废弃物进行分类放置，减少日常生活对环境造成的损害。

第三十九条 国家建立、健全环境与健康监测、调查和风险评估制度；鼓励和组织开展环境质量对公众健康影响的研究，采取措施预防和控制与环境污染有关的疾病。

第四章 防治污染和其他公害

第四十条 国家促进清洁生产和资源循环利用。

国务院有关部门和地方各级人民政府应当采取措施，推广清洁能源的生产和使用。

企业应当优先使用清洁能源，采用资源利用率高、污染物排放量少的工艺、设备以及废弃物综合利用技术和污染物无害化处理技术，减少污染物的产生。

第四十一条 建设项目中防治污染的设施，应当与主体工程同时设计、同时施工、同时投产使用。防治污染的设施应当符合经批准的环境影响评价文件的要求，不得擅自拆除或者闲置。

第四十二条 排放污染物的企业事业单位和其他生产经营者，应当采取措施，防治在生产建设或者其他活动中产生的废气、废水、废渣、医疗废物、粉尘、恶臭气体、放射性物质以及噪声、振动、光辐射、电磁辐射等对环境的污染和危害。

排放污染物的企业事业单位，应当建立环境保护责任制度，明确单位负责人和相关人员的责任。

重点排污单位应当按照国家有关规定和监测规范安装使用监测设备，保证监测设备正常运行，保存原始监测记录。

严禁通过暗管、渗井、渗坑、灌注或者篡改、伪造监测数据，或者不正常运行防治污染设施等逃避监管的方式违法排放污染物。

第四十三条 排放污染物的企业事业单位和其他生产经营者，应当按照国家有关规定缴纳排污费。排污费应当全部专项用于环境污染防治，任何单位和个人不得截留、挤占或者挪作他用。

依照法律规定征收环境保护税的，不再征收排污费。

第四十四条 国家实行重点污染物排放总量控制制度。重点污染物排放总量控制指标由国务院下达，省、自治区、直辖市人民政府分解落实。企业事业单位在执行国家和地方污染物排放标准的同时，应当遵守分解落实到本单位的重点污染物排放总量控制指标。

对超过国家重点污染物排放总量控制指标或者未完成国家确定的环境质量目标的地

区，省级以上人民政府环境保护主管部门应当暂停审批其新增重点污染物排放总量的建设项目环境影响评价文件。

第四十五条 国家依照法律规定实行排污许可管理制度。

实行排污许可管理的企业事业单位和其他生产经营者应当按照排污许可证的要求排放污染物；未取得排污许可证的，不得排放污染物。

第四十六条 国家对严重污染环境的工艺、设备和产品实行淘汰制度。任何单位和个人不得生产、销售或者转移、使用严重污染环境的工艺、设备和产品。

禁止引进不符合我国环境保护规定的技术、设备、材料和产品。

第四十七条 各级人民政府及其有关部门和企业事业单位，应当依照《中华人民共和国突发事件应对法》的规定，做好突发环境事件的风险控制、应急准备、应急处置和事后恢复等工作。

县级以上人民政府应当建立环境污染公共监测预警机制，组织制定预警方案；环境受到污染，可能影响公众健康和环境安全时，依法及时公布预警信息，启动应急措施。

企业事业单位应当按照国家有关规定制定突发环境事件应急预案，报环境保护主管部门和有关部门备案。在发生或者可能发生突发环境事件时，企业事业单位应当立即采取措施处理，及时通报可能受到危害的单位和居民，并向环境保护主管部门和有关部门报告。

突发环境事件应急处置工作结束后，有关人民政府应当立即组织评估事件造成的环境影响和损失，并及时将评估结果向社会公布。

第四十八条 生产、储存、运输、销售、使用、处置化学物品和含有放射性物质的物品，应当遵守国家有关规定，防止污染环境。

第四十九条 各级人民政府及其农业等有关部门和机构应当指导农业生产经营者科学种植和养殖，科学合理施用农药、化肥等农业投入品，科学处置农用薄膜、农作物秸秆等农业废弃物，防止农业面源污染。

禁止将不符合农用标准和环境保护标准的固体废物、废水施入农田。施用农药、化肥等农业投入品及进行灌溉，应当采取措施，防止重金属和其他有毒有害物质污染环境。

畜禽养殖场、养殖小区、定点屠宰企业等的选址、建设和管理应当符合有关法律法规规定。从事畜禽养殖和屠宰的单位和个人应当采取措施，对畜禽粪便、尸体和污水等废弃物进行科学处置，防止污染环境。

县级人民政府负责组织农村生活废弃物的处置工作。

第五十条 各级人民政府应当在财政预算中安排资金，支持农村饮用水水源地保护、生活污水和其他废弃物处理、畜禽养殖和屠宰污染防治、土壤污染防治和农村工矿污染治理等环境保护工作。

第五十一条 各级人民政府应当统筹城乡建设污水处理设施及配套管网，固体废物的收集、运输和处置等环境卫生设施，危险废物集中处置设施、场所以及其他环境保护公共设施，并保障其正常运行。

第五十二条 国家鼓励投保环境污染责任保险。

第五章　信息公开和公众参与

第五十三条　公民、法人和其他组织依法享有获取环境信息、参与和监督环境保护的权利。

各级人民政府环境保护主管部门和其他负有环境保护监督管理职责的部门，应当依法公开环境信息、完善公众参与程序，为公民、法人和其他组织参与和监督环境保护提供便利。

第五十四条　国务院环境保护主管部门统一发布国家环境质量、重点污染源监测信息及其他重大环境信息。省级以上人民政府环境保护主管部门定期发布环境状况公报。

县级以上人民政府环境保护主管部门和其他负有环境保护监督管理职责的部门，应当依法公开环境质量、环境监测、突发环境事件以及环境行政许可、行政处罚、排污费的征收和使用情况等信息。

县级以上地方人民政府环境保护主管部门和其他负有环境保护监督管理职责的部门，应当将企业事业单位和其他生产经营者的环境违法信息记入社会诚信档案，及时向社会公布违法者名单。

第五十五条　重点排污单位应当如实向社会公开其主要污染物的名称、排放方式、排放浓度和总量、超标排放情况，以及防治污染设施的建设和运行情况，接受社会监督。

第五十六条　对依法应当编制环境影响报告书的建设项目，建设单位应当在编制时向可能受影响的公众说明情况，充分征求意见。

负责审批建设项目环境影响评价文件的部门在收到建设项目环境影响报告书后，除涉及国家秘密和商业秘密的事项外，应当全文公开；发现建设项目未充分征求公众意见的，应当责成建设单位征求公众意见。

第五十七条　公民、法人和其他组织发现任何单位和个人有污染环境和破坏生态行为的，有权向环境保护主管部门或者其他负有环境保护监督管理职责的部门举报。

公民、法人和其他组织发现地方各级人民政府、县级以上人民政府环境保护主管部门和其他负有环境保护监督管理职责的部门不依法履行职责的，有权向其上级机关或者监察机关举报。

接受举报的机关应当对举报人的相关信息予以保密，保护举报人的合法权益。

第五十八条　对污染环境、破坏生态，损害社会公共利益的行为，符合下列条件的社会组织可以向人民法院提起诉讼：

（一）依法在设区的市级以上人民政府民政部门登记；

（二）专门从事环境保护公益活动连续五年以上且无违法记录。

符合前款规定的社会组织向人民法院提起诉讼，人民法院应当依法受理。

提起诉讼的社会组织不得通过诉讼牟取经济利益。

第六章　法律责任

第五十九条　企业事业单位和其他生产经营者违法排放污染物，受到罚款处罚，被责令改正，拒不改正的，依法作出处罚决定的行政机关可以自责令改正之日的次日起，按照原处罚数额按日连续处罚。

前款规定的罚款处罚，依照有关法律法规按照防治污染设施的运行成本、违法行为造成的直接损失或者违法所得等因素确定的规定执行。

地方性法规可以根据环境保护的实际需要，增加第一款规定的按日连续处罚的违法行为的种类。

第六十条 企业事业单位和其他生产经营者超过污染物排放标准或者超过重点污染物排放总量控制指标排放污染物的，县级以上人民政府环境保护主管部门可以责令其采取限制生产、停产整治等措施；情节严重的，报经有批准权的人民政府批准，责令停业、关闭。

第六十一条 建设单位未依法提交建设项目环境影响评价文件或者环境影响评价文件未经批准，擅自开工建设的，由负有环境保护监督管理职责的部门责令停止建设，处以罚款，并可以责令恢复原状。

第六十二条 违反本法规定，重点排污单位不公开或者不如实公开环境信息的，由县级以上地方人民政府环境保护主管部门责令公开，处以罚款，并予以公告。

第六十三条 企业事业单位和其他生产经营者有下列行为之一，尚不构成犯罪的，除依照有关法律法规规定予以处罚外，由县级以上人民政府环境保护主管部门或者其他有关部门将案件移送公安机关，对其直接负责的主管人员和其他直接责任人员，处十日以上十五日以下拘留；情节较轻的，处五日以上十日以下拘留：

（一）建设项目未依法进行环境影响评价，被责令停止建设，拒不执行的；

（二）违反法律规定，未取得排污许可证排放污染物，被责令停止排污，拒不执行的；

（三）通过暗管、渗井、渗坑、灌注或者篡改、伪造监测数据，或者不正常运行防治污染设施等逃避监管的方式违法排放污染物的；

（四）生产、使用国家明令禁止生产、使用的农药，被责令改正，拒不改正的。

第六十四条 因污染环境和破坏生态造成损害的，应当依照《中华人民共和国侵权责任法》的有关规定承担侵权责任。

第六十五条 环境影响评价机构、环境监测机构以及从事环境监测设备和防治污染设施维护、运营的机构，在有关环境服务活动中弄虚作假，对造成的环境污染和生态破坏负有责任的，除依照有关法律法规规定予以处罚外，还应当与造成环境污染和生态破坏的其他责任者承担连带责任。

第六十六条 提起环境损害赔偿诉讼的时效期间为三年，从当事人知道或者应当知道其受到损害时起计算。

第六十七条 上级人民政府及其环境保护主管部门应当加强对下级人民政府及其有关部门环境保护工作的监督。发现有关工作人员有违法行为，依法应当给予处分的，应当向其任免机关或者监察机关提出处分建议。

依法应当给予行政处罚，而有关环境保护主管部门不给予行政处罚的，上级人民政府环境保护主管部门可以直接作出行政处罚的决定。

第六十八条 地方各级人民政府、县级以上人民政府环境保护主管部门和其他负有环境保护监督管理职责的部门有下列行为之一的，对直接负责的主管人员和其他直接责任人员给予记过、记大过或者降级处分；造成严重后果的，给予撤职或者开除处分，其主要负责人应当引咎辞职：

（一）不符合行政许可条件准予行政许可的；

（二）对环境违法行为进行包庇的；

（三）依法应当作出责令停业、关闭的决定而未作出的；

（四）对超标排放污染物、采用逃避监管的方式排放污染物、造成环境事故以及不落实生态保护措施造成生态破坏等行为，发现或者接到举报未及时查处的；

（五）违反本法规定，查封、扣押企业事业单位和其他生产经营者的设施、设备的；

（六）篡改、伪造或者指使篡改、伪造监测数据的；

（七）应当依法公开环境信息而未公开的；

（八）将征收的排污费截留、挤占或者挪作他用的；

（九）法律法规规定的其他违法行为。

第六十九条 违反本法规定，构成犯罪的，依法追究刑事责任。

第七章 附则

第七十条 本法自 2015 年 1 月 1 日起施行。

中华人民共和国环境影响评价法

（2002年10月28日第九届全国人民代表大会常务委员会第三十次会议通过　根据2016年7月2日第十二届全国人民代表大会常务委员会第二十一次会议《关于修改〈中华人民共和国节约能源法〉等六部法律的决定》第一次修正　根据2018年12月29日第十三届全国人民代表大会常务委员会第七次会议《关于修改〈中华人民共和国劳动法〉等七部法律的决定》第二次修正）

目　录

第一章　总则

第一条　为了实施可持续发展战略，预防因规划和建设项目实施后对环境造成不良影响，促进经济、社会和环境的协调发展，制定本法。

第二条　本法所称环境影响评价，是指对规划和建设项目实施后可能造成的环境影响进行分析、预测和评估，提出预防或者减轻不良环境影响的对策和措施，进行跟踪监测的方法与制度。

第三条　编制本法第九条所规定的范围内的规划，在中华人民共和国领域和中华人民共和国管辖的其他海域内建设对环境有影响的项目，应当依照本法进行环境影响评价。

第四条　环境影响评价必须客观、公开、公正，综合考虑规划或者建设项目实施后对各种环境因素及其所构成的生态系统可能造成的影响，为决策提供科学依据。

第五条　国家鼓励有关单位、专家和公众以适当方式参与环境影响评价。

第六条　国家加强环境影响评价的基础数据库和评价指标体系建设，鼓励和支持对环境影响评价的方法、技术规范进行科学研究，建立必要的环境影响评价信息共享制度，提高环境影响评价的科学性。

国务院生态环境主管部门应当会同国务院有关部门，组织建立和完善环境影响评价的基础数据库和评价指标体系。

第二章　规划的环境影响评价

第七条　国务院有关部门、设区的市级以上地方人民政府及其有关部门，对其组织编制的土地利用的有关规划，区域、流域、海域的建设、开发利用规划，应当在规划编制过程中组织进行环境影响评价，编写该规划有关环境影响的篇章或者说明。

规划有关环境影响的篇章或者说明，应当对规划实施后可能造成的环境影响作出分析、预测和评估，提出预防或者减轻不良环境影响的对策和措施，作为规划草案的组成部分一并报送规划审批机关。

未编写有关环境影响的篇章或者说明的规划草案，审批机关不予审批。

第八条　国务院有关部门、设区的市级以上地方人民政府及其有关部门，对其组织编制的工业、农业、畜牧业、林业、能源、水利、交通、城市建设、旅游、自然资源开发的有关专项规划（以下简称专项规划），应当在该专项规划草案上报审批前，组织进行环境影响评价，并向审批该专项规划的机关提出环境影响报告书。

前款所列专项规划中的指导性规划，按照本法第七条的规定进行环境影响评价。

第九条　依照本法第七条、第八条的规定进行环境影响评价的规划的具体范围，由国务院生态环境主管部门会同国务院有关部门规定，报国务院批准。

第十条　专项规划的环境影响报告书应当包括下列内容：

（一）实施该规划对环境可能造成影响的分析、预测和评估；

（二）预防或者减轻不良环境影响的对策和措施；

（三）环境影响评价的结论。

第十一条　专项规划的编制机关对可能造成不良环境影响并直接涉及公众环境权益的规划，应当在该规划草案报送审批前，举行论证会、听证会，或者采取其他形式，征求有关单位、专家和公众对环境影响报告书草案的意见。但是，国家规定需要保密的情形除外。

编制机关应当认真考虑有关单位、专家和公众对环境影响报告书草案的意见，并应当在报送审查的环境影响报告书中附具对意见采纳或者不采纳的说明。

第十二条　专项规划的编制机关在报批规划草案时，应当将环境影响报告书一并附送审批机关审查；未附送环境影响报告书的，审批机关不予审批。

第十三条　设区的市级以上人民政府在审批专项规划草案，作出决策前，应当先由人民政府指定的生态环境主管部门或者其他部门召集有关部门代表和专家组成审查小组，对环境影响报告书进行审查。审查小组应当提出书面审查意见。

参加前款规定的审查小组的专家，应当从按照国务院生态环境主管部门的规定设立的专家库内的相关专业的专家名单中，以随机抽取的方式确定。

由省级以上人民政府有关部门负责审批的专项规划，其环境影响报告书的审查办法，由国务院生态环境主管部门会同国务院有关部门制定。

第十四条　审查小组提出修改意见的，专项规划的编制机关应当根据环境影响报告书结论和审查意见对规划草案进行修改完善，并对环境影响报告书结论和审查意见的采纳情况作出说明；不采纳的，应当说明理由。

设区的市级以上人民政府或者省级以上人民政府有关部门在审批专项规划草案时，应当将环境影响报告书结论以及审查意见作为决策的重要依据。

在审批中未采纳环境影响报告书结论以及审查意见的，应当作出说明，并存档备查。

第十五条 对环境有重大影响的规划实施后，编制机关应当及时组织环境影响的跟踪评价，并将评价结果报告审批机关；发现有明显不良环境影响的，应当及时提出改进措施。

第三章 建设项目的环境影响评价

第十六条 国家根据建设项目对环境的影响程度，对建设项目的环境影响评价实行分类管理。

建设单位应当按照下列规定组织编制环境影响报告书、环境影响报告表或者填报环境影响登记表（以下统称环境影响评价文件）：

（一）可能造成重大环境影响的，应当编制环境影响报告书，对产生的环境影响进行全面评价；

（二）可能造成轻度环境影响的，应当编制环境影响报告表，对产生的环境影响进行分析或者专项评价；

（三）对环境影响很小、不需要进行环境影响评价的，应当填报环境影响登记表。

建设项目的环境影响评价分类管理名录，由国务院生态环境主管部门制定并公布。

第十七条 建设项目的环境影响报告书应当包括下列内容：

（一）建设项目概况；

（二）建设项目周围环境现状；

（三）建设项目对环境可能造成影响的分析、预测和评估；

（四）建设项目环境保护措施及其技术、经济论证；

（五）建设项目对环境影响的经济损益分析；

（六）对建设项目实施环境监测的建议；

（七）环境影响评价的结论。

环境影响报告表和环境影响登记表的内容和格式，由国务院生态环境主管部门制定。

第十八条 建设项目的环境影响评价，应当避免与规划的环境影响评价相重复。

作为一项整体建设项目的规划，按照建设项目进行环境影响评价，不进行规划的环境影响评价。

已经进行了环境影响评价的规划包含具体建设项目的，规划的环境影响评价结论应当作为建设项目环境影响评价的重要依据，建设项目环境影响评价的内容应当根据规划的环境影响评价审查意见予以简化。

第十九条 建设单位可以委托技术单位对其建设项目开展环境影响评价，编制建设项目环境影响报告书、环境影响报告表；建设单位具备环境影响评价技术能力的，可以自行对其建设项目开展环境影响评价，编制建设项目环境影响报告书、环境影响报告表。

编制建设项目环境影响报告书、环境影响报告表应当遵守国家有关环境影响评价标准、技术规范等规定。

国务院生态环境主管部门应当制定建设项目环境影响报告书、环境影响报告表编制的能力建设指南和监管办法。

接受委托为建设单位编制建设项目环境影响报告书、环境影响报告表的技术单位，不得与负责审批建设项目环境影响报告书、环境影响报告表的生态环境主管部门或者其他有关审批部门存在任何利益关系。

第二十条 建设单位应当对建设项目环境影响报告书、环境影响报告表的内容和结论负责，接受委托编制建设项目环境影响报告书、环境影响报告表的技术单位对其编制的建设项目环境影响报告书、环境影响报告表承担相应责任。

设区的市级以上人民政府生态环境主管部门应当加强对建设项目环境影响报告书、环境影响报告表编制单位的监督管理和质量考核。

负责审批建设项目环境影响报告书、环境影响报告表的生态环境主管部门应当将编制单位、编制主持人和主要编制人员的相关违法信息记入社会诚信档案，并纳入全国信用信息共享平台和国家企业信用信息公示系统向社会公布。

任何单位和个人不得为建设单位指定编制建设项目环境影响报告书、环境影响报告表的技术单位。

第二十一条 除国家规定需要保密的情形外，对环境可能造成重大影响、应当编制环境影响报告书的建设项目，建设单位应当在报批建设项目环境影响报告书前，举行论证会、听证会，或者采取其他形式，征求有关单位、专家和公众的意见。

建设单位报批的环境影响报告书应当附具对有关单位、专家和公众的意见采纳或者不采纳的说明。

第二十二条 建设项目的环境影响报告书、报告表，由建设单位按照国务院的规定报有审批权的生态环境主管部门审批。

海洋工程建设项目的海洋环境影响报告书的审批，依照《中华人民共和国海洋环境保护法》的规定办理。

审批部门应当自收到环境影响报告书之日起六十日内，收到环境影响报告表之日起三十日内，分别作出审批决定并书面通知建设单位。

国家对环境影响登记表实行备案管理。

审核、审批建设项目环境影响报告书、报告表以及备案环境影响登记表，不得收取任何费用。

第二十三条 国务院生态环境主管部门负责审批下列建设项目的环境影响评价文件：

（一）核设施、绝密工程等特殊性质的建设项目；

（二）跨省、自治区、直辖市行政区域的建设项目；

（三）由国务院审批的或者由国务院授权有关部门审批的建设项目。

前款规定以外的建设项目的环境影响评价文件的审批权限，由省、自治区、直辖市人民政府规定。

建设项目可能造成跨行政区域的不良环境影响，有关生态环境主管部门对该项目的环境影响评价结论有争议的，其环境影响评价文件由共同的上一级生态环境主管部门审批。

第二十四条 建设项目的环境影响评价文件经批准后，建设项目的性质、规模、地点、采用的生产工艺或者防治污染、防止生态破坏的措施发生重大变动的，建设单位应当重新报批建设项目的环境影响评价文件。

建设项目的环境影响评价文件自批准之日起超过五年，方决定该项目开工建设的，其环境影响评价文件应当报原审批部门重新审核；原审批部门应当自收到建设项目环境影响评价文件之日起十日内，将审核意见书面通知建设单位。

第二十五条 建设项目的环境影响评价文件未依法经审批部门审查或者审查后未予批准的，建设单位不得开工建设。

第二十六条 建设项目建设过程中，建设单位应当同时实施环境影响报告书、环境影响报告表以及环境影响评价文件审批部门审批意见中提出的环境保护对策措施。

第二十七条 在项目建设、运行过程中产生不符合经审批的环境影响评价文件的情形的，建设单位应当组织环境影响的后评价，采取改进措施，并报原环境影响评价文件审批部门和建设项目审批部门备案；原环境影响评价文件审批部门也可以责成建设单位进行环境影响的后评价，采取改进措施。

第二十八条 生态环境主管部门应当对建设项目投入生产或者使用后所产生的环境影响进行跟踪检查，对造成严重环境污染或者生态破坏的，应当查清原因、查明责任。对属于建设项目环境影响报告书、环境影响报告表存在基础资料明显不实，内容存在重大缺陷、遗漏或者虚假，环境影响评价结论不正确或者不合理等严重质量问题的，依照本法第三十二条的规定追究建设单位及其相关责任人员和接受委托编制建设项目环境影响报告书、环境影响报告表的技术单位及其相关人员的法律责任；属于审批部门工作人员失职、渎职，对依法不应批准的建设项目环境影响报告书、环境影响报告表予以批准的，依照本法第三十四条的规定追究其法律责任。

第四章　法律责任

第二十九条 规划编制机关违反本法规定，未组织环境影响评价，或者组织环境影响评价时弄虚作假或者有失职行为，造成环境影响评价严重失实的，对直接负责的主管人员和其他直接责任人员，由上级机关或者监察机关依法给予行政处分。

第三十条 规划审批机关对依法应当编写有关环境影响的篇章或者说明而未编写的规划草案，依法应当附送环境影响报告书而未附送的专项规划草案，违法予以批准的，对直接负责的主管人员和其他直接责任人员，由上级机关或者监察机关依法给予行政处分。

第三十一条 建设单位未依法报批建设项目环境影响报告书、报告表，或者未依照本法第二十四条的规定重新报批或者报请重新审核环境影响报告书、报告表，擅自开工建设的，由县级以上生态环境主管部门责令停止建设，根据违法情节和危害后果，处建设项目总投资额 1% 以上 5% 以下的罚款，并可以责令恢复原状；对建设单位直接负责的主管人员和其他直接责任人员，依法给予行政处分。

建设项目环境影响报告书、报告表未经批准或者未经原审批部门重新审核同意，建设单位擅自开工建设的，依照前款的规定处罚、处分。

建设单位未依法备案建设项目环境影响登记表的，由县级以上生态环境主管部门责令备案，处五万元以下的罚款。

海洋工程建设项目的建设单位有本条所列违法行为的，依照《中华人民共和国海洋环境保护法》的规定处罚。

第三十二条 建设项目环境影响报告书、环境影响报告表存在基础资料明显不实，内容存在重大缺陷、遗漏或者虚假，环境影响评价结论不正确或者不合理等严重质量问题的，由设区的市级以上人民政府生态环境主管部门对建设单位处五十万元以上二百万元以下的罚款，并对建设单位的法定代表人、主要负责人、直接负责的主管人员和其他直接责任人员，处五万元以上二十万元以下的罚款。

接受委托编制建设项目环境影响报告书、环境影响报告表的技术单位违反国家有关环境影响评价标准和技术规范等规定，致使其编制的建设项目环境影响报告书、环境影响报告表存在基础资料明显不实，内容存在重大缺陷、遗漏或者虚假，环境影响评价结论不正确或者不合理等严重质量问题的，由设区的市级以上人民政府生态环境主管部门对技术单位处所收费用三倍以上五倍以下的罚款；情节严重的，禁止从事环境影响报告书、环境影响报告表编制工作；有违法所得的，没收违法所得。

编制单位有本条第一款、第二款规定的违法行为的，编制主持人和主要编制人员五年内禁止从事环境影响报告书、环境影响报告表编制工作；构成犯罪的，依法追究刑事责任，并终身禁止从事环境影响报告书、环境影响报告表编制工作。

第三十三条 负责审核、审批、备案建设项目环境影响评价文件的部门在审批、备案中收取费用的，由其上级机关或者监察机关责令退还；情节严重的，对直接负责的主管人员和其他直接责任人员依法给予行政处分。

第三十四条 生态环境主管部门或者其他部门的工作人员徇私舞弊，滥用职权，玩忽职守，违法批准建设项目环境影响评价文件的，依法给予行政处分；构成犯罪的，依法追究刑事责任。

第五章　附则

第三十五条 省、自治区、直辖市人民政府可以根据本地的实际情况，要求对本辖区的县级人民政府编制的规划进行环境影响评价。具体办法由省、自治区、直辖市参照本法第二章的规定制定。

第三十六条 军事设施建设项目的环境影响评价办法，由中央军事委员会依照本法的原则制定。

第三十七条 本法自 2003 年 9 月 1 日起施行。

中华人民共和国大气污染防治法

（1987年9月5日第六届全国人民代表大会常务委员会第二十二次会议通过　根据1995年8月29日第八届全国人民代表大会常务委员会第十五次会议《关于修改〈中华人民共和国大气污染防治法〉的决定》第一次修正　2000年4月29日第九届全国人民代表大会常务委员会第十五次会议第一次修订　2015年8月29日第十二届全国人民代表大会常务委员会第十六次会议第二次修订　根据2018年10月26日第十三届全国人民代表大会常务委员会第六次会议《关于修改〈中华人民共和国野生动物保护法〉等十五部法律的决定》第二次修正）

目　录

第一章　总则

第一条　为保护和改善环境，防治大气污染，保障公众健康，推进生态文明建设，促进经济社会可持续发展，制定本法。

第二条　防治大气污染，应当以改善大气环境质量为目标，坚持源头治理，规划先行，转变经济发展方式，优化产业结构和布局，调整能源结构。

防治大气污染，应当加强对燃煤、工业、机动车船、扬尘、农业等大气污染的综合防治，推行区域大气污染联合防治，对颗粒物、二氧化硫、氮氧化物、挥发性有机物、氨等大气污染物和温室气体实施协同控制。

第三条 县级以上人民政府应当将大气污染防治工作纳入国民经济和社会发展规划，加大对大气污染防治的财政投入。

地方各级人民政府应当对本行政区域的大气环境质量负责，制定规划，采取措施，控制或者逐步削减大气污染物的排放量，使大气环境质量达到规定标准并逐步改善。

第四条 国务院生态环境主管部门会同国务院有关部门，按照国务院的规定，对省、自治区、直辖市大气环境质量改善目标、大气污染防治重点任务完成情况进行考核。省、自治区、直辖市人民政府制定考核办法，对本行政区域内地方大气环境质量改善目标、大气污染防治重点任务完成情况实施考核。考核结果应当向社会公开。

第五条 县级以上人民政府生态环境主管部门对大气污染防治实施统一监督管理。

县级以上人民政府其他有关部门在各自职责范围内对大气污染防治实施监督管理。

第六条 国家鼓励和支持大气污染防治科学技术研究，开展对大气污染来源及其变化趋势的分析，推广先进适用的大气污染防治技术和装备，促进科技成果转化，发挥科学技术在大气污染防治中的支撑作用。

第七条 企业事业单位和其他生产经营者应当采取有效措施，防止、减少大气污染，对所造成的损害依法承担责任。

公民应当增强大气环境保护意识，采取低碳、节俭的生活方式，自觉履行大气环境保护义务。

第二章 大气污染防治标准和限期达标规划

第八条 国务院生态环境主管部门或者省、自治区、直辖市人民政府制定大气环境质量标准，应当以保障公众健康和保护生态环境为宗旨，与经济社会发展相适应，做到科学合理。

第九条 国务院生态环境主管部门或者省、自治区、直辖市人民政府制定大气污染物排放标准，应当以大气环境质量标准和国家经济、技术条件为依据。

第十条 制定大气环境质量标准、大气污染物排放标准，应当组织专家进行审查和论证，并征求有关部门、行业协会、企业事业单位和公众等方面的意见。

第十一条 省级以上人民政府生态环境主管部门应当在其网站上公布大气环境质量标准、大气污染物排放标准，供公众免费查阅、下载。

第十二条 大气环境质量标准、大气污染物排放标准的执行情况应当定期进行评估，根据评估结果对标准适时进行修订。

第十三条 制定燃煤、石油焦、生物质燃料、涂料等含挥发性有机物的产品、烟花爆竹以及锅炉等产品的质量标准，应当明确大气环境保护要求。

制定燃油质量标准，应当符合国家大气污染物控制要求，并与国家机动车船、非道路移动机械大气污染物排放标准相互衔接，同步实施。

前款所称非道路移动机械，是指装配有发动机的移动机械和可运输工业设备。

第十四条 未达到国家大气环境质量标准城市的人民政府应当及时编制大气环境质量限期达标规划，采取措施，按照国务院或者省级人民政府规定的期限达到大气环境质量标准。

编制城市大气环境质量限期达标规划，应当征求有关行业协会、企业事业单位、专家和公众等方面的意见。

第十五条 城市大气环境质量限期达标规划应当向社会公开。直辖市和设区的市的大气环境质量限期达标规划应当报国务院生态环境主管部门备案。

第十六条 城市人民政府每年在向本级人民代表大会或者其常务委员会报告环境状况和环境保护目标完成情况时，应当报告大气环境质量限期达标规划执行情况，并向社会公开。

第十七条 城市大气环境质量限期达标规划应当根据大气污染防治的要求和经济、技术条件适时进行评估、修订。

第三章 大气污染防治的监督管理

第十八条 企业事业单位和其他生产经营者建设对大气环境有影响的项目，应当依法进行环境影响评价、公开环境影响评价文件；向大气排放污染物的，应当符合大气污染物排放标准，遵守重点大气污染物排放总量控制要求。

第十九条 排放工业废气或者本法第七十八条规定名录中所列有毒有害大气污染物的企业事业单位、集中供热设施的燃煤热源生产运营单位以及其他依法实行排污许可管理的单位，应当取得排污许可证。排污许可的具体办法和实施步骤由国务院规定。

第二十条 企业事业单位和其他生产经营者向大气排放污染物的，应当依照法律法规和国务院生态环境主管部门的规定设置大气污染物排放口。

禁止通过偷排、篡改或者伪造监测数据、以逃避现场检查为目的的临时停产、非紧急情况下开启应急排放通道、不正常运行大气污染防治设施等逃避监管的方式排放大气污染物。

第二十一条 国家对重点大气污染物排放实行总量控制。

重点大气污染物排放总量控制目标，由国务院生态环境主管部门在征求国务院有关部门和各省、自治区、直辖市人民政府意见后，会同国务院经济综合主管部门报国务院批准并下达实施。

省、自治区、直辖市人民政府应当按照国务院下达的总量控制目标，控制或者削减本行政区域的重点大气污染物排放总量。

确定总量控制目标和分解总量控制指标的具体办法，由国务院生态环境主管部门会同国务院有关部门规定。省、自治区、直辖市人民政府可以根据本行政区域大气污染防治的需要，对国家重点大气污染物之外的其他大气污染物排放实行总量控制。

国家逐步推行重点大气污染物排污权交易。

第二十二条 对超过国家重点大气污染物排放总量控制指标或者未完成国家下达的大气环境质量改善目标的地区，省级以上人民政府生态环境主管部门应当会同有关部门约谈该地区人民政府的主要负责人，并暂停审批该地区新增重点大气污染物排放总量的建设项目环境影响评价文件。约谈情况应当向社会公开。

第二十三条 国务院生态环境主管部门负责制定大气环境质量和大气污染源的监测和评价规范，组织建设与管理全国大气环境质量和大气污染源监测网，组织开展大气环境质量和大气污染源监测，统一发布全国大气环境质量状况信息。

县级以上地方人民政府生态环境主管部门负责组织建设与管理本行政区域大气环境质量和大气污染源监测网，开展大气环境质量和大气污染源监测，统一发布本行政区域大气环境质量状况信息。

第二十四条 企业事业单位和其他生产经营者应当按照国家有关规定和监测规范，对其排放的工业废气和本法第七十八条规定名录中所列有毒有害大气污染物进行监测，并保存原始监测记录。其中，重点排污单位应当安装、使用大气污染物排放自动监测设备，与生态环境主管部门的监控设备联网，保证监测设备正常运行并依法公开排放信息。监测的具体办法和重点排污单位的条件由国务院生态环境主管部门规定。

重点排污单位名录由设区的市级以上地方人民政府生态环境主管部门按照国务院生态环境主管部门的规定，根据本行政区域的大气环境承载力、重点大气污染物排放总量控制指标的要求以及排污单位排放大气污染物的种类、数量和浓度等因素，商有关部门确定，并向社会公布。

第二十五条 重点排污单位应当对自动监测数据的真实性和准确性负责。生态环境主管部门发现重点排污单位的大气污染物排放自动监测设备传输数据异常，应当及时进行调查。

第二十六条 禁止侵占、损毁或者擅自移动、改变大气环境质量监测设施和大气污染物排放自动监测设备。

第二十七条 国家对严重污染大气环境的工艺、设备和产品实行淘汰制度。

国务院经济综合主管部门会同国务院有关部门确定严重污染大气环境的工艺、设备和产品淘汰期限，并纳入国家综合性产业政策目录。

生产者、进口者、销售者或者使用者应当在规定期限内停止生产、进口、销售或者使用列入前款规定目录中的设备和产品。工艺的采用者应当在规定期限内停止采用列入前款规定目录中的工艺。

被淘汰的设备和产品，不得转让给他人使用。

第二十八条 国务院生态环境主管部门会同有关部门，建立和完善大气污染损害评估制度。

第二十九条 生态环境主管部门及其环境执法机构和其他负有大气环境保护监督管理职责的部门，有权通过现场检查监测、自动监测、遥感监测、远红外摄像等方式，对排放大气污染物的企业事业单位和其他生产经营者进行监督检查。被检查者应当如实反映情况，提供必要的资料。实施检查的部门、机构及其工作人员应当为被检查者保守商业秘密。

第三十条 企业事业单位和其他生产经营者违反法律法规规定排放大气污染物，造成或者可能造成严重大气污染，或者有关证据可能灭失或者被隐匿的，县级以上人民政府生态环境主管部门和其他负有大气环境保护监督管理职责的部门，可以对有关设施、设备、物品采取查封、扣押等行政强制措施。

第三十一条 生态环境主管部门和其他负有大气环境保护监督管理职责的部门应当公布举报电话、电子邮箱等，方便公众举报。

生态环境主管部门和其他负有大气环境保护监督管理职责的部门接到举报的，应当及时处理并对举报人的相关信息予以保密；对实名举报的，应当反馈处理结果等情况，查证属实的，处理结果依法向社会公开，并对举报人给予奖励。

举报人举报所在单位的，该单位不得以解除、变更劳动合同或者其他方式对举报人进行打击报复。

第四章 大气污染防治措施

第一节 燃煤和其他能源污染防治

第三十二条 国务院有关部门和地方各级人民政府应当采取措施，调整能源结构，推广清洁能源的生产和使用；优化煤炭使用方式，推广煤炭清洁高效利用，逐步降低煤炭在一次能源消费中的比重，减少煤炭生产、使用、转化过程中的大气污染物排放。

第三十三条 国家推行煤炭洗选加工，降低煤炭的硫分和灰分，限制高硫分、高灰分煤炭的开采。新建煤矿应当同步建设配套的煤炭洗选设施，使煤炭的硫分、灰分含量达到规定标准；已建成的煤矿除所采煤炭属于低硫分、低灰分或者根据已达标排放的燃煤电厂要求不需要洗选的以外，应当限期建成配套的煤炭洗选设施。

禁止开采含放射性和砷等有毒有害物质超过规定标准的煤炭。

第三十四条 国家采取有利于煤炭清洁高效利用的经济、技术政策和措施，鼓励和支持洁净煤技术的开发和推广。

国家鼓励煤矿企业等采用合理、可行的技术措施，对煤层气进行开采利用，对煤矸石进行综合利用。从事煤层气开采利用的，煤层气排放应当符合有关标准规范。

第三十五条 国家禁止进口、销售和燃用不符合质量标准的煤炭，鼓励燃用优质煤炭。

单位存放煤炭、煤矸石、煤渣、煤灰等物料，应当采取防燃措施，防止大气污染。

第三十六条 地方各级人民政府应当采取措施，加强民用散煤的管理，禁止销售不符合民用散煤质量标准的煤炭，鼓励居民燃用优质煤炭和洁净型煤，推广节能环保型炉灶。

第三十七条 石油炼制企业应当按照燃油质量标准生产燃油。

禁止进口、销售和燃用不符合质量标准的石油焦。

第三十八条 城市人民政府可以划定并公布高污染燃料禁燃区，并根据大气环境质量改善要求，逐步扩大高污染燃料禁燃区范围。高污染燃料的目录由国务院生态环境主管部门确定。

在禁燃区内，禁止销售、燃用高污染燃料；禁止新建、扩建燃用高污染燃料的设施，已建成的，应当在城市人民政府规定的期限内改用天然气、页岩气、液化石油气、电或者其他清洁能源。

第三十九条 城市建设应当统筹规划，在燃煤供热地区，推进热电联产和集中供热。在集中供热管网覆盖地区，禁止新建、扩建分散燃煤供热锅炉；已建成的不能达标排放的燃煤供热锅炉，应当在城市人民政府规定的期限内拆除。

第四十条 县级以上人民政府市场监督管理部门应当会同生态环境主管部门对锅炉生产、进口、销售和使用环节执行环境保护标准或者要求的情况进行监督检查；不符合环境保护标准或者要求的，不得生产、进口、销售和使用。

第四十一条 燃煤电厂和其他燃煤单位应当采用清洁生产工艺，配套建设除尘、脱硫、脱硝等装置，或者采取技术改造等其他控制大气污染物排放的措施。

国家鼓励燃煤单位采用先进的除尘、脱硫、脱硝、脱汞等大气污染物协同控制的技术和装置，减少大气污染物的排放。

第四十二条 电力调度应当优先安排清洁能源发电上网。

第二节 工业污染防治

第四十三条 钢铁、建材、有色金属、石油、化工等企业生产过程中排放粉尘、硫化物和氮氧化物的，应当采用清洁生产工艺，配套建设除尘、脱硫、脱硝等装置，或者采取技术改造等其他控制大气污染物排放的措施。

第四十四条 生产、进口、销售和使用含挥发性有机物的原材料和产品的，其挥发性有机物含量应当符合质量标准或者要求。

国家鼓励生产、进口、销售和使用低毒、低挥发性有机溶剂。

第四十五条 产生含挥发性有机物废气的生产和服务活动，应当在密闭空间或者设备中进行，并按照规定安装、使用污染防治设施；无法密闭的，应当采取措施减少废气排放。

第四十六条 工业涂装企业应当使用低挥发性有机物含量的涂料，并建立台账，记录生产原料、辅料的使用量、废弃量、去向以及挥发性有机物含量。台账保存期限不得少于3年。

第四十七条 石油、化工以及其他生产和使用有机溶剂的企业，应当采取措施对管道、设备进行日常维护、维修，减少物料泄漏，对泄漏的物料应当及时收集处理。

储油储气库、加油加气站、原油成品油码头、原油成品油运输船舶和油罐车、气罐车等，应当按照国家有关规定安装油气回收装置并保持正常使用。

第四十八条 钢铁、建材、有色金属、石油、化工、制药、矿产开采等企业，应当加强精细化管理，采取集中收集处理等措施，严格控制粉尘和气态污染物的排放。

工业生产企业应当采取密闭、围挡、遮盖、清扫、洒水等措施，减少内部物料的堆存、传输、装卸等环节产生的粉尘和气态污染物的排放。

第四十九条 工业生产、垃圾填埋或者其他活动产生的可燃性气体应当回收利用，不具备回收利用条件的，应当进行污染防治处理。

可燃性气体回收利用装置不能正常作业的，应当及时修复或者更新。在回收利用装置不能正常作业期间确需排放可燃性气体的，应当将排放的可燃性气体充分燃烧或者采取其他控制大气污染物排放的措施，并向当地生态环境主管部门报告，按照要求限期修复或者更新。

第三节　机动车船等污染防治

第五十条　国家倡导低碳、环保出行，根据城市规划合理控制燃油机动车保有量，大力发展城市公共交通，提高公共交通出行比例。

国家采取财政、税收、政府采购等措施推广应用节能环保型和新能源机动车船、非道路移动机械，限制高油耗、高排放机动车船、非道路移动机械的发展，减少化石能源的消耗。

省、自治区、直辖市人民政府可以在条件具备的地区，提前执行国家机动车大气污染物排放标准中相应阶段排放限值，并报国务院生态环境主管部门备案。

城市人民政府应当加强并改善城市交通管理，优化道路设置，保障人行道和非机动车道的连续、畅通。

第五十一条　机动车船、非道路移动机械不得超过标准排放大气污染物。

禁止生产、进口或者销售大气污染物排放超过标准的机动车船、非道路移动机械。

第五十二条　机动车、非道路移动机械生产企业应当对新生产的机动车和非道路移动机械进行排放检验。经检验合格的，方可出厂销售。检验信息应当向社会公开。

省级以上人民政府生态环境主管部门可以通过现场检查、抽样检测等方式，加强对新生产、销售机动车和非道路移动机械大气污染物排放状况的监督检查。工业、市场监督管理等有关部门予以配合。

第五十三条　在用机动车应当按照国家或者地方的有关规定，由机动车排放检验机构定期对其进行排放检验。经检验合格的，方可上道路行驶。未经检验合格的，公安机关交通管理部门不得核发安全技术检验合格标志。

县级以上地方人民政府生态环境主管部门可以在机动车集中停放地、维修地对在用机动车的大气污染物排放状况进行监督抽测；在不影响正常通行的情况下，可以通过遥感监测等技术手段对在道路上行驶的机动车的大气污染物排放状况进行监督抽测，公安机关交通管理部门予以配合。

第五十四条　机动车排放检验机构应当依法通过计量认证，使用经依法检定合格的机动车排放检验设备，按照国务院生态环境主管部门制定的规范，对机动车进行排放检验，并与生态环境主管部门联网，实现检验数据实时共享。机动车排放检验机构及其负责人对检验数据的真实性和准确性负责。

生态环境主管部门和认证认可监督管理部门应当对机动车排放检验机构的排放检验情况进行监督检查。

第五十五条　机动车生产、进口企业应当向社会公布其生产、进口机动车车型的排放检验信息、污染控制技术信息和有关维修技术信息。

机动车维修单位应当按照防治大气污染的要求和国家有关技术规范对在用机动车进行维修，使其达到规定的排放标准。交通运输、生态环境主管部门应当依法加强监督管理。

禁止机动车所有人以临时更换机动车污染控制装置等弄虚作假的方式通过机动车排放

检验。禁止机动车维修单位提供该类维修服务。禁止破坏机动车车载排放诊断系统。

第五十六条 生态环境主管部门应当会同交通运输、住房城乡建设、农业行政、水行政等有关部门对非道路移动机械的大气污染物排放状况进行监督检查，排放不合格的，不得使用。

第五十七条 国家倡导环保驾驶，鼓励燃油机动车驾驶人在不影响道路通行且需停车3分钟以上的情况下熄灭发动机，减少大气污染物的排放。

第五十八条 国家建立机动车和非道路移动机械环境保护召回制度。

生产、进口企业获知机动车、非道路移动机械排放大气污染物超过标准，属于设计、生产缺陷或者不符合规定的环境保护耐久性要求的，应当召回；未召回的，由国务院市场监督管理部门会同国务院生态环境主管部门责令其召回。

第五十九条 在用重型柴油车、非道路移动机械未安装污染控制装置或者污染控制装置不符合要求，不能达标排放的，应当加装或者更换符合要求的污染控制装置。

第六十条 在用机动车排放大气污染物超过标准的，应当进行维修；经维修或者采用污染控制技术后，大气污染物排放仍不符合国家在用机动车排放标准的，应当强制报废。其所有人应当将机动车交售给报废机动车回收拆解企业，由报废机动车回收拆解企业按照国家有关规定进行登记、拆解、销毁等处理。

国家鼓励和支持高排放机动车船、非道路移动机械提前报废。

第六十一条 城市人民政府可以根据大气环境质量状况，划定并公布禁止使用高排放非道路移动机械的区域。

第六十二条 船舶检验机构对船舶发动机及有关设备进行排放检验。经检验符合国家排放标准的，船舶方可运营。

第六十三条 内河和江海直达船舶应当使用符合标准的普通柴油。远洋船舶靠港后应当使用符合大气污染物控制要求的船舶用燃油。

新建码头应当规划、设计和建设岸基供电设施；已建成的码头应当逐步实施岸基供电设施改造。船舶靠港后应当优先使用岸电。

第六十四条 国务院交通运输主管部门可以在沿海海域划定船舶大气污染物排放控制区，进入排放控制区的船舶应当符合船舶相关排放要求。

第六十五条 禁止生产、进口、销售不符合标准的机动车船、非道路移动机械用燃料；禁止向汽车和摩托车销售普通柴油以及其他非机动车用燃料；禁止向非道路移动机械、内河和江海直达船舶销售渣油和重油。

第六十六条 发动机油、氮氧化物还原剂、燃料和润滑油添加剂以及其他添加剂的有害物质含量和其他大气环境保护指标，应当符合有关标准的要求，不得损害机动车船污染控制装置效果和耐久性，不得增加新的大气污染物排放。

第六十七条 国家积极推进民用航空器的大气污染防治，鼓励在设计、生产、使用过程中采取有效措施减少大气污染物排放。

民用航空器应当符合国家规定的适航标准中的有关发动机排出物要求。

第四节　扬尘污染防治

第六十八条　地方各级人民政府应当加强对建设施工和运输的管理，保持道路清洁，控制料堆和渣土堆放，扩大绿地、水面、湿地和地面铺装面积，防治扬尘污染。

住房城乡建设、市容环境卫生、交通运输、国土资源等有关部门，应当根据本级人民政府确定的职责，做好扬尘污染防治工作。

第六十九条　建设单位应当将防治扬尘污染的费用列入工程造价，并在施工承包合同中明确施工单位扬尘污染防治责任。施工单位应当制定具体的施工扬尘污染防治实施方案。

从事房屋建筑、市政基础设施建设、河道整治以及建筑物拆除等施工单位，应当向负责监督管理扬尘污染防治的主管部门备案。

施工单位应当在施工工地设置硬质围挡，并采取覆盖、分段作业、择时施工、洒水抑尘、冲洗地面和车辆等有效防尘降尘措施。建筑土方、工程渣土、建筑垃圾应当及时清运；在场地内堆存的，应当采用密闭式防尘网遮盖。工程渣土、建筑垃圾应当进行资源化处理。

施工单位应当在施工工地公示扬尘污染防治措施、负责人、扬尘监督管理主管部门等信息。

暂时不能开工的建设用地，建设单位应当对裸露地面进行覆盖；超过3个月的，应当进行绿化、铺装或者遮盖。

第七十条　运输煤炭、垃圾、渣土、砂石、土方、灰浆等散装、流体物料的车辆应当采取密闭或者其他措施防止物料遗撒造成扬尘污染，并按照规定路线行驶。

装卸物料应当采取密闭或者喷淋等方式防治扬尘污染。

城市人民政府应当加强道路、广场、停车场和其他公共场所的清扫保洁管理，推行清洁动力机械化清扫等低尘作业方式，防治扬尘污染。

第七十一条　市政河道以及河道沿线、公共用地的裸露地面以及其他城镇裸露地面，有关部门应当按照规划组织实施绿化或者透水铺装。

第七十二条　贮存煤炭、煤矸石、煤渣、煤灰、水泥、石灰、石膏、砂土等易产生扬尘的物料应当密闭；不能密闭的，应当设置不低于堆放物高度的严密围挡，并采取有效覆盖措施防治扬尘污染。

码头、矿山、填埋场和消纳场应当实施分区作业，并采取有效措施防治扬尘污染。

第五节　农业和其他污染防治

第七十三条　地方各级人民政府应当推动转变农业生产方式，发展农业循环经济，加大对废弃物综合处理的支持力度，加强对农业生产经营活动排放大气污染物的控制。

第七十四条　农业生产经营者应当改进施肥方式，科学合理施用化肥并按照国家有关规定使用农药，减少氨、挥发性有机物等大气污染物的排放。

禁止在人口集中地区对树木、花草喷洒剧毒、高毒农药。

第七十五条　畜禽养殖场、养殖小区应当及时对污水、畜禽粪便和尸体等进行收集、贮存、清运和无害化处理，防止排放恶臭气体。

第七十六条 各级人民政府及其农业行政等有关部门应当鼓励和支持采用先进适用技术，对秸秆、落叶等进行肥料化、饲料化、能源化、工业原料化、食用菌基料化等综合利用，加大对秸秆还田、收集一体化农业机械的财政补贴力度。

县级人民政府应当组织建立秸秆收集、贮存、运输和综合利用服务体系，采用财政补贴等措施支持农村集体经济组织、农民专业合作经济组织、企业等开展秸秆收集、贮存、运输和综合利用服务。

第七十七条 省、自治区、直辖市人民政府应当划定区域，禁止露天焚烧秸秆、落叶等产生烟尘污染的物质。

第七十八条 国务院生态环境主管部门应当会同国务院卫生行政部门，根据大气污染物对公众健康和生态环境的危害和影响程度，公布有毒有害大气污染物名录，实行风险管理。

排放前款规定名录中所列有毒有害大气污染物的企业事业单位，应当按照国家有关规定建设环境风险预警体系，对排放口和周边环境进行定期监测，评估环境风险，排查环境安全隐患，并采取有效措施防范环境风险。

第七十九条 向大气排放持久性有机污染物的企业事业单位和其他生产经营者以及废弃物焚烧设施的运营单位，应当按照国家有关规定，采取有利于减少持久性有机污染物排放的技术方法和工艺，配备有效的净化装置，实现达标排放。

第八十条 企业事业单位和其他生产经营者在生产经营活动中产生恶臭气体的，应当科学选址，设置合理的防护距离，并安装净化装置或者采取其他措施，防止排放恶臭气体。

第八十一条 排放油烟的餐饮服务业经营者应当安装油烟净化设施并保持正常使用，或者采取其他油烟净化措施，使油烟达标排放，并防止对附近居民的正常生活环境造成污染。

禁止在居民住宅楼、未配套设立专用烟道的商住综合楼以及商住综合楼内与居住层相邻的商业楼层内新建、改建、扩建产生油烟、异味、废气的餐饮服务项目。

任何单位和个人不得在当地人民政府禁止的区域内露天烧烤食品或者为露天烧烤食品提供场地。

第八十二条 禁止在人口集中地区和其他依法需要特殊保护的区域内焚烧沥青、油毡、橡胶、塑料、皮革、垃圾以及其他产生有毒有害烟尘和恶臭气体的物质。

禁止生产、销售和燃放不符合质量标准的烟花爆竹。任何单位和个人不得在城市人民政府禁止的时段和区域内燃放烟花爆竹。

第八十三条 国家鼓励和倡导文明、绿色祭祀。

火葬场应当设置除尘等污染防治设施并保持正常使用，防止影响周边环境。

第八十四条 从事服装干洗和机动车维修等服务活动的经营者，应当按照国家有关标准或者要求设置异味和废气处理装置等污染防治设施并保持正常使用，防止影响周边环境。

第八十五条 国家鼓励、支持消耗臭氧层物质替代品的生产和使用，逐步减少直至停止消耗臭氧层物质的生产和使用。

国家对消耗臭氧层物质的生产、使用、进出口实行总量控制和配额管理。具体办法由国务院规定。

第五章　重点区域大气污染联合防治

第八十六条　国家建立重点区域大气污染联防联控机制，统筹协调重点区域内大气污染防治工作。国务院生态环境主管部门根据主体功能区划、区域大气环境质量状况和大气污染传输扩散规律，划定国家大气污染防治重点区域，报国务院批准。

重点区域内有关省、自治区、直辖市人民政府应当确定牵头的地方人民政府，定期召开联席会议，按照统一规划、统一标准、统一监测、统一的防治措施的要求，开展大气污染联合防治，落实大气污染防治目标责任。国务院生态环境主管部门应当加强指导、督促。

省、自治区、直辖市可以参照第一款规定划定本行政区域的大气污染防治重点区域。

第八十七条　国务院生态环境主管部门会同国务院有关部门、国家大气污染防治重点区域内有关省、自治区、直辖市人民政府，根据重点区域经济社会发展和大气环境承载力，制定重点区域大气污染联合防治行动计划，明确控制目标，优化区域经济布局，统筹交通管理，发展清洁能源，提出重点防治任务和措施，促进重点区域大气环境质量改善。

第八十八条　国务院经济综合主管部门会同国务院生态环境主管部门，结合国家大气污染防治重点区域产业发展实际和大气环境质量状况，进一步提高环境保护、能耗、安全、质量等要求。

重点区域内有关省、自治区、直辖市人民政府应当实施更严格的机动车大气污染物排放标准，统一在用机动车检验方法和排放限值，并配套供应合格的车用燃油。

第八十九条　编制可能对国家大气污染防治重点区域的大气环境造成严重污染的有关工业园区、开发区、区域产业和发展等规划，应当依法进行环境影响评价。规划编制机关应当与重点区域内有关省、自治区、直辖市人民政府或者有关部门会商。

重点区域内有关省、自治区、直辖市建设可能对相邻省、自治区、直辖市大气环境质量产生重大影响的项目，应当及时通报有关信息，进行会商。

会商意见及其采纳情况作为环境影响评价文件审查或者审批的重要依据。

第九十条　国家大气污染防治重点区域内新建、改建、扩建用煤项目的，应当实行煤炭的等量或者减量替代。

第九十一条　国务院生态环境主管部门应当组织建立国家大气污染防治重点区域的大气环境质量监测、大气污染源监测等相关信息共享机制，利用监测、模拟以及卫星、航测、遥感等新技术分析重点区域内大气污染来源及其变化趋势，并向社会公开。

第九十二条　国务院生态环境主管部门和国家大气污染防治重点区域内有关省、自治区、直辖市人民政府可以组织有关部门开展联合执法、跨区域执法、交叉执法。

第六章　重污染天气应对

第九十三条　国家建立重污染天气监测预警体系。

国务院生态环境主管部门会同国务院气象主管机构等有关部门、国家大气污染防治重点区域内有关省、自治区、直辖市人民政府，建立重点区域重污染天气监测预警机制，统一预警分级标准。可能发生区域重污染天气的，应当及时向重点区域内有关省、自治区、直辖市人民政府通报。

省、自治区、直辖市、设区的市人民政府生态环境主管部门会同气象主管机构等有关部门建立本行政区域重污染天气监测预警机制。

第九十四条 县级以上地方人民政府应当将重污染天气应对纳入突发事件应急管理体系。

省、自治区、直辖市、设区的市人民政府以及可能发生重污染天气的县级人民政府，应当制定重污染天气应急预案，向上一级人民政府生态环境主管部门备案，并向社会公布。

第九十五条 省、自治区、直辖市、设区的市人民政府生态环境主管部门应当会同气象主管机构建立会商机制，进行大气环境质量预报。可能发生重污染天气的，应当及时向本级人民政府报告。省、自治区、直辖市、设区的市人民政府依据重污染天气预报信息，进行综合研判，确定预警等级并及时发出预警。预警等级根据情况变化及时调整。任何单位和个人不得擅自向社会发布重污染天气预报预警信息。

预警信息发布后，人民政府及其有关部门应当通过电视、广播、网络、短信等途径告知公众采取健康防护措施，指导公众出行和调整其他相关社会活动。

第九十六条 县级以上地方人民政府应当依据重污染天气的预警等级，及时启动应急预案，根据应急需要可以采取责令有关企业停产或者限产、限制部分机动车行驶、禁止燃放烟花爆竹、停止工地土石方作业和建筑物拆除施工、停止露天烧烤、停止幼儿园和学校组织的户外活动、组织开展人工影响天气作业等应急措施。

应急响应结束后，人民政府应当及时开展应急预案实施情况的评估，适时修改完善应急预案。

第九十七条 发生造成大气污染的突发环境事件，人民政府及其有关部门和相关企业事业单位，应当依照《中华人民共和国突发事件应对法》《中华人民共和国环境保护法》的规定，做好应急处置工作。生态环境主管部门应当及时对突发环境事件产生的大气污染物进行监测，并向社会公布监测信息。

第七章 法律责任

第九十八条 违反本法规定，以拒绝进入现场等方式拒不接受生态环境主管部门及其环境执法机构或者其他负有大气环境保护监督管理职责的部门的监督检查，或者在接受监督检查时弄虚作假的，由县级以上人民政府生态环境主管部门或者其他负有大气环境保护监督管理职责的部门责令改正，处2万元以上20万元以下的罚款；构成违反治安管理行为的，由公安机关依法予以处罚。

第九十九条 违反本法规定，有下列行为之一的，由县级以上人民政府生态环境主管部门责令改正或者限制生产、停产整治，并处10万元以上100万元以下的罚款；情节严重的，报经有批准权的人民政府批准，责令停业、关闭：

（一）未依法取得排污许可证排放大气污染物的；

（二）超过大气污染物排放标准或者超过重点大气污染物排放总量控制指标排放大气污染物的；

（三）通过逃避监管的方式排放大气污染物的。

第一百条 违反本法规定，有下列行为之一的，由县级以上人民政府生态环境主管部门责令改正，处2万元以上20万元以下的罚款；拒不改正的，责令停产整治：

（一）侵占、损毁或者擅自移动、改变大气环境质量监测设施或者大气污染物排放自动监测设备的；

（二）未按照规定对所排放的工业废气和有毒有害大气污染物进行监测并保存原始监测记录的；

（三）未按照规定安装、使用大气污染物排放自动监测设备或者未按照规定与生态环境主管部门的监控设备联网，并保证监测设备正常运行的；

（四）重点排污单位不公开或者不如实公开自动监测数据的；

（五）未按照规定设置大气污染物排放口的。

第一百零一条 违反本法规定，生产、进口、销售或者使用国家综合性产业政策目录中禁止的设备和产品，采用国家综合性产业政策目录中禁止的工艺，或者将淘汰的设备和产品转让给他人使用的，由县级以上人民政府经济综合主管部门、海关按照职责责令改正，没收违法所得，并处货值金额1倍以上3倍以下的罚款；拒不改正的，报经有批准权的人民政府批准，责令停业、关闭。进口行为构成走私的，由海关依法予以处罚。

第一百零二条 违反本法规定，煤矿未按照规定建设配套煤炭洗选设施的，由县级以上人民政府能源主管部门责令改正，处10万元以上100万元以下的罚款；拒不改正的，报经有批准权的人民政府批准，责令停业、关闭。

违反本法规定，开采含放射性和砷等有毒有害物质超过规定标准的煤炭的，由县级以上人民政府按照国务院规定的权限责令停业、关闭。

第一百零三条 违反本法规定，有下列行为之一的，由县级以上地方人民政府市场监督管理部门责令改正，没收原材料、产品和违法所得，并处货值金额1倍以上3倍以下的罚款：

（一）销售不符合质量标准的煤炭、石油焦的；

（二）生产、销售挥发性有机物含量不符合质量标准或者要求的原材料和产品的；

（三）生产、销售不符合标准的机动车船和非道路移动机械用燃料、发动机油、氮氧化物还原剂、燃料和润滑油添加剂以及其他添加剂的；

（四）在禁燃区内销售高污染燃料的。

第一百零四条 违反本法规定，有下列行为之一的，由海关责令改正，没收原材料、产品和违法所得，并处货值金额1倍以上3倍以下的罚款；构成走私的，由海关依法予以处罚：

（一）进口不符合质量标准的煤炭、石油焦的；

（二）进口挥发性有机物含量不符合质量标准或者要求的原材料和产品的；

（三）进口不符合标准的机动车船和非道路移动机械用燃料、发动机油、氮氧化物还原剂、燃料和润滑油添加剂以及其他添加剂的。

第一百零五条 违反本法规定，单位燃用不符合质量标准的煤炭、石油焦的，由县级以上人民政府生态环境主管部门责令改正，处货值金额1倍以上3倍以下的罚款。

第一百零六条 违反本法规定，使用不符合标准或者要求的船舶用燃油的，由海事管理机构、渔业主管部门按照职责处1万元以上10万元以下的罚款。

第一百零七条 违反本法规定，在禁燃区内新建、扩建燃用高污染燃料的设施，或者未按照规定停止燃用高污染燃料，或者在城市集中供热管网覆盖地区新建、扩建分散燃煤供热锅炉，或者未按照规定拆除已建成的不能达标排放的燃煤供热锅炉的，由县级以上地方人民政府生态环境主管部门没收燃用高污染燃料的设施，组织拆除燃煤供热锅炉，并处2万元以上20万元以下的罚款。

违反本法规定，生产、进口、销售或者使用不符合规定标准或者要求的锅炉，由县级以上人民政府市场监督管理、生态环境主管部门责令改正，没收违法所得，并处2万元以上20万元以下的罚款。

第一百零八条 违反本法规定，有下列行为之一的，由县级以上人民政府生态环境主管部门责令改正，处2万元以上20万元以下的罚款；拒不改正的，责令停产整治：

（一）产生含挥发性有机物废气的生产和服务活动，未在密闭空间或者设备中进行，未按照规定安装、使用污染防治设施，或者未采取减少废气排放措施的；

（二）工业涂装企业未使用低挥发性有机物含量涂料或者未建立、保存台账的；

（三）石油、化工以及其他生产和使用有机溶剂的企业，未采取措施对管道、设备进行日常维护、维修，减少物料泄漏或者对泄漏的物料未及时收集处理的；

（四）储油储气库、加油加气站和油罐车、气罐车等，未按照国家有关规定安装并正常使用油气回收装置的；

（五）钢铁、建材、有色金属、石油、化工、制药、矿产开采等企业，未采取集中收集处理、密闭、围挡、遮盖、清扫、洒水等措施，控制、减少粉尘和气态污染物排放的；

（六）工业生产、垃圾填埋或者其他活动中产生的可燃性气体未回收利用，不具备回收利用条件未进行防治污染处理，或者可燃性气体回收利用装置不能正常作业，未及时修复或者更新的。

第一百零九条 违反本法规定，生产超过污染物排放标准的机动车、非道路移动机械的，由省级以上人民政府生态环境主管部门责令改正，没收违法所得，并处货值金额1倍以上3倍以下的罚款，没收销毁无法达到污染物排放标准的机动车、非道路移动机械；拒不改正的，责令停产整治，并由国务院机动车生产主管部门责令停止生产该车型。

违反本法规定，机动车、非道路移动机械生产企业对发动机、污染控制装置弄虚作假、以次充好，冒充排放检验合格产品出厂销售的，由省级以上人民政府生态环境主管部门责令停产整治，没收违法所得，并处货值金额1倍以上3倍以下的罚款，没收销毁无法达到污染物排放标准的机动车、非道路移动机械，并由国务院机动车生产主管部门责令停止生产该车型。

第一百一十条 违反本法规定，进口、销售超过污染物排放标准的机动车、非道路移动机械的，由县级以上人民政府市场监督管理部门、海关按照职责没收违法所得，并处货值金额1倍以上3倍以下的罚款，没收销毁无法达到污染物排放标准的机动车、非道路移动机械；进口行为构成走私的，由海关依法予以处罚。

违反本法规定，销售的机动车、非道路移动机械不符合污染物排放标准的，销售者应当负责修理、更换、退货；给购买者造成损失的，销售者应当赔偿损失。

第一百一十一条 违反本法规定，机动车生产、进口企业未按照规定向社会公布其生产、进口机动车车型的排放检验信息或者污染控制技术信息的，由省级以上人民政府生态环境主管部门责令改正，处5万元以上50万元以下的罚款。

违反本法规定，机动车生产、进口企业未按照规定向社会公布其生产、进口机动车车型的有关维修技术信息的，由省级以上人民政府交通运输主管部门责令改正，处5万元以上50万元以下的罚款。

第一百一十二条 违反本法规定，伪造机动车、非道路移动机械排放检验结果或者出具虚假排放检验报告的，由县级以上人民政府生态环境主管部门没收违法所得，并处10万元以上50万元以下的罚款；情节严重的，由负责资质认定的部门取消其检验资格。

违反本法规定，伪造船舶排放检验结果或者出具虚假排放检验报告的，由海事管理机构依法予以处罚。

违反本法规定，以临时更换机动车污染控制装置等弄虚作假的方式通过机动车排放检验或者破坏机动车车载排放诊断系统的，由县级以上人民政府生态环境主管部门责令改正，对机动车所有人处5000元的罚款；对机动车维修单位处每辆机动车5000元的罚款。

第一百一十三条 违反本法规定，机动车驾驶人驾驶排放检验不合格的机动车上道路行驶的，由公安机关交通管理部门依法予以处罚。

第一百一十四条 违反本法规定，使用排放不合格的非道路移动机械，或者在用重型柴油车、非道路移动机械未按照规定加装、更换污染控制装置的，由县级以上人民政府生态环境等主管部门按照职责责令改正，处5000元的罚款。

违反本法规定，在禁止使用高排放非道路移动机械的区域使用高排放非道路移动机械的，由城市人民政府生态环境等主管部门依法予以处罚。

第一百一十五条 违反本法规定，施工单位有下列行为之一的，由县级以上人民政府住房城乡建设等主管部门按照职责责令改正，处1万元以上10万元以下的罚款；拒不改正的，责令停工整治：

（一）施工工地未设置硬质围挡，或者未采取覆盖、分段作业、择时施工、洒水抑尘、冲洗地面和车辆等有效防尘降尘措施的；

（二）建筑土方、工程渣土、建筑垃圾未及时清运，或者未采用密闭式防尘网遮盖的。

违反本法规定，建设单位未对暂时不能开工的建设用地的裸露地面进行覆盖，或者未对超过3个月不能开工的建设用地的裸露地面进行绿化、铺装或者遮盖的，由县级以上人民政府住房城乡建设等主管部门依照前款规定予以处罚。

第一百一十六条 违反本法规定，运输煤炭、垃圾、渣土、砂石、土方、灰浆等散装、流体物料的车辆，未采取密闭或者其他措施防止物料遗撒的，由县级以上地方人民政府确定的监督管理部门责令改正，处2000元以上2万元以下的罚款；拒不改正的，车辆不得上道路行驶。

第一百一十七条 违反本法规定，有下列行为之一的，由县级以上人民政府生态环境等主管部门按照职责责令改正，处1万元以上10万元以下的罚款；拒不改正的，责令停工整治或者停业整治：

（一）未密闭煤炭、煤矸石、煤渣、煤灰、水泥、石灰、石膏、砂土等易产生扬尘的物料的；

（二）对不能密闭的易产生扬尘的物料，未设置不低于堆放物高度的严密围挡，或者未采取有效覆盖措施防治扬尘污染的；

（三）装卸物料未采取密闭或者喷淋等方式控制扬尘排放的；

（四）存放煤炭、煤矸石、煤渣、煤灰等物料，未采取防燃措施的；

（五）码头、矿山、填埋场和消纳场未采取有效措施防治扬尘污染的；

（六）排放有毒有害大气污染物名录中所列有毒有害大气污染物的企业事业单位，未按照规定建设环境风险预警体系或者对排放口和周边环境进行定期监测、排查环境安全隐患并采取有效措施防范环境风险的；

（七）向大气排放持久性有机污染物的企业事业单位和其他生产经营者以及废弃物焚烧设施的运营单位，未按照国家有关规定采取有利于减少持久性有机污染物排放的技术方法和工艺，配备净化装置的；

（八）未采取措施防止排放恶臭气体的。

第一百一十八条 违反本法规定，排放油烟的餐饮服务业经营者未安装油烟净化设施、不正常使用油烟净化设施或者未采取其他油烟净化措施，超过排放标准排放油烟的，由县级以上地方人民政府确定的监督管理部门责令改正，处5000元以上5万元以下的罚款；拒不改正的，责令停业整治。

违反本法规定，在居民住宅楼、未配套设立专用烟道的商住综合楼、商住综合楼内与居住层相邻的商业楼层内新建、改建、扩建产生油烟、异味、废气的餐饮服务项目的，由县级以上地方人民政府确定的监督管理部门责令改正；拒不改正的，予以关闭，并处1万元以上10万元以下的罚款。

违反本法规定，在当地人民政府禁止的时段和区域内露天烧烤食品或者为露天烧烤食品提供场地的，由县级以上地方人民政府确定的监督管理部门责令改正，没收烧烤工具和违法所得，并处500元以上2万元以下的罚款。

第一百一十九条 违反本法规定，在人口集中地区对树木、花草喷洒剧毒、高毒农药，或者露天焚烧秸秆、落叶等产生烟尘污染的物质的，由县级以上地方人民政府确定的监督管理部门责令改正，并可以处500元以上2000元以下的罚款。

违反本法规定，在人口集中地区和其他依法需要特殊保护的区域内，焚烧沥青、油毡、橡胶、塑料、皮革、垃圾以及其他产生有毒有害烟尘和恶臭气体的物质的，由县级人民政府确定的监督管理部门责令改正，对单位处1万元以上10万元以下的罚款，对个人处500元以上2000元以下的罚款。

违反本法规定，在城市人民政府禁止的时段和区域内燃放烟花爆竹的，由县级以上地方人民政府确定的监督管理部门依法予以处罚。

第一百二十条 违反本法规定，从事服装干洗和机动车维修等服务活动，未设置异味和废气处理装置等污染防治设施并保持正常使用，影响周边环境的，由县级以上地方人民政府生态环境主管部门责令改正，处2000元以上2万元以下的罚款；拒不改正的，责令停业整治。

第一百二十一条 违反本法规定，擅自向社会发布重污染天气预报预警信息，构成违反治安管理行为的，由公安机关依法予以处罚。

违反本法规定，拒不执行停止工地土石方作业或者建筑物拆除施工等重污染天气应急措施的，由县级以上地方人民政府确定的监督管理部门处1万元以上10万元以下的罚款。

第一百二十二条 违反本法规定，造成大气污染事故的，由县级以上人民政府生态环境主管部门依照本条第二款的规定处以罚款；对直接负责的主管人员和其他直接责任人员可以处上一年度从本企业事业单位取得收入50%以下的罚款。

对造成一般或者较大大气污染事故的，按照污染事故造成直接损失的1倍以上3倍以下计算罚款；对造成重大或者特大大气污染事故的，按照污染事故造成的直接损失的3倍以上5倍以下计算罚款。

第一百二十三条 违反本法规定，企业事业单位和其他生产经营者有下列行为之一，受到罚款处罚，被责令改正，拒不改正的，依法作出处罚决定的行政机关可以自责令改正之日的次日起，按照原处罚数额按日连续处罚：

（一）未依法取得排污许可证排放大气污染物的；

（二）超过大气污染物排放标准或者超过重点大气污染物排放总量控制指标排放大气污染物的；

（三）通过逃避监管的方式排放大气污染物的；

（四）建筑施工或者贮存易产生扬尘的物料未采取有效措施防治扬尘污染的。

第一百二十四条 违反本法规定，对举报人以解除、变更劳动合同或者其他方式打击报复的，应当依照有关法律的规定承担责任。

第一百二十五条 排放大气污染物造成损害的，应当依法承担侵权责任。

第一百二十六条 地方各级人民政府、县级以上人民政府生态环境主管部门和其他负有大气环境保护监督管理职责的部门及其工作人员滥用职权、玩忽职守、徇私舞弊、弄虚作假的，依法给予处分。

第一百二十七条 违反本法规定，构成犯罪的，依法追究刑事责任。

第八章 附则

第一百二十八条 海洋工程的大气污染防治，依照《中华人民共和国海洋环境保护法》的有关规定执行。

第一百二十九条 本法自2016年1月1日起施行。

中华人民共和国水污染防治法

（1984 年 5 月 11 日第六届全国人民代表大会常务委员会第五次会议通过　根据 1996 年 5 月 15 日第八届全国人民代表大会常务委员会第十九次会议《关于修改〈中华人民共和国水污染防治法〉的决定》第一次修正　2008 年 2 月 28 日第十届全国人民代表大会常务委员会第三十二次会议修订　根据 2017 年 6 月 27 日第十二届全国人民代表大会常务委员会第二十八次会议《关于修改〈中华人民共和国水污染防治法〉的决定》第二次修正）

目　录

第一章　总则

第一条　为了保护和改善环境，防治水污染，保护水生态，保障饮用水安全，维护公众健康，推进生态文明建设，促进经济社会可持续发展，制定本法。

第二条　本法适用于中华人民共和国领域内的江河、湖泊、运河、渠道、水库等地表水体以及地下水体的污染防治。

海洋污染防治适用《中华人民共和国海洋环境保护法》。

第三条　水污染防治应当坚持预防为主、防治结合、综合治理的原则，优先保护饮用水水源，严格控制工业污染、城镇生活污染，防治农业面源污染，积极推进生态治理工程建设，预防、控制和减少水环境污染和生态破坏。

第四条 县级以上人民政府应当将水环境保护工作纳入国民经济和社会发展规划。

地方各级人民政府对本行政区域的水环境质量负责，应当及时采取措施防治水污染。

第五条 省、市、县、乡建立河长制，分级分段组织领导本行政区域内江河、湖泊的水资源保护、水域岸线管理、水污染防治、水环境治理等工作。

第六条 国家实行水环境保护目标责任制和考核评价制度，将水环境保护目标完成情况作为对地方人民政府及其负责人考核评价的内容。

第七条 国家鼓励、支持水污染防治的科学技术研究和先进适用技术的推广应用，加强水环境保护的宣传教育。

第八条 国家通过财政转移支付等方式，建立健全对位于饮用水水源保护区区域和江河、湖泊、水库上游地区的水环境生态保护补偿机制。

第九条 县级以上人民政府环境保护主管部门对水污染防治实施统一监督管理。

交通主管部门的海事管理机构对船舶污染水域的防治实施监督管理。

县级以上人民政府水行政、国土资源、卫生、建设、农业、渔业等部门以及重要江河、湖泊的流域水资源保护机构，在各自的职责范围内，对有关水污染防治实施监督管理。

第十条 排放水污染物，不得超过国家或者地方规定的水污染物排放标准和重点水污染物排放总量控制指标。

第十一条 任何单位和个人都有义务保护水环境，并有权对污染损害水环境的行为进行检举。

县级以上人民政府及其有关主管部门对在水污染防治工作中做出显著成绩的单位和个人给予表彰和奖励。

第二章 水污染防治的标准和规划

第十二条 国务院环境保护主管部门制定国家水环境质量标准。

省、自治区、直辖市人民政府可以对国家水环境质量标准中未作规定的项目，制定地方标准，并报国务院环境保护主管部门备案。

第十三条 国务院环境保护主管部门会同国务院水行政主管部门和有关省、自治区、直辖市人民政府，可以根据国家确定的重要江河、湖泊流域水体的使用功能以及有关地区的经济、技术条件，确定该重要江河、湖泊流域的省界水体适用的水环境质量标准，报国务院批准后施行。

第十四条 国务院环境保护主管部门根据国家水环境质量标准和国家经济、技术条件，制定国家水污染物排放标准。

省、自治区、直辖市人民政府对国家水污染物排放标准中未作规定的项目，可以制定地方水污染物排放标准；对国家水污染物排放标准中已作规定的项目，可以制定严于国家水污染物排放标准的地方水污染物排放标准。地方水污染物排放标准须报国务院环境保护主管部门备案。

向已有地方水污染物排放标准的水体排放污染物的，应当执行地方水污染物排放标准。

第十五条 国务院环境保护主管部门和省、自治区、直辖市人民政府，应当根据水污染防治的要求和国家或者地方的经济、技术条件，适时修订水环境质量标准和水污染物排放标准。

第十六条 防治水污染应当按流域或者按区域进行统一规划。国家确定的重要江河、湖泊的流域水污染防治规划，由国务院环境保护主管部门会同国务院经济综合宏观调控、水行政等部门和有关省、自治区、直辖市人民政府编制，报国务院批准。

前款规定外的其他跨省、自治区、直辖市江河、湖泊的流域水污染防治规划，根据国家确定的重要江河、湖泊的流域水污染防治规划和本地实际情况，由有关省、自治区、直辖市人民政府环境保护主管部门会同同级水行政等部门和有关市、县人民政府编制，经有关省、自治区、直辖市人民政府审核，报国务院批准。

省、自治区、直辖市内跨县江河、湖泊的流域水污染防治规划，根据国家确定的重要江河、湖泊的流域水污染防治规划和本地实际情况，由省、自治区、直辖市人民政府环境保护主管部门会同同级水行政等部门编制，报省、自治区、直辖市人民政府批准，并报国务院备案。

经批准的水污染防治规划是防治水污染的基本依据，规划的修订须经原批准机关批准。

县级以上地方人民政府应当根据依法批准的江河、湖泊的流域水污染防治规划，组织制定本行政区域的水污染防治规划。

第十七条 有关市、县级人民政府应当按照水污染防治规划确定的水环境质量改善目标的要求，制定限期达标规划，采取措施按期达标。

有关市、县级人民政府应当将限期达标规划报上一级人民政府备案，并向社会公开。

第十八条 市、县级人民政府每年在向本级人民代表大会或者其常务委员会报告环境状况和环境保护目标完成情况时，应当报告水环境质量限期达标规划执行情况，并向社会公开。

第三章　水污染防治的监督管理

第十九条 新建、改建、扩建直接或者间接向水体排放污染物的建设项目和其他水上设施，应当依法进行环境影响评价。

建设单位在江河、湖泊新建、改建、扩建排污口的，应当取得水行政主管部门或者流域管理机构同意；涉及通航、渔业水域的，环境保护主管部门在审批环境影响评价文件时，应当征求交通、渔业主管部门的意见。

建设项目的水污染防治设施，应当与主体工程同时设计、同时施工、同时投入使用。水污染防治设施应当符合经批准或者备案的环境影响评价文件的要求。

第二十条 国家对重点水污染物排放实施总量控制制度。

重点水污染物排放总量控制指标，由国务院环境保护主管部门在征求国务院有关部门和各省、自治区、直辖市人民政府意见后，会同国务院经济综合宏观调控部门报国务院批准并下达实施。

省、自治区、直辖市人民政府应当按照国务院的规定削减和控制本行政区域的重点水污染物排放总量。具体办法由国务院环境保护主管部门会同国务院有关部门规定。

省、自治区、直辖市人民政府可以根据本行政区域水环境质量状况和水污染防治工作的需要，对国家重点水污染物之外的其他水污染物排放实行总量控制。

对超过重点水污染物排放总量控制指标或者未完成水环境质量改善目标的地区，省级以上人民政府环境保护主管部门应当会同有关部门约谈该地区人民政府的主要负责人，并暂停审批新增重点水污染物排放总量的建设项目的环境影响评价文件。约谈情况应当向社会公开。

第二十一条 直接或者间接向水体排放工业废水和医疗污水以及其他按照规定应当取得排污许可证方可排放的废水、污水的企业事业单位和其他生产经营者，应当取得排污许可证；城镇污水集中处理设施的运营单位，也应当取得排污许可证。排污许可证应当明确排放水污染物的种类、浓度、总量和排放去向等要求。排污许可的具体办法由国务院规定。

禁止企业事业单位和其他生产经营者无排污许可证或者违反排污许可证的规定向水体排放前款规定的废水、污水。

第二十二条 向水体排放污染物的企业事业单位和其他生产经营者，应当按照法律、行政法规和国务院环境保护主管部门的规定设置排污口；在江河、湖泊设置排污口的，还应当遵守国务院水行政主管部门的规定。

第二十三条 实行排污许可管理的企业事业单位和其他生产经营者应当按照国家有关规定和监测规范，对所排放的水污染物自行监测，并保存原始监测记录。重点排污单位还应当安装水污染物排放自动监测设备，与环境保护主管部门的监控设备联网，并保证监测设备正常运行。具体办法由国务院环境保护主管部门规定。

应当安装水污染物排放自动监测设备的重点排污单位名录，由设区的市级以上地方人民政府环境保护主管部门根据本行政区域的环境容量、重点水污染物排放总量控制指标的要求以及排污单位排放水污染物的种类、数量和浓度等因素，商同级有关部门确定。

第二十四条 实行排污许可管理的企业事业单位和其他生产经营者应当对监测数据的真实性和准确性负责。

环境保护主管部门发现重点排污单位的水污染物排放自动监测设备传输数据异常，应当及时进行调查。

第二十五条 国家建立水环境质量监测和水污染物排放监测制度。国务院环境保护主管部门负责制定水环境监测规范，统一发布国家水环境状况信息，会同国务院水行政等部门组织监测网络，统一规划国家水环境质量监测站（点）的设置，建立监测数据共享机制，加强对水环境监测的管理。

第二十六条 国家确定的重要江河、湖泊流域的水资源保护工作机构负责监测其所在流域的省界水体的水环境质量状况，并将监测结果及时报国务院环境保护主管部门和国务院水行政主管部门；有经国务院批准成立的流域水资源保护领导机构的，应当将监测结果及时报告流域水资源保护领导机构。

第二十七条 国务院有关部门和县级以上地方人民政府开发、利用和调节、调度水资源时，应当统筹兼顾，维持江河的合理流量和湖泊、水库以及地下水体的合理水位，保障基本生态用水，维护水体的生态功能。

第二十八条 国务院环境保护主管部门应当会同国务院水行政等部门和有关省、自治区、直辖市人民政府，建立重要江河、湖泊的流域水环境保护联合协调机制，实行统一规划、统一标准、统一监测、统一的防治措施。

第二十九条 国务院环境保护主管部门和省、自治区、直辖市人民政府环境保护主管部门应当会同同级有关部门根据流域生态环境功能需要，明确流域生态环境保护要求，组织开展流域环境资源承载能力监测、评价，实施流域环境资源承载能力预警。

县级以上地方人民政府应当根据流域生态环境功能需要，组织开展江河、湖泊、湿地保护与修复，因地制宜建设人工湿地、水源涵养林、沿河沿湖植被缓冲带和隔离带等生态环境治理与保护工程，整治黑臭水体，提高流域环境资源承载能力。

从事开发建设活动，应当采取有效措施，维护流域生态环境功能，严守生态保护红线。

第三十条 环境保护主管部门和其他依照本法规定行使监督管理权的部门，有权对管辖范围内的排污单位进行现场检查，被检查的单位应当如实反映情况，提供必要的资料。检查机关有义务为被检查的单位保守在检查中获取的商业秘密。

第三十一条 跨行政区域的水污染纠纷，由有关地方人民政府协商解决，或者由其共同的上级人民政府协调解决。

第四章 水污染防治措施

第一节 一般规定

第三十二条 国务院环境保护主管部门应当会同国务院卫生主管部门，根据对公众健康和生态环境的危害和影响程度，公布有毒有害水污染物名录，实行风险管理。

排放前款规定名录中所列有毒有害水污染物的企业事业单位和其他生产经营者，应当对排污口和周边环境进行监测，评估环境风险，排查环境安全隐患，并公开有毒有害水污染物信息，采取有效措施防范环境风险。

第三十三条 禁止向水体排放油类、酸液、碱液或者剧毒废液。

禁止在水体清洗装贮过油类或者有毒污染物的车辆和容器。

第三十四条 禁止向水体排放、倾倒放射性固体废物或者含有高放射性和中放射性物质的废水。

向水体排放含低放射性物质的废水，应当符合国家有关放射性污染防治的规定和标准。

第三十五条 向水体排放含热废水，应当采取措施，保证水体的水温符合水环境质量标准。

第三十六条 含病原体的污水应当经过消毒处理；符合国家有关标准后，方可排放。

第三十七条 禁止向水体排放、倾倒工业废渣、城镇垃圾和其他废弃物。

禁止将含有汞、镉、砷、铬、铅、氰化物、黄磷等的可溶性剧毒废渣向水体排放、倾倒或者直接埋入地下。

存放可溶性剧毒废渣的场所，应当采取防水、防渗漏、防流失的措施。

第三十八条 禁止在江河、湖泊、运河、渠道、水库最高水位线以下的滩地和岸坡堆放、存贮固体废弃物和其他污染物。

第三十九条 禁止利用渗井、渗坑、裂隙、溶洞，私设暗管，篡改、伪造监测数据，或者不正常运行水污染防治设施等逃避监管的方式排放水污染物。

第四十条 化学品生产企业以及工业集聚区、矿山开采区、尾矿库、危险废物处置场、垃圾填埋场等的运营、管理单位，应当采取防渗漏等措施，并建设地下水水质监测井进行监测，防止地下水污染。

加油站等的地下油罐应当使用双层罐或者采取建造防渗池等其他有效措施，并进行防渗漏监测，防止地下水污染。

禁止利用无防渗漏措施的沟渠、坑塘等输送或者存贮含有毒污染物的废水、含病原体的污水和其他废弃物。

第四十一条 多层地下水的含水层水质差异大的，应当分层开采；对已受污染的潜水和承压水，不得混合开采。

第四十二条 兴建地下工程设施或者进行地下勘探、采矿等活动，应当采取防护性措施，防止地下水污染。

报废矿井、钻井或者取水井等，应当实施封井或者回填。

第四十三条 人工回灌补给地下水，不得恶化地下水质。

第二节 工业水污染防治

第四十四条 国务院有关部门和县级以上地方人民政府应当合理规划工业布局，要求造成水污染的企业进行技术改造，采取综合防治措施，提高水的重复利用率，减少废水和污染物排放量。

第四十五条 排放工业废水的企业应当采取有效措施，收集和处理产生的全部废水，防止污染环境。含有毒有害水污染物的工业废水应当分类收集和处理，不得稀释排放。

工业集聚区应当配套建设相应的污水集中处理设施，安装自动监测设备，与环境保护主管部门的监控设备联网，并保证监测设备正常运行。

向污水集中处理设施排放工业废水的，应当按照国家有关规定进行预处理，达到集中处理设施处理工艺要求后方可排放。

第四十六条 国家对严重污染水环境的落后工艺和设备实行淘汰制度。

国务院经济综合宏观调控部门会同国务院有关部门，公布限期禁止采用的严重污染水环境的工艺名录和限期禁止生产、销售、进口、使用的严重污染水环境的设备名录。

生产者、销售者、进口者或者使用者应当在规定的期限内停止生产、销售、进口或者使用列入前款规定的设备名录中的设备。工艺的采用者应当在规定的期限内停止采用列入前款规定的工艺名录中的工艺。

依照本条第二款、第三款规定被淘汰的设备，不得转让给他人使用。

第四十七条 国家禁止新建不符合国家产业政策的小型造纸、制革、印染、染料、炼焦、炼硫、炼砷、炼汞、炼油、电镀、农药、石棉、水泥、玻璃、钢铁、火电以及其他严重污染水环境的生产项目。

第四十八条 企业应当采用原材料利用效率高、污染物排放量少的清洁工艺，并加强管理，减少水污染物的产生。

第三节 城镇水污染防治

第四十九条 城镇污水应当集中处理。

县级以上地方人民政府应当通过财政预算和其他渠道筹集资金，统筹安排建设城镇污水集中处理设施及配套管网，提高本行政区域城镇污水的收集率和处理率。

国务院建设主管部门应当会同国务院经济综合宏观调控、环境保护主管部门，根据城乡规划和水污染防治规划，组织编制全国城镇污水处理设施建设规划。县级以上地方人民政府组织建设、经济综合宏观调控、环境保护、水行政等部门编制本行政区域的城镇污水处理设施建设规划。县级以上地方人民政府建设主管部门应当按照城镇污水处理设施建设规划，组织建设城镇污水集中处理设施及配套管网，并加强对城镇污水集中处理设施运营的监督管理。

城镇污水集中处理设施的运营单位按照国家规定向排污者提供污水处理的有偿服务，收取污水处理费用，保证污水集中处理设施的正常运行。收取的污水处理费用应当用于城镇污水集中处理设施的建设运行和污泥处理处置，不得挪作他用。

城镇污水集中处理设施的污水处理收费、管理以及使用的具体办法，由国务院规定。

第五十条 向城镇污水集中处理设施排放水污染物，应当符合国家或者地方规定的水污染物排放标准。

城镇污水集中处理设施的运营单位，应当对城镇污水集中处理设施的出水水质负责。

环境保护主管部门应当对城镇污水集中处理设施的出水水质和水量进行监督检查。

第五十一条 城镇污水集中处理设施的运营单位或者污泥处理处置单位应当安全处理处置污泥，保证处理处置后的污泥符合国家标准，并对污泥的去向等进行记录。

第四节 农业和农村水污染防治

第五十二条 国家支持农村污水、垃圾处理设施的建设，推进农村污水、垃圾集中处理。

地方各级人民政府应当统筹规划建设农村污水、垃圾处理设施，并保障其正常运行。

第五十三条 制定化肥、农药等产品的质量标准和使用标准，应当适应水环境保护要求。

第五十四条 使用农药，应当符合国家有关农药安全使用的规定和标准。

运输、存贮农药和处置过期失效农药，应当加强管理，防止造成水污染。

第五十五条 县级以上地方人民政府农业主管部门和其他有关部门，应当采取措施，指导农业生产者科学、合理地施用化肥和农药，推广测土配方施肥技术和高效低毒低残留农药，控制化肥和农药的过量使用，防止造成水污染。

第五十六条 国家支持畜禽养殖场、养殖小区建设畜禽粪便、废水的综合利用或者无害化处理设施。

畜禽养殖场、养殖小区应当保证其畜禽粪便、废水的综合利用或者无害化处理设施正常运转，保证污水达标排放，防止污染水环境。

畜禽散养密集区所在地县、乡级人民政府应当组织对畜禽粪便污水进行分户收集、集中处理利用。

第五十七条 从事水产养殖应当保护水域生态环境，科学确定养殖密度，合理投饵和使用药物，防止污染水环境。

第五十八条 农田灌溉用水应当符合相应的水质标准，防止污染土壤、地下水和农产品。

禁止向农田灌溉渠道排放工业废水或者医疗污水。向农田灌溉渠道排放城镇污水以及未综合利用的畜禽养殖废水、农产品加工废水的，应当保证其下游最近的灌溉取水点的水质符合农田灌溉水质标准。

第五节 船舶水污染防治

第五十九条 船舶排放含油污水、生活污水，应当符合船舶污染物排放标准。从事海洋航运的船舶进入内河和港口的，应当遵守内河的船舶污染物排放标准。

船舶的残油、废油应当回收，禁止排入水体。

禁止向水体倾倒船舶垃圾。

船舶装载运输油类或者有毒货物，应当采取防止溢流和渗漏的措施，防止货物落水造成水污染。

进入中华人民共和国内河的国际航线船舶排放压载水的，应当采用压载水处理装置或者采取其他等效措施，对压载水进行灭活等处理。禁止排放不符合规定的船舶压载水。

第六十条 船舶应当按照国家有关规定配置相应的防污设备和器材，并持有合法有效的防止水域环境污染的证书与文书。

船舶进行涉及污染物排放的作业，应当严格遵守操作规程，并在相应的记录簿上如实记载。

第六十一条 港口、码头、装卸站和船舶修造厂所在地市、县级人民政府应当统筹规划建设船舶污染物、废弃物的接收、转运及处理处置设施。

港口、码头、装卸站和船舶修造厂应当备有足够的船舶污染物、废弃物的接收设施。从事船舶污染物、废弃物接收作业，或者从事装载油类、污染危害性货物船舱清洗作业的单位，应当具备与其运营规模相适应的接收处理能力。

第六十二条 船舶及有关作业单位从事有污染风险的作业活动，应当按照有关法律法规和标准，采取有效措施，防止造成水污染。海事管理机构、渔业主管部门应当加强对船舶及有关作业活动的监督管理。

船舶进行散装液体污染危害性货物的过驳作业，应当编制作业方案，采取有效的安全和污染防治措施，并报作业地海事管理机构批准。

禁止采取冲滩方式进行船舶拆解作业。

第五章　饮用水水源和其他特殊水体保护

第六十三条　国家建立饮用水水源保护区制度。饮用水水源保护区分为一级保护区和二级保护区；必要时，可以在饮用水水源保护区外围划定一定的区域作为准保护区。

饮用水水源保护区的划定，由有关市、县人民政府提出划定方案，报省、自治区、直辖市人民政府批准；跨市、县饮用水水源保护区的划定，由有关市、县人民政府协商提出划定方案，报省、自治区、直辖市人民政府批准；协商不成的，由省、自治区、直辖市人民政府环境保护主管部门会同同级水行政、国土资源、卫生、建设等部门提出划定方案，征求同级有关部门的意见后，报省、自治区、直辖市人民政府批准。

跨省、自治区、直辖市的饮用水水源保护区，由有关省、自治区、直辖市人民政府商有关流域管理机构划定；协商不成的，由国务院环境保护主管部门会同同级水行政、国土资源、卫生、建设等部门提出划定方案，征求国务院有关部门的意见后，报国务院批准。

国务院和省、自治区、直辖市人民政府可以根据保护饮用水水源的实际需要，调整饮用水水源保护区的范围，确保饮用水安全。有关地方人民政府应当在饮用水水源保护区的边界设立明确的地理界标和明显的警示标志。

第六十四条　在饮用水水源保护区内，禁止设置排污口。

第六十五条　禁止在饮用水水源一级保护区内新建、改建、扩建与供水设施和保护水源无关的建设项目；已建成的与供水设施和保护水源无关的建设项目，由县级以上人民政府责令拆除或者关闭。

禁止在饮用水水源一级保护区内从事网箱养殖、旅游、游泳、垂钓或者其他可能污染饮用水水体的活动。

第六十六条　禁止在饮用水水源二级保护区内新建、改建、扩建排放污染物的建设项目；已建成的排放污染物的建设项目，由县级以上人民政府责令拆除或者关闭。

在饮用水水源二级保护区内从事网箱养殖、旅游等活动的，应当按照规定采取措施，防止污染饮用水水体。

第六十七条　禁止在饮用水水源准保护区内新建、扩建对水体污染严重的建设项目；改建建设项目，不得增加排污量。

第六十八条　县级以上地方人民政府应当根据保护饮用水水源的实际需要，在准保护区内采取工程措施或者建造湿地、水源涵养林等生态保护措施，防止水污染物直接排入饮用水水体，确保饮用水安全。

第六十九条　县级以上地方人民政府应当组织环境保护等部门，对饮用水水源保护区、地下水型饮用水源的补给区及供水单位周边区域的环境状况和污染风险进行调查评估，筛查可能存在的污染风险因素，并采取相应的风险防范措施。

饮用水水源受到污染可能威胁供水安全的，环境保护主管部门应当责令有关企业事业单位和其他生产经营者采取停止排放水污染物等措施，并通报饮用水供水单位和供水、卫生、水行政等部门；跨行政区域的，还应当通报相关地方人民政府。

第七十条　单一水源供水城市的人民政府应当建设应急水源或者备用水源，有条件的地区可以开展区域联网供水。

县级以上地方人民政府应当合理安排、布局农村饮用水水源，有条件的地区可以采取城镇供水管网延伸或者建设跨村、跨乡镇联片集中供水工程等方式，发展规模集中供水。

第七十一条 饮用水供水单位应当做好取水口和出水口的水质检测工作。发现取水口水质不符合饮用水水源水质标准或者出水口水质不符合饮用水卫生标准的，应当及时采取相应措施，并向所在地市、县级人民政府供水主管部门报告。供水主管部门接到报告后，应当通报环境保护、卫生、水行政等部门。

饮用水供水单位应当对供水水质负责，确保供水设施安全可靠运行，保证供水水质符合国家有关标准。

第七十二条 县级以上地方人民政府应当组织有关部门监测、评估本行政区域内饮用水水源、供水单位供水和用户水龙头出水的水质等饮用水安全状况。

县级以上地方人民政府有关部门应当至少每季度向社会公开一次饮用水安全状况信息。

第七十三条 国务院和省、自治区、直辖市人民政府根据水环境保护的需要，可以规定在饮用水水源保护区内，采取禁止或者限制使用含磷洗涤剂、化肥、农药以及限制种植养殖等措施。

第七十四条 县级以上人民政府可以对风景名胜区水体、重要渔业水体和其他具有特殊经济文化价值的水体划定保护区，并采取措施，保证保护区的水质符合规定用途的水环境质量标准。

第七十五条 在风景名胜区水体、重要渔业水体和其他具有特殊经济文化价值的水体的保护区内，不得新建排污口。在保护区附近新建排污口，应当保证保护区水体不受污染。

第六章 水污染事故处置

第七十六条 各级人民政府及其有关部门，可能发生水污染事故的企业事业单位，应当依照《中华人民共和国突发事件应对法》的规定，做好突发水污染事故的应急准备、应急处置和事后恢复等工作。

第七十七条 可能发生水污染事故的企业事业单位，应当制定有关水污染事故的应急方案，做好应急准备，并定期进行演练。

生产、储存危险化学品的企业事业单位，应当采取措施，防止在处理安全生产事故过程中产生的可能严重污染水体的消防废水、废液直接排入水体。

第七十八条 企业事业单位发生事故或者其他突发性事件，造成或者可能造成水污染事故的，应当立即启动本单位的应急方案，采取隔离等应急措施，防止水污染物进入水体，并向事故发生地的县级以上地方人民政府或者环境保护主管部门报告。环境保护主管部门接到报告后，应当及时向本级人民政府报告，并抄送有关部门。

造成渔业污染事故或者渔业船舶造成水污染事故的，应当向事故发生地的渔业主管部门报告，接受调查处理。其他船舶造成水污染事故的，应当向事故发生地的海事管理机构报告，接受调查处理；给渔业造成损害的，海事管理机构应当通知渔业主管部门参与调查处理。

第七十九条 市、县级人民政府应当组织编制饮用水安全突发事件应急预案。

饮用水供水单位应当根据所在地饮用水安全突发事件应急预案，制定相应的突发事件应急方案，报所在地市、县级人民政府备案，并定期进行演练。

饮用水水源发生水污染事故，或者发生其他可能影响饮用水安全的突发性事件，饮用水供水单位应当采取应急处理措施，向所在地市、县级人民政府报告，并向社会公开。有关人民政府应当根据情况及时启动应急预案，采取有效措施，保障供水安全。

第七章 法律责任

第八十条 环境保护主管部门或者其他依照本法规定行使监督管理权的部门，不依法作出行政许可或者办理批准文件的，发现违法行为或者接到对违法行为的举报后不予查处的，或者有其他未依照本法规定履行职责的行为的，对直接负责的主管人员和其他直接责任人员依法给予处分。

第八十一条 以拖延、围堵、滞留执法人员等方式拒绝、阻挠环境保护主管部门或者其他依照本法规定行使监督管理权的部门的监督检查，或者在接受监督检查时弄虚作假的，由县级以上人民政府环境保护主管部门或者其他依照本法规定行使监督管理权的部门责令改正，处 2 万元以上 20 万元以下的罚款。

第八十二条 违反本法规定，有下列行为之一的，由县级以上人民政府环境保护主管部门责令限期改正，处 2 万元以上 20 万元以下的罚款；逾期不改正的，责令停产整治：

（一）未按照规定对所排放的水污染物自行监测，或者未保存原始监测记录的；

（二）未按照规定安装水污染物排放自动监测设备，未按照规定与环境保护主管部门的监控设备联网，或者未保证监测设备正常运行的；

（三）未按照规定对有毒有害水污染物的排污口和周边环境进行监测，或者未公开有毒有害水污染物信息的。

第八十三条 违反本法规定，有下列行为之一的，由县级以上人民政府环境保护主管部门责令改正或者责令限制生产、停产整治，并处 10 万元以上 100 万元以下的罚款；情节严重的，报经有批准权的人民政府批准，责令停业、关闭：

（一）未依法取得排污许可证排放水污染物的；

（二）超过水污染物排放标准或者超过重点水污染物排放总量控制指标排放水污染物的；

（三）利用渗井、渗坑、裂隙、溶洞，私设暗管，篡改、伪造监测数据，或者不正常运行水污染防治设施等逃避监管的方式排放水污染物的；

（四）未按照规定进行预处理，向污水集中处理设施排放不符合处理工艺要求的工业废水的。

第八十四条 在饮用水水源保护区内设置排污口的，由县级以上地方人民政府责令限期拆除，处 10 万元以上 50 万元以下的罚款；逾期不拆除的，强制拆除，所需费用由违法者承担，处50万元以上100万元以下的罚款，并可以责令停产整治。

除前款规定外，违反法律、行政法规和国务院环境保护主管部门的规定设置排污口的，由县级以上地方人民政府环境保护主管部门责令限期拆除，处2万元以上10万元以下的罚款；逾期不拆除的，强制拆除，所需费用由违法者承担，处10万元以上50万元以下的罚款；情节严重的，可以责令停产整治。

未经水行政主管部门或者流域管理机构同意，在江河、湖泊新建、改建、扩建排污口的，由县级以上人民政府水行政主管部门或者流域管理机构依据职权，依照前款规定采取措施、给予处罚。

第八十五条 有下列行为之一的，由县级以上地方人民政府环境保护主管部门责令停止违法行为，限期采取治理措施，消除污染，处以罚款；逾期不采取治理措施的，环境保护主管部门可以指定有治理能力的单位代为治理，所需费用由违法者承担：

（一）向水体排放油类、酸液、碱液的；

（二）向水体排放剧毒废液，或者将含有汞、镉、砷、铬、铅、氰化物、黄磷等的可溶性剧毒废渣向水体排放、倾倒或者直接埋入地下的；

（三）在水体清洗装贮过油类、有毒污染物的车辆或者容器的；

（四）向水体排放、倾倒工业废渣、城镇垃圾或者其他废弃物，或者在江河、湖泊、运河、渠道、水库最高水位线以下的滩地、岸坡堆放、存贮固体废弃物或者其他污染物的；

（五）向水体排放、倾倒放射性固体废物或者含有高放射性、中放射性物质的废水的；

（六）违反国家有关规定或者标准，向水体排放含低放射性物质的废水、热废水或者含病原体的污水的；

（七）未采取防渗漏等措施，或者未建设地下水水质监测井进行监测的；

（八）加油站等的地下油罐未使用双层罐或者采取建造防渗池等其他有效措施，或者未进行防渗漏监测的；

（九）未按照规定采取防护性措施，或者利用无防渗漏措施的沟渠、坑塘等输送或者存贮含有毒污染物的废水、含病原体的污水或者其他废弃物的。

有前款第三项、第四项、第六项、第七项、第八项行为之一的，处2万元以上20万元以下的罚款。有前款第一项、第二项、第五项、第九项行为之一的，处10万元以上100万元以下的罚款；情节严重的，报经有批准权的人民政府批准，责令停业、关闭。

第八十六条 违反本法规定，生产、销售、进口或者使用列入禁止生产、销售、进口、使用的严重污染水环境的设备名录中的设备，或者采用列入禁止采用的严重污染水环境的工艺名录中的工艺的，由县级以上人民政府经济综合宏观调控部门责令改正，处5万元以上20万元以下的罚款；情节严重的，由县级以上人民政府经济综合宏观调控部门提出意见，报请本级人民政府责令停业、关闭。

第八十七条 违反本法规定，建设不符合国家产业政策的小型造纸、制革、印染、染料、炼焦、炼硫、炼砷、炼汞、炼油、电镀、农药、石棉、水泥、玻璃、钢铁、火电以及其他严重污染水环境的生产项目的，由所在地的市、县人民政府责令关闭。

第八十八条 城镇污水集中处理设施的运营单位或者污泥处理处置单位，处理处置后的污泥不符合国家标准，或者对污泥去向等未进行记录的，由城镇排水主管部门责令限期采取治理措施，给予警告；造成严重后果的，处10万元以上20万元以下的罚款；逾期不采取治理措施的，城镇排水主管部门可以指定有治理能力的单位代为治理，所需费用由违法者承担。

第八十九条 船舶未配置相应的防污染设备和器材，或者未持有合法有效的防止水域环境污染的证书与文书的，由海事管理机构、渔业主管部门按照职责分工责令限期改正，处2000元以上2万元以下的罚款；逾期不改正的，责令船舶临时停航。

船舶进行涉及污染物排放的作业，未遵守操作规程或者未在相应的记录簿上如实记载的，由海事管理机构、渔业主管部门按照职责分工责令改正，处2000元以上2万元以下的罚款。

第九十条 违反本法规定，有下列行为之一的，由海事管理机构、渔业主管部门按照职责分工责令停止违法行为，处1万元以上10万元以下的罚款；造成水污染的，责令限期采取治理措施，消除污染，处2万元以上20万元以下的罚款；逾期不采取治理措施的，海事管理机构、渔业主管部门按照职责分工可以指定有治理能力的单位代为治理，所需费用由船舶承担：

（一）向水体倾倒船舶垃圾或者排放船舶的残油、废油的；

（二）未经作业地海事管理机构批准，船舶进行散装液体污染危害性货物的过驳作业的；

（三）船舶及有关作业单位从事有污染风险的作业活动，未按照规定采取污染防治措施的；

（四）以冲滩方式进行船舶拆解的；

（五）进入中华人民共和国内河的国际航线船舶，排放不符合规定的船舶压载水的。

第九十一条 有下列行为之一的，由县级以上地方人民政府环境保护主管部门责令停止违法行为，处10万元以上50万元以下的罚款；并报经有批准权的人民政府批准，责令拆除或者关闭：

（一）在饮用水水源一级保护区内新建、改建、扩建与供水设施和保护水源无关的建设项目的；

（二）在饮用水水源二级保护区内新建、改建、扩建排放污染物的建设项目的；

（三）在饮用水水源准保护区内新建、扩建对水体污染严重的建设项目，或者改建建设项目增加排污量的。

在饮用水水源一级保护区内从事网箱养殖或者组织进行旅游、垂钓或者其他可能污染饮用水水体的活动的，由县级以上地方人民政府环境保护主管部门责令停止违法行为，处2万元以上10万元以下的罚款。个人在饮用水水源一级保护区内游泳、垂钓或者从事其他可能污染饮用水水体的活动的，由县级以上地方人民政府环境保护主管部门责令停止违法行为，可以处500元以下的罚款。

第九十二条 饮用水供水单位供水水质不符合国家规定标准的，由所在地市、县级人民政府供水主管部门责令改正，处2万元以上20万元以下的罚款；情节严重的，报经有批准权的人民政府批准，可以责令停业整顿；对直接负责的主管人员和其他直接责任人员依法给予处分。

第九十三条 企业事业单位有下列行为之一的，由县级以上人民政府环境保护主管部门责令改正；情节严重的，处2万元以上10万元以下的罚款：

（一）不按照规定制定水污染事故的应急方案的；

（二）水污染事故发生后，未及时启动水污染事故的应急方案，采取有关应急措施的。

第九十四条 企业事业单位违反本法规定，造成水污染事故的，除依法承担赔偿责任外，由县级以上人民政府环境保护主管部门依照本条第二款的规定处以罚款，责令限期采取治理措施，消除污染；未按照要求采取治理措施或者不具备治理能力的，由环境保护主管部门指定有治理能力的单位代为治理，所需费用由违法者承担；对造成重大或者特大水污染事故的，还可以报经有批准权的人民政府批准，责令关闭；对直接负责的主管人员和其他直接责任人员可以处上一年度从本单位取得的收入50%以下的罚款；有《中华人民共和国环境保护法》第六十三条规定的违法排放水污染物等行为之一，尚不构成犯罪的，由公安机关对直接负责的主管人员和其他直接责任人员处10日以上15日以下的拘留；情节较轻的，处5日以上10日以下的拘留。

对造成一般或者较大水污染事故的，按照水污染事故造成的直接损失的20%计算罚款；对造成重大或者特大水污染事故的，按照水污染事故造成的直接损失的30%计算罚款。

造成渔业污染事故或者渔业船舶造成水污染事故的，由渔业主管部门进行处罚；其他船舶造成水污染事故的，由海事管理机构进行处罚。

第九十五条 企业事业单位和其他生产经营者违法排放水污染物，受到罚款处罚，被责令改正的，依法作出处罚决定的行政机关应当组织复查，发现其继续违法排放水污染物或者拒绝、阻挠复查的，依照《中华人民共和国环境保护法》的规定按日连续处罚。

第九十六条 因水污染受到损害的当事人，有权要求排污方排除危害和赔偿损失。

由于不可抗力造成水污染损害的，排污方不承担赔偿责任；法律另有规定的除外。

水污染损害是由受害人故意造成的，排污方不承担赔偿责任。水污染损害是由受害人重大过失造成的，可以减轻排污方的赔偿责任。

水污染损害是由第三人造成的，排污方承担赔偿责任后，有权向第三人追偿。

第九十七条 因水污染引起的损害赔偿责任和赔偿金额的纠纷，可以根据当事人的请求，由环境保护主管部门或者海事管理机构、渔业主管部门按照职责分工调解处理；调解不成的，当事人可以向人民法院提起诉讼。当事人也可以直接向人民法院提起诉讼。

第九十八条 因水污染引起的损害赔偿诉讼，由排污方就法律规定的免责事由及其行为与损害结果之间不存在因果关系承担举证责任。

第九十九条 因水污染受到损害的当事人人数众多的，可以依法由当事人推选代表人进行共同诉讼。

环境保护主管部门和有关社会团体可以依法支持因水污染受到损害的当事人向人民法院提起诉讼。

国家鼓励法律服务机构和律师为水污染损害诉讼中的受害人提供法律援助。

第一百条 因水污染引起的损害赔偿责任和赔偿金额的纠纷，当事人可以委托环境监测机构提供监测数据。环境监测机构应当接受委托，如实提供有关监测数据。

第一百零一条 违反本法规定，构成犯罪的，依法追究刑事责任。

第八章 附则

第一百零二条 本法中下列用语的含义：

（一）水污染，是指水体因某种物质的介入，而导致其化学、物理、生物或者放射性等方面特性的改变，从而影响水的有效利用，危害人体健康或者破坏生态环境，造成水质恶化的现象。

（二）水污染物，是指直接或者间接向水体排放的，能导致水体污染的物质。

（三）有毒污染物，是指那些直接或者间接被生物摄入体内后，可能导致该生物或者其后代发病、行为反常、遗传异变、生理机能失常、机体变形或者死亡的污染物。

（四）污泥，是指污水处理过程中产生的半固态或者固态物质。

（五）渔业水体，是指划定的鱼虾类的产卵场、索饵场、越冬场、洄游通道和鱼虾贝藻类的养殖场的水体。

第一百零三条 本法自 2008 年 6 月 1 日起施行。

中华人民共和国土壤污染防治法

（2018 年 8 月 31 日第十三届全国人民代表大会常务委员会第五次会议通过）

目 录

第一章 总则

第一条 为了保护和改善生态环境，防治土壤污染，保障公众健康，推动土壤资源永续利用，推进生态文明建设，促进经济社会可持续发展，制定本法。

第二条 在中华人民共和国领域及管辖的其他海域从事土壤污染防治及相关活动，适用本法。

本法所称土壤污染，是指因人为因素导致某种物质进入陆地表层土壤，引起土壤化学、物理、生物等方面特性的改变，影响土壤功能和有效利用，危害公众健康或者破坏生态环境的现象。

第三条 土壤污染防治应当坚持预防为主、保护优先、分类管理、风险管控、污染担责、公众参与的原则。

第四条 任何组织和个人都有保护土壤、防止土壤污染的义务。

土地使用权人从事土地开发利用活动，企业事业单位和其他生产经营者从事生产经营活动，应当采取有效措施，防止、减少土壤污染，对所造成的土壤污染依法承担责任。

第五条 地方各级人民政府应当对本行政区域土壤污染防治和安全利用负责。

国家实行土壤污染防治目标责任制和考核评价制度，将土壤污染防治目标完成情况作为考核评价地方各级人民政府及其负责人、县级以上人民政府负有土壤污染防治监督管理职责的部门及其负责人的内容。

第六条 各级人民政府应当加强对土壤污染防治工作的领导，组织、协调、督促有关部门依法履行土壤污染防治监督管理职责。

第七条 国务院生态环境主管部门对全国土壤污染防治工作实施统一监督管理；国务院农业农村、自然资源、住房城乡建设、林业草原等主管部门在各自职责范围内对土壤污染防治工作实施监督管理。

地方人民政府生态环境主管部门对本行政区域土壤污染防治工作实施统一监督管理；地方人民政府农业农村、自然资源、住房城乡建设、林业草原等主管部门在各自职责范围内对土壤污染防治工作实施监督管理。

第八条 国家建立土壤环境信息共享机制。

国务院生态环境主管部门应当会同国务院农业农村、自然资源、住房城乡建设、水利、卫生健康、林业草原等主管部门建立土壤环境基础数据库，构建全国土壤环境信息平台，实行数据动态更新和信息共享。

第九条 国家支持土壤污染风险管控和修复、监测等污染防治科学技术研究开发、成果转化和推广应用，鼓励土壤污染防治产业发展，加强土壤污染防治专业技术人才培养，促进土壤污染防治科学技术进步。

国家支持土壤污染防治国际交流与合作。

第十条 各级人民政府及其有关部门、基层群众性自治组织和新闻媒体应当加强土壤污染防治宣传教育和科学普及，增强公众土壤污染防治意识，引导公众依法参与土壤污染防治工作。

第二章 规划、标准、普查和监测

第十一条 县级以上人民政府应当将土壤污染防治工作纳入国民经济和社会发展规划、环境保护规划。

设区的市级以上地方人民政府生态环境主管部门应当会同发展改革、农业农村、自然资源、住房城乡建设、林业草原等主管部门，根据环境保护规划要求、土地用途、土壤污染状况普查和监测结果等，编制土壤污染防治规划，报本级人民政府批准后公布实施。

第十二条 国务院生态环境主管部门根据土壤污染状况、公众健康风险、生态风险和科学技术水平，并按照土地用途，制定国家土壤污染风险管控标准，加强土壤污染防治标准体系建设。

省级人民政府对国家土壤污染风险管控标准中未作规定的项目，可以制定地方土壤污染风险管控标准；对国家土壤污染风险管控标准中已作规定的项目，可以制定严于国家土壤污染风险管控标准的地方土壤污染风险管控标准。地方土壤污染风险管控标准应当报国务院生态环境主管部门备案。

土壤污染风险管控标准是强制性标准。

国家支持对土壤环境背景值和环境基准的研究。

第十三条 制定土壤污染风险管控标准，应当组织专家进行审查和论证，并征求有关部门、行业协会、企业事业单位和公众等方面的意见。

土壤污染风险管控标准的执行情况应当定期评估，并根据评估结果对标准适时修订。

省级以上人民政府生态环境主管部门应当在其网站上公布土壤污染风险管控标准，供公众免费查阅、下载。

第十四条 国务院统一领导全国土壤污染状况普查。国务院生态环境主管部门会同国务院农业农村、自然资源、住房城乡建设、林业草原等主管部门，每10年至少组织开展一次全国土壤污染状况普查。

国务院有关部门、设区的市级以上地方人民政府可以根据本行业、本行政区域实际情况组织开展土壤污染状况详查。

第十五条 国家实行土壤环境监测制度。

国务院生态环境主管部门制定土壤环境监测规范，会同国务院农业农村、自然资源、住房城乡建设、水利、卫生健康、林业草原等主管部门组织监测网络，统一规划国家土壤环境监测站（点）的设置。

第十六条 地方人民政府农业农村、林业草原主管部门应当会同生态环境、自然资源主管部门对下列农用地地块进行重点监测：

（一）产出的农产品污染物含量超标的；

（二）作为或者曾作为污水灌溉区的；

（三）用于或者曾用于规模化养殖，固体废物堆放、填埋的；

（四）曾作为工矿用地或者发生过重大、特大污染事故的；

（五）有毒有害物质生产、贮存、利用、处置设施周边的；

（六）国务院农业农村、林业草原、生态环境、自然资源主管部门规定的其他情形。

第十七条 地方人民政府生态环境主管部门应当会同自然资源主管部门对下列建设用地地块进行重点监测：

（一）曾用于生产、使用、贮存、回收、处置有毒有害物质的；

（二）曾用于固体废物堆放、填埋的；

（三）曾发生过重大、特大污染事故的；

（四）国务院生态环境、自然资源主管部门规定的其他情形。

第三章　预防和保护

第十八条 各类涉及土地利用的规划和可能造成土壤污染的建设项目，应当依法进行环境影响评价。环境影响评价文件应当包括对土壤可能造成的不良影响及应当采取的相应预防措施等内容。

第十九条 生产、使用、贮存、运输、回收、处置、排放有毒有害物质的单位和个人，应当采取有效措施，防止有毒有害物质渗漏、流失、扬散，避免土壤受到污染。

第二十条 国务院生态环境主管部门应当会同国务院卫生健康等主管部门，根据对公众健康、生态环境的危害和影响程度，对土壤中有毒有害物质进行筛查评估，公布重点控制的土壤有毒有害物质名录，并适时更新。

第二十一条 设区的市级以上地方人民政府生态环境主管部门应当按照国务院生态环境主管部门的规定，根据有毒有害物质排放等情况，制定本行政区域土壤污染重点监管单位名录，向社会公开并适时更新。

土壤污染重点监管单位应当履行下列义务：

（一）严格控制有毒有害物质排放，并按年度向生态环境主管部门报告排放情况；

（二）建立土壤污染隐患排查制度，保证持续有效防止有毒有害物质渗漏、流失、扬散；

（三）制定、实施自行监测方案，并将监测数据报生态环境主管部门。

前款规定的义务应当在排污许可证中载明。

土壤污染重点监管单位应当对监测数据的真实性和准确性负责。生态环境主管部门发现土壤污染重点监管单位监测数据异常，应当及时进行调查。

设区的市级以上地方人民政府生态环境主管部门应当定期对土壤污染重点监管单位周边土壤进行监测。

第二十二条 企业事业单位拆除设施、设备或者建筑物、构筑物的，应当采取相应的土壤污染防治措施。

土壤污染重点监管单位拆除设施、设备或者建筑物、构筑物的，应当制定包括应急措施在内的土壤污染防治工作方案，报地方人民政府生态环境、工业和信息化主管部门备案并实施。

第二十三条 各级人民政府生态环境、自然资源主管部门应当依法加强对矿产资源开发区域土壤污染防治的监督管理，按照相关标准和总量控制的要求，严格控制可能造成土壤污染的重点污染物排放。

尾矿库运营、管理单位应当按照规定，加强尾矿库的安全管理，采取措施防止土壤污染。危库、险库、病库以及其他需要重点监管的尾矿库的运营、管理单位应当按照规定，进行土壤污染状况监测和定期评估。

第二十四条 国家鼓励在建筑、通信、电力、交通、水利等领域的信息、网络、防雷、接地等建设工程中采用新技术、新材料，防止土壤污染。

禁止在土壤中使用重金属含量超标的降阻产品。

第二十五条 建设和运行污水集中处理设施、固体废物处置设施，应当依照法律法规和相关标准的要求，采取措施防止土壤污染。

地方人民政府生态环境主管部门应当定期对污水集中处理设施、固体废物处置设施周边土壤进行监测；对不符合法律法规和相关标准要求的，应当根据监测结果，要求污水集中处理设施、固体废物处置设施运营单位采取相应改进措施。

地方各级人民政府应当统筹规划、建设城乡生活污水和生活垃圾处理、处置设施，并保障其正常运行，防止土壤污染。

第二十六条 国务院农业农村、林业草原主管部门应当制定规划，完善相关标准和措施，加强农用地农药、化肥使用指导和使用总量控制，加强农用薄膜使用控制。

国务院农业农村主管部门应当加强农药、肥料登记，组织开展农药、肥料对土壤环境影响的安全性评价。

制定农药、兽药、肥料、饲料、农用薄膜等农业投入品及其包装物标准和农田灌溉用水水质标准，应当适应土壤污染防治的要求。

第二十七条 地方人民政府农业农村、林业草原主管部门应当开展农用地土壤污染防治宣传和技术培训活动，扶持农业生产专业化服务，指导农业生产者合理使用农药、兽药、肥料、饲料、农用薄膜等农业投入品，控制农药、兽药、化肥等的使用量。

地方人民政府农业农村主管部门应当鼓励农业生产者采取有利于防止土壤污染的种养结合、轮作休耕等农业耕作措施；支持采取土壤改良、土壤肥力提升等有利于土壤养护和培育的措施；支持畜禽粪便处理、利用设施的建设。

第二十八条 禁止向农用地排放重金属或者其他有毒有害物质含量超标的污水、污泥，以及可能造成土壤污染的清淤底泥、尾矿、矿渣等。

县级以上人民政府有关部门应当加强对畜禽粪便、沼渣、沼液等收集、贮存、利用、处置的监督管理，防止土壤污染。

农田灌溉用水应当符合相应的水质标准，防止土壤、地下水和农产品污染。地方人民政府生态环境主管部门应当会同农业农村、水利主管部门加强对农田灌溉用水水质的管理，对农田灌溉用水水质进行监测和监督检查。

第二十九条 国家鼓励和支持农业生产者采取下列措施：

（一）使用低毒、低残留农药以及先进喷施技术；

（二）使用符合标准的有机肥、高效肥；

（三）采用测土配方施肥技术、生物防治等病虫害绿色防控技术；

（四）使用生物可降解农用薄膜；

（五）综合利用秸秆、移出高富集污染物秸秆；

（六）按照规定对酸性土壤等进行改良。

第三十条 禁止生产、销售、使用国家明令禁止的农业投入品。

农业投入品生产者、销售者和使用者应当及时回收农药、肥料等农业投入品的包装废弃物和农用薄膜，并将农药包装废弃物交由专门的机构或者组织进行无害化处理。具体办法由国务院农业农村主管部门会同国务院生态环境等主管部门制定。

国家采取措施，鼓励、支持单位和个人回收农业投入品包装废弃物和农用薄膜。

第三十一条 国家加强对未污染土壤的保护。

地方各级人民政府应当重点保护未污染的耕地、林地、草地和饮用水水源地。

各级人民政府应当加强对国家公园等自然保护地的保护，维护其生态功能。

对未利用地应当予以保护，不得污染和破坏。

第三十二条 县级以上地方人民政府及其有关部门应当按照土地利用总体规划和城乡规划，严格执行相关行业企业布局选址要求，禁止在居民区和学校、医院、疗养院、养老院等单位周边新建、改建、扩建可能造成土壤污染的建设项目。

第三十三条 国家加强对土壤资源的保护和合理利用。对开发建设过程中剥离的表土，应当单独收集和存放，符合条件的应当优先用于土地复垦、土壤改良、造地和绿化等。

禁止将重金属或者其他有毒有害物质含量超标的工业固体废物、生活垃圾或者污染土壤用于土地复垦。

第三十四条 因科学研究等特殊原因，需要进口土壤的，应当遵守国家出入境检验检疫的有关规定。

第四章 风险管控和修复

第一节 一般规定

第三十五条 土壤污染风险管控和修复，包括土壤污染状况调查和土壤污染风险评估、风险管控、修复、风险管控效果评估、修复效果评估、后期管理等活动。

第三十六条 实施土壤污染状况调查活动，应当编制土壤污染状况调查报告。

土壤污染状况调查报告应当主要包括地块基本信息、污染物含量是否超过土壤污染风险管控标准等内容。污染物含量超过土壤污染风险管控标准的，土壤污染状况调查报告还应当包括污染类型、污染来源以及地下水是否受到污染等内容。

第三十七条 实施土壤污染风险评估活动，应当编制土壤污染风险评估报告。

土壤污染风险评估报告应当主要包括下列内容：

（一）主要污染物状况；

（二）土壤及地下水污染范围；

（三）农产品质量安全风险、公众健康风险或者生态风险；

（四）风险管控、修复的目标和基本要求等。

第三十八条 实施风险管控、修复活动，应当因地制宜、科学合理，提高针对性和有效性。

实施风险管控、修复活动，不得对土壤和周边环境造成新的污染。

第三十九条 实施风险管控、修复活动前，地方人民政府有关部门有权根据实际情况，要求土壤污染责任人、土地使用权人采取移除污染源、防止污染扩散等措施。

第四十条 实施风险管控、修复活动中产生的废水、废气和固体废物，应当按照规定进行处理、处置，并达到相关环境保护标准。

实施风险管控、修复活动中产生的固体废物以及拆除的设施、设备或者建筑物、构筑物属于危险废物的，应当依照法律法规和相关标准的要求进行处置。

修复施工期间，应当设立公告牌，公开相关情况和环境保护措施。

第四十一条 修复施工单位转运污染土壤的，应当制定转运计划，将运输时间、方式、线路和污染土壤数量、去向、最终处置措施等，提前报所在地和接收地生态环境主管部门。

转运的污染土壤属于危险废物的，修复施工单位应当依照法律法规和相关标准的要求进行处置。

第四十二条 实施风险管控效果评估、修复效果评估活动，应当编制效果评估报告。

效果评估报告应当主要包括是否达到土壤污染风险评估报告确定的风险管控、修复目标等内容。

风险管控、修复活动完成后，需要实施后期管理的，土壤污染责任人应当按照要求实施后期管理。

第四十三条 从事土壤污染状况调查和土壤污染风险评估、风险管控、修复、风险管控效果评估、修复效果评估、后期管理等活动的单位，应当具备相应的专业能力。

受委托从事前款活动的单位对其出具的调查报告、风险评估报告、风险管控效果评估报告、修复效果评估报告的真实性、准确性、完整性负责，并按照约定对风险管控、修复、后期管理等活动结果负责。

第四十四条 发生突发事件可能造成土壤污染的，地方人民政府及其有关部门和相关企业事业单位以及其他生产经营者应当立即采取应急措施，防止土壤污染，并依照本法规定做好土壤污染状况监测、调查和土壤污染风险评估、风险管控、修复等工作。

第四十五条 土壤污染责任人负有实施土壤污染风险管控和修复的义务。土壤污染责任人无法认定的，土地使用权人应当实施土壤污染风险管控和修复。

地方人民政府及其有关部门可以根据实际情况组织实施土壤污染风险管控和修复。

国家鼓励和支持有关当事人自愿实施土壤污染风险管控和修复。

第四十六条 因实施或者组织实施土壤污染状况调查和土壤污染风险评估、风险管控、修复、风险管控效果评估、修复效果评估、后期管理等活动所支出的费用，由土壤污染责任人承担。

第四十七条 土壤污染责任人变更的，由变更后承继其债权、债务的单位或者个人履行相关土壤污染风险管控和修复义务并承担相关费用。

第四十八条 土壤污染责任人不明确或者存在争议的，农用地由地方人民政府农业农村、林业草原主管部门会同生态环境、自然资源主管部门认定，建设用地由地方人民政府生态环境主管部门会同自然资源主管部门认定。认定办法由国务院生态环境主管部门会同有关部门制定。

第二节 农用地

第四十九条 国家建立农用地分类管理制度。按照土壤污染程度和相关标准，将农用地划分为优先保护类、安全利用类和严格管控类。

第五十条 县级以上地方人民政府应当依法将符合条件的优先保护类耕地划为永久基本农田，实行严格保护。

在永久基本农田集中区域，不得新建可能造成土壤污染的建设项目；已经建成的，应当限期关闭拆除。

第五十一条 未利用地、复垦土地等拟开垦为耕地的，地方人民政府农业农村主管部门应当会同生态环境、自然资源主管部门进行土壤污染状况调查，依法进行分类管理。

第五十二条 对土壤污染状况普查、详查和监测、现场检查表明有土壤污染风险的农用地地块，地方人民政府农业农村、林业草原主管部门应当会同生态环境、自然资源主管部门进行土壤污染状况调查。

对土壤污染状况调查表明污染物含量超过土壤污染风险管控标准的农用地地块，地方人民政府农业农村、林业草原主管部门应当会同生态环境、自然资源主管部门组织进行土壤污染风险评估，并按照农用地分类管理制度管理。

第五十三条 对安全利用类农用地地块，地方人民政府农业农村、林业草原主管部门，应当结合主要作物品种和种植习惯等情况，制定并实施安全利用方案。

安全利用方案应当包括下列内容：

（一）农艺调控、替代种植；

（二）定期开展土壤和农产品协同监测与评价；

（三）对农民、农民专业合作社及其他农业生产经营主体进行技术指导和培训；

（四）其他风险管控措施。

第五十四条 对严格管控类农用地地块，地方人民政府农业农村、林业草原主管部门应当采取下列风险管控措施：

（一）提出划定特定农产品禁止生产区域的建议，报本级人民政府批准后实施；

（二）按照规定开展土壤和农产品协同监测与评价；

（三）对农民、农民专业合作社及其他农业生产经营主体进行技术指导和培训；

（四）其他风险管控措施。

各级人民政府及其有关部门应当鼓励对严格管控类农用地采取调整种植结构、退耕还林还草、退耕还湿、轮作休耕、轮牧休牧等风险管控措施，并给予相应的政策支持。

第五十五条 安全利用类和严格管控类农用地地块的土壤污染影响或者可能影响地下水、饮用水水源安全的，地方人民政府生态环境主管部门应当会同农业农村、林业草原等主管部门制定防治污染的方案，并采取相应的措施。

第五十六条 对安全利用类和严格管控类农用地地块，土壤污染责任人应当按照国家有关规定以及土壤污染风险评估报告的要求，采取相应的风险管控措施，并定期向地方人民政府农业农村、林业草原主管部门报告。

第五十七条 对产出的农产品污染物含量超标，需要实施修复的农用地地块，土壤污染责任人应当编制修复方案，报地方人民政府农业农村、林业草原主管部门备案并实施。修复方案应当包括地下水污染防治的内容。

修复活动应当优先采取不影响农业生产、不降低土壤生产功能的生物修复措施，阻断或者减少污染物进入农作物食用部分，确保农产品质量安全。

风险管控、修复活动完成后，土壤污染责任人应当另行委托有关单位对风险管控效果、修复效果进行评估，并将效果评估报告报地方人民政府农业农村、林业草原主管部门备案。

农村集体经济组织及其成员、农民专业合作社及其他农业生产经营主体等负有协助实施土壤污染风险管控和修复的义务。

第三节 建设用地

第五十八条 国家实行建设用地土壤污染风险管控和修复名录制度。

建设用地土壤污染风险管控和修复名录由省级人民政府生态环境主管部门会同自然资源等主管部门制定，按照规定向社会公开，并根据风险管控、修复情况适时更新。

第五十九条 对土壤污染状况普查、详查和监测、现场检查表明有土壤污染风险的建设用地地块，地方人民政府生态环境主管部门应当要求土地使用权人按照规定进行土壤污染状况调查。

用途变更为住宅、公共管理与公共服务用地的，变更前应当按照规定进行土壤污染状况调查。

前两款规定的土壤污染状况调查报告应当报地方人民政府生态环境主管部门，由地方人民政府生态环境主管部门会同自然资源主管部门组织评审。

第六十条 对土壤污染状况调查报告评审表明污染物含量超过土壤污染风险管控标准的建设用地地块，土壤污染责任人、土地使用权人应当按照国务院生态环境主管部门的规定进行土壤污染风险评估，并将土壤污染风险评估报告报省级人民政府生态环境主管部门。

第六十一条 省级人民政府生态环境主管部门应当会同自然资源等主管部门按照国务院生态环境主管部门的规定，对土壤污染风险评估报告组织评审，及时将需要实施风险管控、修复的地块纳入建设用地土壤污染风险管控和修复名录，并定期向国务院生态环境主管部门报告。

列入建设用地土壤污染风险管控和修复名录的地块，不得作为住宅、公共管理与公共服务用地。

第六十二条 对建设用地土壤污染风险管控和修复名录中的地块，土壤污染责任人应当按照国家有关规定以及土壤污染风险评估报告的要求，采取相应的风险管控措施，并定期向地方人民政府生态环境主管部门报告。风险管控措施应当包括地下水污染防治的内容。

第六十三条 对建设用地土壤污染风险管控和修复名录中的地块，地方人民政府生态环境主管部门可以根据实际情况采取下列风险管控措施：

（一）提出划定隔离区域的建议，报本级人民政府批准后实施；

（二）进行土壤及地下水污染状况监测；

（三）其他风险管控措施。

第六十四条 对建设用地土壤污染风险管控和修复名录中需要实施修复的地块，土壤污染责任人应当结合土地利用总体规划和城乡规划编制修复方案，报地方人民政府生态环境主管部门备案并实施。修复方案应当包括地下水污染防治的内容。

第六十五条 风险管控、修复活动完成后，土壤污染责任人应当另行委托有关单位对风险管控效果、修复效果进行评估，并将效果评估报告报地方人民政府生态环境主管部门备案。

第六十六条 对达到土壤污染风险评估报告确定的风险管控、修复目标的建设用地地块，土壤污染责任人、土地使用权人可以申请省级人民政府生态环境主管部门移出建设用地土壤污染风险管控和修复名录。

省级人民政府生态环境主管部门应当会同自然资源等主管部门对风险管控效果评估报告、修复效果评估报告组织评审，及时将达到土壤污染风险评估报告确定的风险管控、修复目标且可以安全利用的地块移出建设用地土壤污染风险管控和修复名录，按照规定向社会公开，并定期向国务院生态环境主管部门报告。

未达到土壤污染风险评估报告确定的风险管控、修复目标的建设用地地块，禁止开工建设任何与风险管控、修复无关的项目。

第六十七条 土壤污染重点监管单位生产经营用地的用途变更或者在其土地使用权收回、转让前，应当由土地使用权人按照规定进行土壤污染状况调查。土壤污染状况调查报告应当作为不动产登记资料送交地方人民政府不动产登记机构，并报地方人民政府生态环境主管部门备案。

第六十八条 土地使用权已经被地方人民政府收回，土壤污染责任人为原土地使用权人的，由地方人民政府组织实施土壤污染风险管控和修复。

第五章 保障和监督

第六十九条 国家采取有利于土壤污染防治的财政、税收、价格、金融等经济政策和措施。

第七十条 各级人民政府应当加强对土壤污染的防治，安排必要的资金用于下列事项：

（一）土壤污染防治的科学技术研究开发、示范工程和项目；

（二）各级人民政府及其有关部门组织实施的土壤污染状况普查、监测、调查和土壤污染责任人认定、风险评估、风险管控、修复等活动；

（三）各级人民政府及其有关部门对涉及土壤污染的突发事件的应急处置；

（四）各级人民政府规定的涉及土壤污染防治的其他事项。

使用资金应当加强绩效管理和审计监督，确保资金使用效益。

第七十一条 国家加大土壤污染防治资金投入力度，建立土壤污染防治基金制度。设立中央土壤污染防治专项资金和省级土壤污染防治基金，主要用于农用地土壤污染防治和土壤污染责任人或者土地使用权人无法认定的土壤污染风险管控和修复以及政府规定的其他事项。

对本法实施之前产生的，并且土壤污染责任人无法认定的污染地块，土地使用权人实际承担土壤污染风险管控和修复的，可以申请土壤污染防治基金，集中用于土壤污染风险管控和修复。

土壤污染防治基金的具体管理办法，由国务院财政主管部门会同国务院生态环境、农业农村、自然资源、住房城乡建设、林业草原等主管部门制定。

第七十二条 国家鼓励金融机构加大对土壤污染风险管控和修复项目的信贷投放。

国家鼓励金融机构在办理土地权利抵押业务时开展土壤污染状况调查。

第七十三条 从事土壤污染风险管控和修复的单位依照法律、行政法规的规定，享受税收优惠。

第七十四条 国家鼓励并提倡社会各界为防治土壤污染捐赠财产，并依照法律、行政法规的规定，给予税收优惠。

第七十五条 县级以上人民政府应当将土壤污染防治情况纳入环境状况和环境保护目标完成情况年度报告，向本级人民代表大会或者人民代表大会常务委员会报告。

第七十六条 省级以上人民政府生态环境主管部门应当会同有关部门对土壤污染问题突出、防治工作不力、群众反映强烈的地区，约谈设区的市级以上地方人民政府及其有关部门主要负责人，要求其采取措施及时整改。约谈整改情况应当向社会公开。

第七十七条 生态环境主管部门及其环境执法机构和其他负有土壤污染防治监督管理职责的部门，有权对从事可能造成土壤污染活动的企业事业单位和其他生产经营者进行现场检查、取样，要求被检查者提供有关资料、就有关问题作出说明。

被检查者应当配合检查工作，如实反映情况，提供必要的资料。

实施现场检查的部门、机构及其工作人员应当为被检查者保守商业秘密。

第七十八条 企业事业单位和其他生产经营者违反法律法规规定排放有毒有害物质，造成或者可能造成严重土壤污染的，或者有关证据可能灭失或者被隐匿的，生态环境主管部门和其他负有土壤污染防治监督管理职责的部门，可以查封、扣押有关设施、设备、物品。

第七十九条 地方人民政府安全生产监督管理部门应当监督尾矿库运营、管理单位履行防治土壤污染的法定义务，防止其发生可能污染土壤的事故；地方人民政府生态环境主管部门应当加强对尾矿库土壤污染防治情况的监督检查和定期评估，发现风险隐患的，及时督促尾矿库运营、管理单位采取相应措施。

地方人民政府及其有关部门应当依法加强对向沙漠、滩涂、盐碱地、沼泽地等未利用地非法排放有毒有害物质等行为的监督检查。

第八十条 省级以上人民政府生态环境主管部门和其他负有土壤污染防治监督管理职责的部门应当将从事土壤污染状况调查和土壤污染风险评估、风险管控、修复、风险管控效果评估、修复效果评估、后期管理等活动的单位和个人的执业情况，纳入信用系统建立信用记录，将违法信息记入社会诚信档案，并纳入全国信用信息共享平台和国家企业信用信息公示系统向社会公布。

第八十一条 生态环境主管部门和其他负有土壤污染防治监督管理职责的部门应当依法公开土壤污染状况和防治信息。

国务院生态环境主管部门负责统一发布全国土壤环境信息；省级人民政府生态环境主管部门负责统一发布本行政区域土壤环境信息。生态环境主管部门应当将涉及主要食用农产品生产区域的重大土壤环境信息，及时通报同级农业农村、卫生健康和食品安全主管部门。

公民、法人和其他组织享有依法获取土壤污染状况和防治信息、参与和监督土壤污染防治的权利。

第八十二条 土壤污染状况普查报告、监测数据、调查报告和土壤污染风险评估报告、风险管控效果评估报告、修复效果评估报告等，应当及时上传全国土壤环境信息平台。

第八十三条 新闻媒体对违反土壤污染防治法律法规的行为享有舆论监督的权利，受监督的单位和个人不得打击报复。

第八十四条 任何组织和个人对污染土壤的行为，均有向生态环境主管部门和其他负有土壤污染防治监督管理职责的部门报告或者举报的权利。

生态环境主管部门和其他负有土壤污染防治监督管理职责的部门应当将土壤污染防治举报方式向社会公布，方便公众举报。

接到举报的部门应当及时处理并对举报人的相关信息予以保密；对实名举报并查证属实的，给予奖励。

举报人举报所在单位的，该单位不得以解除、变更劳动合同或者其他方式对举报人进行打击报复。

第六章 法律责任

第八十五条 地方各级人民政府、生态环境主管部门或者其他负有土壤污染防治监督管理职责的部门未依照本法规定履行职责的，对直接负责的主管人员和其他直接责任人员依法给予处分。

依照本法规定应当作出行政处罚决定而未作出的，上级主管部门可以直接作出行政处罚决定。

第八十六条 违反本法规定，有下列行为之一的，由地方人民政府生态环境主管部门或者其他负有土壤污染防治监督管理职责的部门责令改正，处以罚款；拒不改正的，责令停产整治：

（一）土壤污染重点监管单位未制定、实施自行监测方案，或者未将监测数据报生态环境主管部门的；

（二）土壤污染重点监管单位篡改、伪造监测数据的；

（三）土壤污染重点监管单位未按年度报告有毒有害物质排放情况，或者未建立土壤污染隐患排查制度的；

（四）拆除设施、设备或者建筑物、构筑物，企业事业单位未采取相应的土壤污染防治措施或者土壤污染重点监管单位未制定、实施土壤污染防治工作方案的；

（五）尾矿库运营、管理单位未按照规定采取措施防止土壤污染的；

（六）尾矿库运营、管理单位未按照规定进行土壤污染状况监测的；

（七）建设和运行污水集中处理设施、固体废物处置设施，未依照法律法规和相关标准的要求采取措施防止土壤污染的。

有前款规定行为之一的，处2万元以上20万元以下的罚款；有前款第二项、第四项、第五项、第七项规定行为之一，造成严重后果的，处20万元以上200万元以下的罚款。

第八十七条 违反本法规定，向农用地排放重金属或者其他有毒有害物质含量超标的污水、污泥，以及可能造成土壤污染的清淤底泥、尾矿、矿渣等的，由地方人民政府生态环境主管部门责令改正，处10万元以上50万元以下的罚款；情节严重的，处50万元以上200万元以下的罚款，并可以将案件移送公安机关，对直接负责的主管人员和其他直接责任人员处5日以上15日以下的拘留；有违法所得的，没收违法所得。

第八十八条 违反本法规定，农业投入品生产者、销售者、使用者未按照规定及时回收肥料等农业投入品的包装废弃物或者农用薄膜，或者未按照规定及时回收农药包装废弃物交由专门的机构或者组织进行无害化处理的，由地方人民政府农业农村主管部门责令改正，处 1 万元以上 10 万元以下的罚款；农业投入品使用者为个人的，可以处 200 元以上 2000 元以下的罚款。

第八十九条 违反本法规定，将重金属或者其他有毒有害物质含量超标的工业固体废物、生活垃圾或者污染土壤用于土地复垦的，由地方人民政府生态环境主管部门责令改正，处 10 万元以上 100 万元以下的罚款；有违法所得的，没收违法所得。

第九十条 违反本法规定，受委托从事土壤污染状况调查和土壤污染风险评估、风险管控效果评估、修复效果评估活动的单位，出具虚假调查报告、风险评估报告、风险管控效果评估报告、修复效果评估报告的，由地方人民政府生态环境主管部门处 10 万元以上 50 万元以下的罚款；情节严重的，禁止从事上述业务，并处 50 万元以上 100 万元以下的罚款；有违法所得的，没收违法所得。

前款规定的单位出具虚假报告的，由地方人民政府生态环境主管部门对直接负责的主管人员和其他直接责任人员处 1 万元以上 5 万元以下的罚款；情节严重的，10 年内禁止从事前款规定的业务；构成犯罪的，终身禁止从事前款规定的业务。

本条第一款规定的单位和委托人恶意串通，出具虚假报告，造成他人人身或者财产损害的，还应当与委托人承担连带责任。

第九十一条 违反本法规定，有下列行为之一的，由地方人民政府生态环境主管部门责令改正，处 10 万元以上 50 万元以下的罚款；情节严重的，处 50 万元以上 100 万元以下的罚款；有违法所得的，没收违法所得；对直接负责的主管人员和其他直接责任人员处 5000 元以上 2 万元以下的罚款：

（一）未单独收集、存放开发建设过程中剥离的表土的；

（二）实施风险管控、修复活动对土壤、周边环境造成新的污染的；

（三）转运污染土壤，未将运输时间、方式、线路和污染土壤数量、去向、最终处置措施等提前报所在地和接收地生态环境主管部门的；

（四）未达到土壤污染风险评估报告确定的风险管控、修复目标的建设用地地块，开工建设与风险管控、修复无关的项目的。

第九十二条 违反本法规定，土壤污染责任人或者土地使用权人未按照规定实施后期管理的，由地方人民政府生态环境主管部门或者其他负有土壤污染防治监督管理职责的部门责令改正，处 1 万元以上 5 万元以下的罚款；情节严重的，处 5 万元以上 50 万元以下的罚款。

第九十三条 违反本法规定，被检查者拒不配合检查，或者在接受检查时弄虚作假的，由地方人民政府生态环境主管部门或者其他负有土壤污染防治监督管理职责的部门责令改正，处 2 万元以上 20 万元以下的罚款；对直接负责的主管人员和其他直接责任人员处 5000 元以上 2 万元以下的罚款。

第九十四条 违反本法规定，土壤污染责任人或者土地使用权人有下列行为之一的，由地方人民政府生态环境主管部门或者其他负有土壤污染防治监督管理职责的部门责令改正，处2万元以上20万元以下的罚款；拒不改正的，处20万元以上100万元以下的罚款，并委托他人代为履行，所需费用由土壤污染责任人或者土地使用权人承担；对直接负责的主管人员和其他直接责任人员处5000元以上2万元以下的罚款：

（一）未按照规定进行土壤污染状况调查的；

（二）未按照规定进行土壤污染风险评估的；

（三）未按照规定采取风险管控措施的；

（四）未按照规定实施修复的；

（五）风险管控、修复活动完成后，未另行委托有关单位对风险管控效果、修复效果进行评估的。

土壤污染责任人或者土地使用权人有前款第（三）项、第（四）项规定行为之一，情节严重的，地方人民政府生态环境主管部门或者其他负有土壤污染防治监督管理职责的部门可以将案件移送公安机关，对直接负责的主管人员和其他直接责任人员处5日以上15日以下的拘留。

第九十五条 违反本法规定，有下列行为之一的，由地方人民政府有关部门责令改正；拒不改正的，处1万元以上5万元以下的罚款：

（一）土壤污染重点监管单位未按照规定将土壤污染防治工作方案报地方人民政府生态环境、工业和信息化主管部门备案的；

（二）土壤污染责任人或者土地使用权人未按照规定将修复方案、效果评估报告报地方人民政府生态环境、农业农村、林业草原主管部门备案的；

（三）土地使用权人未按照规定将土壤污染状况调查报告报地方人民政府生态环境主管部门备案的。

第九十六条 污染土壤造成他人人身或者财产损害的，应当依法承担侵权责任。

土壤污染责任人无法认定，土地使用权人未依照本法规定履行土壤污染风险管控和修复义务，造成他人人身或者财产损害的，应当依法承担侵权责任。

土壤污染引起的民事纠纷，当事人可以向地方人民政府生态环境等主管部门申请调解处理，也可以向人民法院提起诉讼。

第九十七条 污染土壤损害国家利益、社会公共利益的，有关机关和组织可以依照《中华人民共和国环境保护法》《中华人民共和国民事诉讼法》《中华人民共和国行政诉讼法》等法律的规定向人民法院提起诉讼。

第九十八条 违反本法规定，构成违反治安管理行为的，由公安机关依法给予治安管理处罚；构成犯罪的，依法追究刑事责任。

第七章　附则

第九十九条 本法自2019年1月1日起施行。

中华人民共和国固体废物污染环境防治法

（1995 年 10 月 30 日第八届全国人民代表大会常务委员会第十六次会议通过　2004 年 12 月 29 日第十届全国人民代表大会常务委员会第十三次会议第一次修订　根据 2013 年 6 月 29 日第十二届全国人民代表大会常务委员会第三次会议《关于修改〈中华人民共和国文物保护法〉等十二部法律的决定》第一次修正　根据 2015 年 4 月 24 日第十二届全国人民代表大会常务委员会第十四次会议《关于修改〈中华人民共和国港口法〉等七部法律的决定》第二次修正　根据 2016 年 11 月 7 日第十二届全国人民代表大会常务委员会第二十四次会议《关于修改〈中华人民共和国对外贸易法〉等十二部法律的决定》第三次修正　2020 年 4 月 29 日第十三届全国人民代表大会常务委员会第十七次会议第二次修订）

目　录

第一章　总则

第一条　为了保护和改善生态环境，防治固体废物污染环境，保障公众健康，维护生态安全，推进生态文明建设，促进经济社会可持续发展，制定本法。

第二条　固体废物污染环境的防治适用本法。

固体废物污染海洋环境的防治和放射性固体废物污染环境的防治不适用本法。

第三条　国家推行绿色发展方式，促进清洁生产和循环经济发展。

国家倡导简约适度、绿色低碳的生活方式，引导公众积极参与固体废物污染环境防治。

第四条　固体废物污染环境防治坚持减量化、资源化和无害化的原则。任何单位和个人都应当采取措施，减少固体废物的产生量，促进固体废物的综合利用，降低固体废物的危害性。

第五条 固体废物污染环境防治坚持污染担责的原则。

产生、收集、贮存、运输、利用、处置固体废物的单位和个人，应当采取措施，防止或者减少固体废物对环境的污染，对所造成的环境污染依法承担责任。

第六条 国家推行生活垃圾分类制度。

生活垃圾分类坚持政府推动、全民参与、城乡统筹、因地制宜、简便易行的原则。

第七条 地方各级人民政府对本行政区域固体废物污染环境防治负责。国家实行固体废物污染环境防治目标责任制和考核评价制度，将固体废物污染环境防治目标完成情况纳入考核评价的内容。

第八条 各级人民政府应当加强对固体废物污染环境防治工作的领导，组织、协调、督促有关部门依法履行固体废物污染环境防治监督管理职责。

省、自治区、直辖市之间可以协商建立跨行政区域固体废物污染环境的联防联控机制，统筹规划制定、设施建设、固体废物转移等工作。

第九条 国务院生态环境主管部门对全国固体废物污染环境防治工作实施统一监督管理。国务院发展改革、工业和信息化、自然资源、住房城乡建设、交通运输、农业农村、商务、卫生健康、海关等主管部门在各自职责范围内负责固体废物污染环境防治的监督管理工作。

地方人民政府生态环境主管部门对本行政区域固体废物污染环境防治工作实施统一监督管理。地方人民政府发展改革、工业和信息化、自然资源、住房城乡建设、交通运输、农业农村、商务、卫生健康等主管部门在各自职责范围内负责固体废物污染环境防治的监督管理工作。

第十条 国家鼓励、支持固体废物污染环境防治的科学研究、技术开发、先进技术推广和科学普及，加强固体废物污染环境防治科技支撑。

第十一条 国家机关、社会团体、企业事业单位、基层群众性自治组织和新闻媒体应当加强固体废物污染环境防治宣传教育和科学普及，增强公众固体废物污染环境防治意识。

学校应当开展生活垃圾分类以及其他固体废物污染环境防治知识普及和教育。

第十二条 各级人民政府对在固体废物污染环境防治工作以及相关的综合利用活动中做出显著成绩的单位和个人，按照国家有关规定给予表彰、奖励。

第二章 监督管理

第十三条 县级以上人民政府应当将固体废物污染环境防治工作纳入国民经济和社会发展规划、生态环境保护规划，并采取有效措施减少固体废物的产生量、促进固体废物的综合利用、降低固体废物的危害性，最大限度降低固体废物填埋量。

第十四条 国务院生态环境主管部门应当会同国务院有关部门根据国家环境质量标准和国家经济、技术条件，制定固体废物鉴别标准、鉴别程序和国家固体废物污染环境防治技术标准。

第十五条 国务院标准化主管部门应当会同国务院发展改革、工业和信息化、生态环境、农业农村等主管部门，制定固体废物综合利用标准。

综合利用固体废物应当遵守生态环境法律法规，符合固体废物污染环境防治技术标准。使用固体废物综合利用产物应当符合国家规定的用途、标准。

第十六条 国务院生态环境主管部门应当会同国务院有关部门建立全国危险废物等固体废物污染环境防治信息平台，推进固体废物收集、转移、处置等全过程监控和信息化追溯。

第十七条 建设产生、贮存、利用、处置固体废物的项目，应当依法进行环境影响评价，并遵守国家有关建设项目环境保护管理的规定。

第十八条 建设项目的环境影响评价文件确定需要配套建设的固体废物污染环境防治设施，应当与主体工程同时设计、同时施工、同时投入使用。建设项目的初步设计，应当按照环境保护设计规范的要求，将固体废物污染环境防治内容纳入环境影响评价文件，落实防治固体废物污染环境和破坏生态的措施以及固体废物污染环境防治设施投资概算。

建设单位应当依照有关法律法规的规定，对配套建设的固体废物污染环境防治设施进行验收，编制验收报告，并向社会公开。

第十九条 收集、贮存、运输、利用、处置固体废物的单位和其他生产经营者，应当加强对相关设施、设备和场所的管理和维护，保证其正常运行和使用。

第二十条 产生、收集、贮存、运输、利用、处置固体废物的单位和其他生产经营者，应当采取防扬散、防流失、防渗漏或者其他防止污染环境的措施，不得擅自倾倒、堆放、丢弃、遗撒固体废物。

禁止任何单位或者个人向江河、湖泊、运河、渠道、水库及其最高水位线以下的滩地和岸坡以及法律法规规定的其他地点倾倒、堆放、贮存固体废物。

第二十一条 在生态保护红线区域、永久基本农田集中区域和其他需要特别保护的区域内，禁止建设工业固体废物、危险废物集中贮存、利用、处置的设施、场所和生活垃圾填埋场。

第二十二条 转移固体废物出省、自治区、直辖市行政区域贮存、处置的，应当向固体废物移出地的省、自治区、直辖市人民政府生态环境主管部门提出申请。移出地的省、自治区、直辖市人民政府生态环境主管部门应当及时商经接受地的省、自治区、直辖市人民政府生态环境主管部门同意后，在规定期限内批准转移该固体废物出省、自治区、直辖市行政区域。未经批准的，不得转移。

转移固体废物出省、自治区、直辖市行政区域利用的，应当报固体废物移出地的省、自治区、直辖市人民政府生态环境主管部门备案。移出地的省、自治区、直辖市人民政府生态环境主管部门应当将备案信息通报接受地的省、自治区、直辖市人民政府生态环境主管部门。

第二十三条 禁止中华人民共和国境外的固体废物进境倾倒、堆放、处置。

第二十四条 国家逐步实现固体废物零进口，由国务院生态环境主管部门会同国务院商务、发展改革、海关等主管部门组织实施。

第二十五条 海关发现进口货物疑似固体废物的，可以委托专业机构开展属性鉴别，并根据鉴别结论依法管理。

第二十六条 生态环境主管部门及其环境执法机构和其他负有固体废物污染环境防治监督管理职责的部门，在各自职责范围内有权对从事产生、收集、贮存、运输、利用、处置固体废物等活动的单位和其他生产经营者进行现场检查。被检查者应当如实反映情况，并提供必要的资料。

实施现场检查，可以采取现场监测、采集样品、查阅或者复制与固体废物污染环境防治相关的资料等措施。检查人员进行现场检查，应当出示证件。对现场检查中知悉的商业秘密应当保密。

第二十七条 有下列情形之一，生态环境主管部门和其他负有固体废物污染环境防治监督管理职责的部门，可以对违法收集、贮存、运输、利用、处置的固体废物及设施、设备、场所、工具、物品予以查封、扣押：

（一）可能造成证据灭失、被隐匿或者非法转移的；

（二）造成或者可能造成严重环境污染的。

第二十八条 生态环境主管部门应当会同有关部门建立产生、收集、贮存、运输、利用、处置固体废物的单位和其他生产经营者信用记录制度，将相关信用记录纳入全国信用信息共享平台。

第二十九条 设区的市级人民政府生态环境主管部门应当会同住房城乡建设、农业农村、卫生健康等主管部门，定期向社会发布固体废物的种类、产生量、处置能力、利用处置状况等信息。

产生、收集、贮存、运输、利用、处置固体废物的单位，应当依法及时公开固体废物污染环境防治信息，主动接受社会监督。

利用、处置固体废物的单位，应当依法向公众开放设施、场所，提高公众环境保护意识和参与程度。

第三十条 县级以上人民政府应当将工业固体废物、生活垃圾、危险废物等固体废物污染环境防治情况纳入环境状况和环境保护目标完成情况年度报告，向本级人民代表大会或者人民代表大会常务委员会报告。

第三十一条 任何单位和个人都有权对造成固体废物污染环境的单位和个人进行举报。

生态环境主管部门和其他负有固体废物污染环境防治监督管理职责的部门应当将固体废物污染环境防治举报方式向社会公布，方便公众举报。

接到举报的部门应当及时处理并对举报人的相关信息予以保密；对实名举报并查证属实的，给予奖励。

举报人举报所在单位的，该单位不得以解除、变更劳动合同或者其他方式对举报人进行打击报复。

第三章　工业固体废物

第三十二条　国务院生态环境主管部门应当会同国务院发展改革、工业和信息化等主管部门对工业固体废物对公众健康、生态环境的危害和影响程度等作出界定，制定防治工业固体废物污染环境的技术政策，组织推广先进的防治工业固体废物污染环境的生产工艺和设备。

第三十三条　国务院工业和信息化主管部门应当会同国务院有关部门组织研究开发、推广减少工业固体废物产生量和降低工业固体废物危害性的生产工艺和设备，公布限期淘汰产生严重污染环境的工业固体废物的落后生产工艺、设备的名录。

生产者、销售者、进口者、使用者应当在国务院工业和信息化主管部门会同国务院有关部门规定的期限内分别停止生产、销售、进口或者使用列入前款规定名录中的设备。生产工艺的采用者应当在国务院工业和信息化主管部门会同国务院有关部门规定的期限内停止采用列入前款规定名录中的工艺。

列入限期淘汰名录被淘汰的设备，不得转让给他人使用。

第三十四条　国务院工业和信息化主管部门应当会同国务院发展改革、生态环境等主管部门，定期发布工业固体废物综合利用技术、工艺、设备和产品导向目录，组织开展工业固体废物资源综合利用评价，推动工业固体废物综合利用。

第三十五条　县级以上地方人民政府应当制定工业固体废物污染环境防治工作规划，组织建设工业固体废物集中处置等设施，推动工业固体废物污染环境防治工作。

第三十六条　产生工业固体废物的单位应当建立健全工业固体废物产生、收集、贮存、运输、利用、处置全过程的污染环境防治责任制度，建立工业固体废物管理台账，如实记录产生工业固体废物的种类、数量、流向、贮存、利用、处置等信息，实现工业固体废物可追溯、可查询，并采取防治工业固体废物污染环境的措施。

禁止向生活垃圾收集设施中投放工业固体废物。

第三十七条　产生工业固体废物的单位委托他人运输、利用、处置工业固体废物的，应当对受托方的主体资格和技术能力进行核实，依法签订书面合同，在合同中约定污染防治要求。

受托方运输、利用、处置工业固体废物，应当依照有关法律法规的规定和合同约定履行污染防治要求，并将运输、利用、处置情况告知产生工业固体废物的单位。

产生工业固体废物的单位违反本条第一款规定的，除依照有关法律法规的规定予以处罚外，还应当与造成环境污染和生态破坏的受托方承担连带责任。

第三十八条　产生工业固体废物的单位应当依法实施清洁生产审核，合理选择和利用原材料、能源和其他资源，采用先进的生产工艺和设备，减少工业固体废物的产生量，降低工业固体废物的危害性。

第三十九条　产生工业固体废物的单位应当取得排污许可证。排污许可的具体办法和实施步骤由国务院规定。

产生工业固体废物的单位应当向所在地生态环境主管部门提供工业固体废物的种类、

数量、流向、贮存、利用、处置等有关资料，以及减少工业固体废物产生、促进综合利用的具体措施，并执行排污许可管理制度的相关规定。

第四十条 产生工业固体废物的单位应当根据经济、技术条件对工业固体废物加以利用；对暂时不利用或者不能利用的，应当按照国务院生态环境等主管部门的规定建设贮存设施、场所，安全分类存放，或者采取无害化处置措施。贮存工业固体废物应当采取符合国家环境保护标准的防护措施。

建设工业固体废物贮存、处置的设施、场所，应当符合国家环境保护标准。

第四十一条 产生工业固体废物的单位终止的，应当在终止前对工业固体废物的贮存、处置的设施、场所采取污染防治措施，并对未处置的工业固体废物作出妥善处置，防止污染环境。

产生工业固体废物的单位发生变更的，变更后的单位应当按照国家有关环境保护的规定对未处置的工业固体废物及其贮存、处置的设施、场所进行安全处置或者采取有效措施保证该设施、场所安全运行。变更前当事人对工业固体废物及其贮存、处置的设施、场所的污染防治责任另有约定的，从其约定；但是，不得免除当事人的污染防治义务。

对2005年4月1日前已经终止的单位未处置的工业固体废物及其贮存、处置的设施、场所进行安全处置的费用，由有关人民政府承担；但是，该单位享有的土地使用权依法转让的，应当由土地使用权受让人承担处置费用。当事人另有约定的，从其约定；但是，不得免除当事人的污染防治义务。

第四十二条 矿山企业应当采取科学的开采方法和选矿工艺，减少尾矿、煤矸石、废石等矿业固体废物的产生量和贮存量。

国家鼓励采取先进工艺对尾矿、煤矸石、废石等矿业固体废物进行综合利用。

尾矿、煤矸石、废石等矿业固体废物贮存设施停止使用后，矿山企业应当按照国家有关环境保护等规定进行封场，防止造成环境污染和生态破坏。

第四章 生活垃圾

第四十三条 县级以上地方人民政府应当加快建立分类投放、分类收集、分类运输、分类处理的生活垃圾管理系统，实现生活垃圾分类制度有效覆盖。

县级以上地方人民政府应当建立生活垃圾分类工作协调机制，加强和统筹生活垃圾分类管理能力建设。

各级人民政府及其有关部门应当组织开展生活垃圾分类宣传，教育引导公众养成生活垃圾分类习惯，督促和指导生活垃圾分类工作。

第四十四条 县级以上地方人民政府应当有计划地改进燃料结构，发展清洁能源，减少燃料废渣等固体废物的产生量。

县级以上地方人民政府有关部门应当加强产品生产和流通过程管理，避免过度包装，组织净菜上市，减少生活垃圾的产生量。

第四十五条 县级以上人民政府应当统筹安排建设城乡生活垃圾收集、运输、处理设施，确定设施厂址，提高生活垃圾的综合利用和无害化处置水平，促进生活垃圾收集、处理的产业化发展，逐步建立和完善生活垃圾污染环境防治的社会服务体系。

县级以上地方人民政府有关部门应当统筹规划，合理安排回收、分拣、打包网点，促进生活垃圾的回收利用工作。

第四十六条 地方各级人民政府应当加强农村生活垃圾污染环境的防治，保护和改善农村人居环境。

国家鼓励农村生活垃圾源头减量。城乡接合部、人口密集的农村地区和其他有条件的地方，应当建立城乡一体的生活垃圾管理系统；其他农村地区应当积极探索生活垃圾管理模式，因地制宜，就近就地利用或者妥善处理生活垃圾。

第四十七条 设区的市级以上人民政府环境卫生主管部门应当制定生活垃圾清扫、收集、贮存、运输和处理设施、场所建设运行规范，发布生活垃圾分类指导目录，加强监督管理。

第四十八条 县级以上地方人民政府环境卫生等主管部门应当组织对城乡生活垃圾进行清扫、收集、运输和处理，可以通过招标等方式选择具备条件的单位从事生活垃圾的清扫、收集、运输和处理。

第四十九条 产生生活垃圾的单位、家庭和个人应当依法履行生活垃圾源头减量和分类投放义务，承担生活垃圾产生者责任。

任何单位和个人都应当依法在指定的地点分类投放生活垃圾。禁止随意倾倒、抛撒、堆放或者焚烧生活垃圾。

机关、事业单位等应当在生活垃圾分类工作中起示范带头作用。

已经分类投放的生活垃圾，应当按照规定分类收集、分类运输、分类处理。

第五十条 清扫、收集、运输、处理城乡生活垃圾，应当遵守国家有关环境保护和环境卫生管理的规定，防止污染环境。

从生活垃圾中分类并集中收集的有害垃圾，属于危险废物的，应当按照危险废物管理。

第五十一条 从事公共交通运输的经营单位，应当及时清扫、收集运输过程中产生的生活垃圾。

第五十二条 农贸市场、农产品批发市场等应当加强环境卫生管理，保持环境卫生清洁，对所产生的垃圾及时清扫、分类收集、妥善处理。

第五十三条 从事城市新区开发、旧区改建和住宅小区开发建设、村镇建设的单位，以及机场、码头、车站、公园、商场、体育场馆等公共设施、场所的经营管理单位，应当按照国家有关环境卫生的规定，配套建设生活垃圾收集设施。

县级以上地方人民政府应当统筹生活垃圾公共转运、处理设施与前款规定的收集设施的有效衔接，并加强生活垃圾分类收运体系和再生资源回收体系在规划、建设、运营等方面的融合。

第五十四条 从生活垃圾中回收的物质应当按照国家规定的用途、标准使用，不得用于生产可能危害人体健康的产品。

第五十五条 建设生活垃圾处理设施、场所，应当符合国务院生态环境主管部门和国务院住房城乡建设主管部门规定的环境保护和环境卫生标准。

鼓励相邻地区统筹生活垃圾处理设施建设，促进生活垃圾处理设施跨行政区域共建共享。

禁止擅自关闭、闲置或者拆除生活垃圾处理设施、场所；确有必要关闭、闲置或者拆除的，应当经所在地的市、县级人民政府环境卫生主管部门商所在地生态环境主管部门同意后核准，并采取防止污染环境的措施。

第五十六条 生活垃圾处理单位应当按照国家有关规定，安装使用监测设备，实时监测污染物的排放情况，将污染排放数据实时公开。监测设备应当与所在地生态环境主管部门的监控设备联网。

第五十七条 县级以上地方人民政府环境卫生主管部门负责组织开展厨余垃圾资源化、无害化处理工作。

产生、收集厨余垃圾的单位和其他生产经营者，应当将厨余垃圾交由具备相应资质条件的单位进行无害化处理。

禁止畜禽养殖场、养殖小区利用未经无害化处理的厨余垃圾饲喂畜禽。

第五十八条 县级以上地方人民政府应当按照产生者付费原则，建立生活垃圾处理收费制度。

县级以上地方人民政府制定生活垃圾处理收费标准，应当根据本地实际，结合生活垃圾分类情况，体现分类计价、计量收费等差别化管理，并充分征求公众意见。生活垃圾处理收费标准应当向社会公布。

生活垃圾处理费应当专项用于生活垃圾的收集、运输和处理等，不得挪作他用。

第五十九条 省、自治区、直辖市和设区的市、自治州可以结合实际，制定本地方生活垃圾具体管理办法。

第五章 建筑垃圾、农业固体废物等

第六十条 县级以上地方人民政府应当加强建筑垃圾污染环境的防治，建立建筑垃圾分类处理制度。

县级以上地方人民政府应当制定包括源头减量、分类处理、消纳设施和场所布局及建设等在内的建筑垃圾污染环境防治工作规划。

第六十一条 国家鼓励采用先进技术、工艺、设备和管理措施，推进建筑垃圾源头减量，建立建筑垃圾回收利用体系。

县级以上地方人民政府应当推动建筑垃圾综合利用产品应用。

第六十二条 县级以上地方人民政府环境卫生主管部门负责建筑垃圾污染环境防治工作，建立建筑垃圾全过程管理制度，规范建筑垃圾产生、收集、贮存、运输、利用、处置行为，推进综合利用，加强建筑垃圾处置设施、场所建设，保障处置安全，防止污染环境。

第六十三条 工程施工单位应当编制建筑垃圾处理方案，采取污染防治措施，并报县级以上地方人民政府环境卫生主管部门备案。

工程施工单位应当及时清运工程施工过程中产生的建筑垃圾等固体废物，并按照环境卫生主管部门的规定进行利用或者处置。

工程施工单位不得擅自倾倒、抛撒或者堆放工程施工过程中产生的建筑垃圾。

第六十四条 县级以上人民政府农业农村主管部门负责指导农业固体废物回收利用体系建设，鼓励和引导有关单位和其他生产经营者依法收集、贮存、运输、利用、处置农业固体废物，加强监督管理，防止污染环境。

第六十五条 产生秸秆、废弃农用薄膜、农药包装废弃物等农业固体废物的单位和其他生产经营者，应当采取回收利用和其他防止污染环境的措施。

从事畜禽规模养殖应当及时收集、贮存、利用或者处置养殖过程中产生的畜禽粪污等固体废物，避免造成环境污染。

禁止在人口集中地区、机场周围、交通干线附近以及当地人民政府划定的其他区域露天焚烧秸秆。

国家鼓励研究开发、生产、销售、使用在环境中可降解且无害的农用薄膜。

第六十六条 国家建立电器电子、铅蓄电池、车用动力电池等产品的生产者责任延伸制度。

电器电子、铅蓄电池、车用动力电池等产品的生产者应当按照规定以自建或者委托等方式建立与产品销售量相匹配的废旧产品回收体系，并向社会公开，实现有效回收和利用。

国家鼓励产品的生产者开展生态设计，促进资源回收利用。

第六十七条 国家对废弃电器电子产品等实行多渠道回收和集中处理制度。禁止将废弃机动车船等交由不符合规定条件的企业或者个人回收、拆解。

拆解、利用、处置废弃电器电子产品、废弃机动车船等，应当遵守有关法律法规的规定，采取防止污染环境的措施。

第六十八条 产品和包装物的设计、制造，应当遵守国家有关清洁生产的规定。国务院标准化主管部门应当根据国家经济和技术条件、固体废物污染环境防治状况以及产品的技术要求，组织制定有关标准，防止过度包装造成环境污染。

生产经营者应当遵守限制商品过度包装的强制性标准，避免过度包装。县级以上地方人民政府市场监督管理部门和有关部门应当按照各自职责，加强对过度包装的监督管理。

生产、销售、进口依法被列入强制回收目录的产品和包装物的企业，应当按照国家有关规定对该产品和包装物进行回收。

电子商务、快递、外卖等行业应当优先采用可重复使用、易回收利用的包装物，优化物品包装，减少包装物的使用，并积极回收利用包装物。县级以上地方人民政府商务、邮政等主管部门应当加强监督管理。

国家鼓励和引导消费者使用绿色包装和减量包装。

第六十九条 国家依法禁止、限制生产、销售和使用不可降解塑料袋等一次性塑料制品。

商品零售场所开办单位、电子商务平台企业和快递企业、外卖企业应当按照国家有关规定向商务、邮政等主管部门报告塑料袋等一次性塑料制品的使用、回收情况。

国家鼓励和引导减少使用、积极回收塑料袋等一次性塑料制品，推广应用可循环、易回收、可降解的替代产品。

第七十条 旅游、住宿等行业应当按照国家有关规定推行不主动提供一次性用品。

机关、企业事业单位等的办公场所应当使用有利于保护环境的产品、设备和设施，减少使用一次性办公用品。

第七十一条 城镇污水处理设施维护运营单位或者污泥处理单位应当安全处理污泥，保证处理后的污泥符合国家有关标准，对污泥的流向、用途、用量等进行跟踪、记录，并报告城镇排水主管部门、生态环境主管部门。

县级以上人民政府城镇排水主管部门应当将污泥处理设施纳入城镇排水与污水处理规划，推动同步建设污泥处理设施与污水处理设施，鼓励协同处理，污水处理费征收标准和补偿范围应当覆盖污泥处理成本和污水处理设施正常运营成本。

第七十二条 禁止擅自倾倒、堆放、丢弃、遗撒城镇污水处理设施产生的污泥和处理后的污泥。

禁止重金属或者其他有毒有害物质含量超标的污泥进入农用地。

从事水体清淤疏浚应当按照国家有关规定处理清淤疏浚过程中产生的底泥，防止污染环境。

第七十三条 各级各类实验室及其设立单位应当加强对实验室产生的固体废物的管理，依法收集、贮存、运输、利用、处置实验室固体废物。实验室固体废物属于危险废物的，应当按照危险废物管理。

第六章 危险废物

第七十四条 危险废物污染环境的防治，适用本章规定；本章未作规定的，适用本法其他有关规定。

第七十五条 国务院生态环境主管部门应当会同国务院有关部门制定国家危险废物名录，规定统一的危险废物鉴别标准、鉴别方法、识别标志和鉴别单位管理要求。国家危险废物名录应当动态调整。

国务院生态环境主管部门根据危险废物的危害特性和产生数量，科学评估其环境风险，实施分级分类管理，建立信息化监管体系，并通过信息化手段管理、共享危险废物转移数据和信息。

第七十六条 省、自治区、直辖市人民政府应当组织有关部门编制危险废物集中处置设施、场所的建设规划，科学评估危险废物处置需求，合理布局危险废物集中处置设施、场所，确保本行政区域的危险废物得到妥善处置。

编制危险废物集中处置设施、场所的建设规划，应当征求有关行业协会、企业事业单位、专家和公众等方面的意见。

相邻省、自治区、直辖市之间可以开展区域合作，统筹建设区域性危险废物集中处置设施、场所。

第七十七条 对危险废物的容器和包装物以及收集、贮存、运输、利用、处置危险废物的设施、场所，应当按照规定设置危险废物识别标志。

第七十八条 产生危险废物的单位，应当按照国家有关规定制定危险废物管理计划；建立危险废物管理台账，如实记录有关信息，并通过国家危险废物信息管理系统向所在地生态环境主管部门申报危险废物的种类、产生量、流向、贮存、处置等有关资料。

前款所称危险废物管理计划应当包括减少危险废物产生量和降低危险废物危害性的措施以及危险废物贮存、利用、处置措施。危险废物管理计划应当报产生危险废物的单位所在地生态环境主管部门备案。

产生危险废物的单位已经取得排污许可证的，执行排污许可管理制度的规定。

第七十九条 产生危险废物的单位，应当按照国家有关规定和环境保护标准要求贮存、利用、处置危险废物，不得擅自倾倒、堆放。

第八十条 从事收集、贮存、利用、处置危险废物经营活动的单位，应当按照国家有关规定申请取得许可证。许可证的具体管理办法由国务院制定。

禁止无许可证或者未按照许可证规定从事危险废物收集、贮存、利用、处置的经营活动。

禁止将危险废物提供或者委托给无许可证的单位或者其他生产经营者从事收集、贮存、利用、处置活动。

第八十一条 收集、贮存危险废物，应当按照危险废物特性分类进行。禁止混合收集、贮存、运输、处置性质不相容而未经安全性处置的危险废物。

贮存危险废物应当采取符合国家环境保护标准的防护措施。禁止将危险废物混入非危险废物中贮存。

从事收集、贮存、利用、处置危险废物经营活动的单位，贮存危险废物不得超过一年；确需延长期限的，应当报经颁发许可证的生态环境主管部门批准；法律、行政法规另有规定的除外。

第八十二条 转移危险废物的，应当按照国家有关规定填写、运行危险废物电子或者纸质转移联单。

跨省、自治区、直辖市转移危险废物的，应当向危险废物移出地省、自治区、直辖市人民政府生态环境主管部门申请。移出地省、自治区、直辖市人民政府生态环境主管部门应当及时商经接受地省、自治区、直辖市人民政府生态环境主管部门同意后，在规定期限内批准转移该危险废物，并将批准信息通报相关省、自治区、直辖市人民政府生态环境主管部门和交通运输主管部门。未经批准的，不得转移。

危险废物转移管理应当全程管控、提高效率，具体办法由国务院生态环境主管部门会同国务院交通运输主管部门和公安部门制定。

第八十三条 运输危险废物，应当采取防止污染环境的措施，并遵守国家有关危险货物运输管理的规定。

禁止将危险废物与旅客在同一运输工具上载运。

第八十四条 收集、贮存、运输、利用、处置危险废物的场所、设施、设备和容器、包装物及其他物品转作他用时，应当按照国家有关规定经过消除污染处理，方可使用。

第八十五条 产生、收集、贮存、运输、利用、处置危险废物的单位，应当依法制定意外事故的防范措施和应急预案，并向所在地生态环境主管部门和其他负有固体废物污染环境防治监督管理职责的部门备案；生态环境主管部门和其他负有固体废物污染环境防治监督管理职责的部门应当进行检查。

第八十六条 因发生事故或者其他突发性事件，造成危险废物严重污染环境的单位，应当立即采取有效措施消除或者减轻对环境的污染危害，及时通报可能受到污染危害的单位和居民，并向所在地生态环境主管部门和有关部门报告，接受调查处理。

第八十七条 在发生或者有证据证明可能发生危险废物严重污染环境、威胁居民生命财产安全时，生态环境主管部门或者其他负有固体废物污染环境防治监督管理职责的部门应当立即向本级人民政府和上一级人民政府有关部门报告，由人民政府采取防止或者减轻危害的有效措施。有关人民政府可以根据需要责令停止导致或者可能导致环境污染事故的作业。

第八十八条 重点危险废物集中处置设施、场所退役前，运营单位应当按照国家有关规定对设施、场所采取污染防治措施。退役的费用应当预提，列入投资概算或者生产成本，专门用于重点危险废物集中处置设施、场所的退役。具体提取和管理办法，由国务院财政部门、价格主管部门会同国务院生态环境主管部门规定。

第八十九条 禁止经中华人民共和国过境转移危险废物。

第九十条 医疗废物按照国家危险废物名录管理。县级以上地方人民政府应当加强医疗废物集中处置能力建设。

县级以上人民政府卫生健康、生态环境等主管部门应当在各自职责范围内加强对医疗废物收集、贮存、运输、处置的监督管理，防止危害公众健康、污染环境。

医疗卫生机构应当依法分类收集本单位产生的医疗废物，交由医疗废物集中处置单位处置。医疗废物集中处置单位应当及时收集、运输和处置医疗废物。

医疗卫生机构和医疗废物集中处置单位，应当采取有效措施，防止医疗废物流失、泄漏、渗漏、扩散。

第九十一条 重大传染病疫情等突发事件发生时，县级以上人民政府应当统筹协调医疗废物等危险废物收集、贮存、运输、处置等工作，保障所需的车辆、场地、处置设施和防护物资。卫生健康、生态环境、环境卫生、交通运输等主管部门应当协同配合，依法履行应急处置职责。

第七章 保障措施

第九十二条 国务院有关部门、县级以上地方人民政府及其有关部门在编制国土空间规划和相关专项规划时，应当统筹生活垃圾、建筑垃圾、危险废物等固体废物转运、集中处置等设施建设需求，保障转运、集中处置等设施用地。

第九十三条 国家采取有利于固体废物污染环境防治的经济、技术政策和措施，鼓励、支持有关方面采取有利于固体废物污染环境防治的措施，加强对从事固体废物污染环境防治工作人员的培训和指导，促进固体废物污染环境防治产业专业化、规模化发展。

第九十四条 国家鼓励和支持科研单位、固体废物产生单位、固体废物利用单位、固体废物处置单位等联合攻关，研究开发固体废物综合利用、集中处置等的新技术，推动固体废物污染环境防治技术进步。

第九十五条 各级人民政府应当加强固体废物污染环境的防治，按照事权划分的原则安排必要的资金用于下列事项：

（一）固体废物污染环境防治的科学研究、技术开发；

（二）生活垃圾分类；

（三）固体废物集中处置设施建设；

（四）重大传染病疫情等突发事件产生的医疗废物等危险废物应急处置；

（五）涉及固体废物污染环境防治的其他事项。

使用资金应当加强绩效管理和审计监督，确保资金使用效益。

第九十六条 国家鼓励和支持社会力量参与固体废物污染环境防治工作，并按照国家有关规定给予政策扶持。

第九十七条 国家发展绿色金融，鼓励金融机构加大对固体废物污染环境防治项目的信贷投放。

第九十八条 从事固体废物综合利用等固体废物污染环境防治工作的，依照法律、行政法规的规定，享受税收优惠。

国家鼓励并提倡社会各界为防治固体废物污染环境捐赠财产，并依照法律、行政法规的规定，给予税收优惠。

第九十九条 收集、贮存、运输、利用、处置危险废物的单位，应当按照国家有关规定，投保环境污染责任保险。

第一百条 国家鼓励单位和个人购买、使用综合利用产品和可重复使用产品。

县级以上人民政府及其有关部门在政府采购过程中，应当优先采购综合利用产品和可重复使用产品。

第八章　法律责任

第一百零一条 生态环境主管部门或者其他负有固体废物污染环境防治监督管理职责的部门违反本法规定，有下列行为之一，由本级人民政府或者上级人民政府有关部门责令改正，对直接负责的主管人员和其他直接责任人员依法给予处分：

（一）未依法作出行政许可或者办理批准文件的；

（二）对违法行为进行包庇的；

（三）未依法查封、扣押的；

（四）发现违法行为或者接到对违法行为的举报后未予查处的；

（五）有其他滥用职权、玩忽职守、徇私舞弊等违法行为的。

依照本法规定应当作出行政处罚决定而未作出的，上级主管部门可以直接作出行政处罚决定。

第一百零二条 违反本法规定，有下列行为之一，由生态环境主管部门责令改正，处以罚款，没收违法所得；情节严重的，报经有批准权的人民政府批准，可以责令停业或者关闭：

（一）产生、收集、贮存、运输、利用、处置固体废物的单位未依法及时公开固体废物污染环境防治信息的；

（二）生活垃圾处理单位未按照国家有关规定安装使用监测设备、实时监测污染物的排放情况并公开污染排放数据的；

（三）将列入限期淘汰名录被淘汰的设备转让给他人使用的；

（四）在生态保护红线区域、永久基本农田集中区域和其他需要特别保护的区域内，建设工业固体废物、危险废物集中贮存、利用、处置的设施、场所和生活垃圾填埋场的；

（五）转移固体废物出省、自治区、直辖市行政区域贮存、处置未经批准的；

（六）转移固体废物出省、自治区、直辖市行政区域利用未报备案的；

（七）擅自倾倒、堆放、丢弃、遗撒工业固体废物，或者未采取相应防范措施，造成工业固体废物扬散、流失、渗漏或者其他环境污染的；

（八）产生工业固体废物的单位未建立固体废物管理台账并如实记录的；

（九）产生工业固体废物的单位违反本法规定委托他人运输、利用、处置工业固体废物的；

（十）贮存工业固体废物未采取符合国家环境保护标准的防护措施的；

（十一）单位和其他生产经营者违反固体废物管理其他要求，污染环境、破坏生态的。

有前款第（一）项、第（八）项行为之一，处5万元以上20万元以下的罚款；有前款第（二）项、第（三）项、第（四）项、第（五）项、第（六）项、第（九）项、第（十）项、第（十一）项行为之一，处10万元以上100万元以下的罚款；有前款第（七）项行为，处所需处置费用1倍以上3倍以下的罚款，所需处置费用不足10万元的，按10万元计算。

对前款第（十一）项行为的处罚，有关法律、行政法规另有规定的，适用其规定。

第一百零三条 违反本法规定，以拖延、围堵、滞留执法人员等方式拒绝、阻挠监督检查，或者在接受监督检查时弄虚作假的，由生态环境主管部门或者其他负有固体废物污染环境防治监督管理职责的部门责令改正，处5万元以上20万元以下的罚款；对直接负责的主管人员和其他直接责任人员，处2万元以上10万元以下的罚款。

第一百零四条 违反本法规定，未依法取得排污许可证产生工业固体废物的，由生态环境主管部门责令改正或者限制生产、停产整治，处10万元以上100万元以下的罚款；情节严重的，报经有批准权的人民政府批准，责令停业或者关闭。

第一百零五条 违反本法规定，生产经营者未遵守限制商品过度包装的强制性标准的，由县级以上地方人民政府市场监督管理部门或者有关部门责令改正；拒不改正的，处2000元以上2万元以下的罚款；情节严重的，处2万元以上10万元以下的罚款。

第一百零六条 违反本法规定，未遵守国家有关禁止、限制使用不可降解塑料袋等一次性塑料制品的规定，或者未按照国家有关规定报告塑料袋等一次性塑料制品的使用情况的，由县级以上地方人民政府商务、邮政等主管部门责令改正，处1万元以上10万元以下的罚款。

第一百零七条 从事畜禽规模养殖未及时收集、贮存、利用或者处置养殖过程中产生的畜禽粪污等固体废物的，由生态环境主管部门责令改正，可以处10万元以下的罚款；情节严重的，报经有批准权的人民政府批准，责令停业或者关闭。

第一百零八条 违反本法规定，城镇污水处理设施维护运营单位或者污泥处理单位对污泥流向、用途、用量等未进行跟踪、记录，或者处理后的污泥不符合国家有关标准的，由城镇排水主管部门责令改正，给予警告；造成严重后果的，处10万元以上20万元以下的罚款；拒不改正的，城镇排水主管部门可以指定有治理能力的单位代为治理，所需费用由违法者承担。

违反本法规定，擅自倾倒、堆放、丢弃、遗撒城镇污水处理设施产生的污泥和处理后的污泥的，由城镇排水主管部门责令改正，处20万元以上200万元以下的罚款，对直接负责的主管人员和其他直接责任人员处2万元以上10万元以下的罚款；造成严重后果的，处200万元以上500万元以下的罚款，对直接负责的主管人员和其他直接责任人员处5万元以上50万元以下的罚款；拒不改正的，城镇排水主管部门可以指定有治理能力的单位代为治理，所需费用由违法者承担。

第一百零九条 违反本法规定，生产、销售、进口或者使用淘汰的设备，或者采用淘汰的生产工艺的，由县级以上地方人民政府指定的部门责令改正，处10万元以上100万元以下的罚款，没收违法所得；情节严重的，由县级以上地方人民政府指定的部门提出意见，报经有批准权的人民政府批准，责令停业或者关闭。

第一百一十条 尾矿、煤矸石、废石等矿业固体废物贮存设施停止使用后，未按照国家有关环境保护规定进行封场的，由生态环境主管部门责令改正，处20万元以上100万元以下的罚款。

第一百一十一条 违反本法规定，有下列行为之一，由县级以上地方人民政府环境卫生主管部门责令改正，处以罚款，没收违法所得：

（一）随意倾倒、抛撒、堆放或者焚烧生活垃圾的；

（二）擅自关闭、闲置或者拆除生活垃圾处理设施、场所的；

（三）工程施工单位未编制建筑垃圾处理方案报备案，或者未及时清运施工过程中产生的固体废物的；

（四）工程施工单位擅自倾倒、抛撒或者堆放工程施工过程中产生的建筑垃圾，或者未按照规定对施工过程中产生的固体废物进行利用或者处置的；

（五）产生、收集厨余垃圾的单位和其他生产经营者未将厨余垃圾交由具备相应资质条件的单位进行无害化处理的；

（六）畜禽养殖场、养殖小区利用未经无害化处理的厨余垃圾饲喂畜禽的；

（七）在运输过程中沿途丢弃、遗撒生活垃圾的。

单位有前款第（一）项、第（七）项行为之一，处5万元以上50万元以下的罚款；单位有前款第（二）项、第（三）项、第（四）项、第（五）项、第（六）项行为之一，处10万元以上100万元以下的罚款；个人有前款第一项、第（五）项、第（七）项行为之一，处100元以上500元以下的罚款。

违反本法规定，未在指定的地点分类投放生活垃圾的，由县级以上地方人民政府环境卫生主管部门责令改正；情节严重的，对单位处5万元以上50万元以下的罚款，对个人依法处以罚款。

第一百一十二条 违反本法规定，有下列行为之一，由生态环境主管部门责令改正，处以罚款，没收违法所得；情节严重的，报经有批准权的人民政府批准，可以责令停业或者关闭：

（一）未按照规定设置危险废物识别标志的；

（二）未按照国家有关规定制定危险废物管理计划或者申报危险废物有关资料的；

（三）擅自倾倒、堆放危险废物的；

（四）将危险废物提供或者委托给无许可证的单位或者其他生产经营者从事经营活动的；

（五）未按照国家有关规定填写、运行危险废物转移联单或者未经批准擅自转移危险废物的；

（六）未按照国家环境保护标准贮存、利用、处置危险废物或者将危险废物混入非危险废物中贮存的；

（七）未经安全性处置，混合收集、贮存、运输、处置具有不相容性质的危险废物的；

（八）将危险废物与旅客在同一运输工具上载运的；

（九）未经消除污染处理，将收集、贮存、运输、处置危险废物的场所、设施、设备和容器、包装物及其他物品转作他用的；

（十）未采取相应防范措施，造成危险废物扬散、流失、渗漏或者其他环境污染的；

（十一）在运输过程中沿途丢弃、遗撒危险废物的；

（十二）未制定危险废物意外事故防范措施和应急预案的；

（十三）未按照国家有关规定建立危险废物管理台账并如实记录的。

有前款第（一）项、第（二）项、第（五）项、第（六）项、第（七）项、第（八）项、第（九）项、第（十二）项、第（十三）项行为之一，处10万元以上100万元以下的罚款；有前款第（三）项、第（四）项、第（十）项、第（十一）项行为之一，处所需处置费用3倍以上5倍以下的罚款，所需处置费用不足20万元的，按20万元计算。

第一百一十三条 违反本法规定，危险废物产生者未按照规定处置其产生的危险废物被责令改正后拒不改正的，由生态环境主管部门组织代为处置，处置费用由危险废物产生者承担；拒不承担代为处置费用的，处代为处置费用1倍以上3倍以下的罚款。

第一百一十四条 无许可证从事收集、贮存、利用、处置危险废物经营活动的，由生态环境主管部门责令改正，处100万元以上500万元以下的罚款，并报经有批准权的人民政府批准，责令停业或者关闭；对法定代表人、主要负责人、直接负责的主管人员和其他责任人员，处10万元以上100万元以下的罚款。

未按照许可证规定从事收集、贮存、利用、处置危险废物经营活动的，由生态环境主管部门责令改正，限制生产、停产整治，处50万元以上200万元以下的罚款；对法定代表人、主要负责人、直接负责的主管人员和其他责任人员，处5万元以上50万元以下的罚款；情节严重的，报经有批准权的人民政府批准，责令停业或者关闭，还可以由发证机关吊销许可证。

第一百一十五条 违反本法规定，将中华人民共和国境外的固体废物输入境内的，由海关责令退运该固体废物，处50万元以上500万元以下的罚款。

承运人对前款规定的固体废物的退运、处置，与进口者承担连带责任。

第一百一十六条 违反本法规定，经中华人民共和国过境转移危险废物的，由海关责令退运该危险废物，处50万元以上500万元以下的罚款。

第一百一十七条 对已经非法入境的固体废物，由省级以上人民政府生态环境主管部门依法向海关提出处理意见，海关应当依照本法第一百一十五条的规定作出处罚决定；已经造成环境污染的，由省级以上人民政府生态环境主管部门责令进口者消除污染。

第一百一十八条 违反本法规定，造成固体废物污染环境事故的，除依法承担赔偿责任外，由生态环境主管部门依照本条第二款的规定处以罚款，责令限期采取治理措施；造成重大或者特大固体废物污染环境事故的，还可以报经有批准权的人民政府批准，责令关闭。

造成一般或者较大固体废物污染环境事故的，按照事故造成的直接经济损失的1倍以上3倍以下计算罚款；造成重大或者特大固体废物污染环境事故的，按照事故造成的直接经济损失的3倍以上5倍以下计算罚款，并对法定代表人、主要负责人、直接负责的主管人员和其他责任人员处上一年度从本单位取得的收入50%以下的罚款。

第一百一十九条 单位和其他生产经营者违反本法规定排放固体废物，受到罚款处罚，被责令改正的，依法作出处罚决定的行政机关应当组织复查，发现其继续实施该违法行为的，依照《中华人民共和国环境保护法》的规定按日连续处罚。

第一百二十条 违反本法规定，有下列行为之一，尚不构成犯罪的，由公安机关对法定代表人、主要负责人、直接负责的主管人员和其他责任人员处10日以上15日以下的拘留；情节较轻的，处5日以上10日以下的拘留：

（一）擅自倾倒、堆放、丢弃、遗撒固体废物，造成严重后果的；

（二）在生态保护红线区域、永久基本农田集中区域和其他需要特别保护的区域内，建设工业固体废物、危险废物集中贮存、利用、处置的设施、场所和生活垃圾填埋场的；

（三）将危险废物提供或者委托给无许可证的单位或者其他生产经营者堆放、利用、处置的；

（四）无许可证或者未按照许可证规定从事收集、贮存、利用、处置危险废物经营活动的；

（五）未经批准擅自转移危险废物的；

（六）未采取防范措施，造成危险废物扬散、流失、渗漏或者其他严重后果的。

第一百二十一条 固体废物污染环境、破坏生态，损害国家利益、社会公共利益的，有关机关和组织可以依照《中华人民共和国环境保护法》《中华人民共和国民事诉讼法》《中华人民共和国行政诉讼法》等法律的规定向人民法院提起诉讼。

第一百二十二条 固体废物污染环境、破坏生态给国家造成重大损失的，由设区的市级以上地方人民政府或者其指定的部门、机构组织与造成环境污染和生态破坏的单位和其他生产经营者进行磋商，要求其承担损害赔偿责任；磋商未达成一致的，可以向人民法院提起诉讼。

对于执法过程中查获的无法确定责任人或者无法退运的固体废物，由所在地县级以上地方人民政府组织处理。

第一百二十三条 违反本法规定，构成违反治安管理行为的，由公安机关依法给予治安管理处罚；构成犯罪的，依法追究刑事责任；造成人身、财产损害的，依法承担民事责任。

第九章 附则

第一百二十四条 本法下列用语的含义：

（一）固体废物，是指在生产、生活和其他活动中产生的丧失原有利用价值或者虽未丧失利用价值但被抛弃或者放弃的固态、半固态和置于容器中的气态的物品、物质以及法律、行政法规规定纳入固体废物管理的物品、物质。经无害化加工处理，并且符合强制性国家产品质量标准，不会危害公众健康和生态安全，或者根据固体废物鉴别标准和鉴别程序认定为不属于固体废物的除外。

（二）工业固体废物，是指在工业生产活动中产生的固体废物。

（三）生活垃圾，是指在日常生活中或者为日常生活提供服务的活动中产生的固体废物，以及法律、行政法规规定视为生活垃圾的固体废物。

（四）建筑垃圾，是指建设单位、施工单位新建、改建、扩建和拆除各类建筑物、构筑物、管网等，以及居民装饰装修房屋过程中产生的弃土、弃料和其他固体废物。

（五）农业固体废物，是指在农业生产活动中产生的固体废物。

（六）危险废物，是指列入国家危险废物名录或者根据国家规定的危险废物鉴别标准和鉴别方法认定的具有危险特性的固体废物。

（七）贮存，是指将固体废物临时置于特定设施或者场所中的活动。

（八）利用，是指从固体废物中提取物质作为原材料或者燃料的活动。

（九）处置，是指将固体废物焚烧和用其他改变固体废物的物理、化学、生物特性的方法，达到减少已产生的固体废物数量、缩小固体废物体积、减少或者消除其危险成分的活动，或者将固体废物最终置于符合环境保护规定要求的填埋场的活动。

第一百二十五条 液态废物的污染防治，适用本法；但是，排入水体的废水的污染防治适用有关法律，不适用本法。

第一百二十六条 本法自 2020 年 9 月 1 日起施行。

中华人民共和国环境噪声污染防治法

（1996年10月29日第八届全国人民代表大会常务委员会第二十二次会议通过　根据2018年12月29日第十三届全国人民代表大会常务委员会第七次会议《关于修改〈中华人民共和国劳动法〉等七部法律的决定》修正）

目　录

第一章　总则

第一条　为防治环境噪声污染，保护和改善生活环境，保障人体健康，促进经济和社会发展，制定本法。

第二条　本法所称环境噪声，是指在工业生产、建筑施工、交通运输和社会生活中所产生的干扰周围生活环境的声音。

本法所称环境噪声污染，是指所产生的环境噪声超过国家规定的环境噪声排放标准，并干扰他人正常生活、工作和学习的现象。

第三条　本法适用于中华人民共和国领域内环境噪声污染的防治。

因从事本职生产、经营工作受到噪声危害的防治，不适用本法。

第四条　国务院和地方各级人民政府应当将环境噪声污染防治工作纳入环境保护规划，并采取有利于声环境保护的经济、技术政策和措施。

第五条　地方各级人民政府在制定城乡建设规划时，应当充分考虑建设项目和区域开发、改造所产生的噪声对周围生活环境的影响，统筹规划，合理安排功能区和建设布局，防止或者减轻环境噪声污染。

第六条　国务院生态环境主管部门对全国环境噪声污染防治实施统一监督管理。

县级以上地方人民政府生态环境主管部门对本行政区域内的环境噪声污染防治实施统

一监督管理。

各级公安、交通、铁路、民航等主管部门和港务监督机构，根据各自的职责，对交通运输和社会生活噪声污染防治实施监督管理。

第七条 任何单位和个人都有保护声环境的义务，并有权对造成环境噪声污染的单位和个人进行检举和控告。

第八条 国家鼓励、支持环境噪声污染防治的科学研究、技术开发，推广先进的防治技术和普及防治环境噪声污染的科学知识。

第九条 对在环境噪声污染防治方面成绩显著的单位和个人，由人民政府给予奖励。

第二章 环境噪声污染防治的监督管理

第十条 国务院生态环境主管部门分别不同的功能区制定国家声环境质量标准。

县级以上地方人民政府根据国家声环境质量标准，划定本行政区域内各类声环境质量标准的适用区域，并进行管理。

第十一条 国务院生态环境主管部门根据国家声环境质量标准和国家经济、技术条件，制定国家环境噪声排放标准。

第十二条 城市规划部门在确定建设布局时，应当依据国家声环境质量标准和民用建筑隔声设计规范，合理划定建筑物与交通干线的防噪声距离，并提出相应的规划设计要求。

第十三条 新建、改建、扩建的建设项目，必须遵守国家有关建设项目环境保护管理的规定。

建设项目可能产生环境噪声污染的，建设单位必须提出环境影响报告书，规定环境噪声污染的防治措施，并按照国家规定的程序报生态环境主管部门批准。

环境影响报告书中，应当有该建设项目所在地单位和居民的意见。

第十四条 建设项目的环境噪声污染防治设施必须与主体工程同时设计、同时施工、同时投产使用。

建设项目在投入生产或者使用之前，其环境噪声污染防治设施必须按照国家规定的标准和程序进行验收；达不到国家规定要求的，该建设项目不得投入生产或者使用。

第十五条 产生环境噪声污染的企业事业单位，必须保持防治环境噪声污染的设施的正常使用；拆除或者闲置环境噪声污染防治设施的，必须事先报经所在地的县级以上地方人民政府生态环境主管部门批准。

第十六条 产生环境噪声污染的单位，应当采取措施进行治理，并按照国家规定缴纳超标准排污费。

征收的超标准排污费必须用于污染的防治，不得挪作他用。

第十七条 对于在噪声敏感建筑物集中区域内造成严重环境噪声污染的企业事业单位，限期治理。

被限期治理的单位必须按期完成治理任务。限期治理由县级以上人民政府按照国务院规定的权限决定。

对小型企业事业单位的限期治理，可以由县级以上人民政府在国务院规定的权限内授权其生态环境主管部门决定。

第十八条 国家对环境噪声污染严重的落后设备实行淘汰制度。

国务院经济综合主管部门应当会同国务院有关部门公布限期禁止生产、禁止销售、禁止进口的环境噪声污染严重的设备名录。

生产者、销售者或者进口者必须在国务院经济综合主管部门会同国务院有关部门规定的期限内分别停止生产、销售或者进口列入前款规定的名录中的设备。

第十九条 在城市范围内从事生产活动确需排放偶发性强烈噪声的，必须事先向当地公安机关提出申请，经批准后方可进行。当地公安机关应当向社会公告。

第二十条 国务院生态环境主管部门应当建立环境噪声监测制度，制定监测规范，并会同有关部门组织监测网络。

环境噪声监测机构应当按照国务院生态环境主管部门的规定报送环境噪声监测结果。

第二十一条 县级以上人民政府生态环境主管部门和其他环境噪声污染防治工作的监督管理部门、机构，有权依据各自的职责对管辖范围内排放环境噪声的单位进行现场检查。被检查的单位必须如实反映情况，并提供必要的资料。检查部门、机构应当为被检查的单位保守技术秘密和业务秘密。

检查人员进行现场检查，应当出示证件。

第三章 工业噪声污染防治

第二十二条 本法所称工业噪声，是指在工业生产活动中使用固定的设备时产生的干扰周围生活环境的声音。

第二十三条 在城市范围内向周围生活环境排放工业噪声的，应当符合国家规定的工业企业厂界环境噪声排放标准。

第二十四条 在工业生产中因使用固定的设备造成环境噪声污染的工业企业，必须按照国务院生态环境主管部门的规定，向所在地的县级以上地方人民政府生态环境主管部门申报拥有的造成环境噪声污染的设备的种类、数量以及在正常作业条件下所发出的噪声值和防治环境噪声污染的设施情况，并提供防治噪声污染的技术资料。

造成环境噪声污染的设备的种类、数量、噪声值和防治设施有重大改变的，必须及时申报，并采取应有的防治措施。

第二十五条 产生环境噪声污染的工业企业，应当采取有效措施，减轻噪声对周围生活环境的影响。

第二十六条 国务院有关主管部门对可能产生环境噪声污染的工业设备，应当根据声环境保护的要求和国家的经济、技术条件，逐步在依法制定的产品的国家标准、行业标准中规定噪声限值。

前款规定的工业设备运行时发出的噪声值，应当在有关技术文件中予以注明。

第四章　建筑施工噪声污染防治

第二十七条　本法所称建筑施工噪声，是指在建筑施工过程中产生的干扰周围生活环境的声音。

第二十八条　在城市市区范围内向周围生活环境排放建筑施工噪声的，应当符合国家规定的建筑施工场界环境噪声排放标准。

第二十九条　在城市市区范围内，建筑施工过程中使用机械设备，可能产生环境噪声污染的，施工单位必须在工程开工 15 日以前向工程所在地县级以上地方人民政府生态环境主管部门申报该工程的项目名称、施工场所和期限、可能产生的环境噪声值以及所采取的环境噪声污染防治措施的情况。

第三十条　在城市市区噪声敏感建筑物集中区域内，禁止夜间进行产生环境噪声污染的建筑施工作业，但抢修、抢险作业和因生产工艺上要求或者特殊需要必须连续作业的除外。

因特殊需要必须连续作业的，必须有县级以上人民政府或者其有关主管部门的证明。

前款规定的夜间作业，必须公告附近居民。

第五章　交通运输噪声污染防治

第三十一条　本法所称交通运输噪声，是指机动车辆、铁路机车、机动船舶、航空器等交通运输工具在运行时所产生的干扰周围生活环境的声音。

第三十二条　禁止制造、销售或者进口超过规定的噪声限值的汽车。

第三十三条　在城市市区范围内行驶的机动车辆的消声器和喇叭必须符合国家规定的要求。机动车辆必须加强维修和保养，保持技术性能良好，防治环境噪声污染。

第三十四条　机动车辆在城市市区范围内行驶，机动船舶在城市市区的内河航道航行，铁路机车驶经或者进入城市市区、疗养区时，必须按照规定使用声响装置。

警车、消防车、工程抢险车、救护车等机动车辆安装、使用警报器，必须符合国务院公安部门的规定；在执行非紧急任务时，禁止使用警报器。

第三十五条　城市人民政府公安机关可以根据本地城市市区区域声环境保护的需要，划定禁止机动车辆行驶和禁止其使用声响装置的路段和时间，并向社会公告。

第三十六条　建设经过已有的噪声敏感建筑物集中区域的高速公路和城市高架、轻轨道路，有可能造成环境噪声污染的，应当设置声屏障或者采取其他有效的控制环境噪声污染的措施。

第三十七条　在已有的城市交通干线的两侧建设噪声敏感建筑物的，建设单位应当按照国家规定间隔一定距离，并采取减轻、避免交通噪声影响的措施。

第三十八条　在车站、铁路编组站、港口、码头、航空港等地指挥作业时使用广播喇叭的，应当控制音量，减轻噪声对周围生活环境的影响。

第三十九条　穿越城市居民区、文教区的铁路，因铁路机车运行造成环境噪声污染的，当地城市人民政府应当组织铁路部门和其他有关部门，制定减轻环境噪声污染的规划。铁路部门和其他有关部门应当按照规划的要求，采取有效措施，减轻环境噪声污染。

第四十条 除起飞、降落或者依法规定的情形以外，民用航空器不得飞越城市市区上空。城市人民政府应当在航空器起飞、降落的净空周围划定限制建设噪声敏感建筑物的区域；在该区域内建设噪声敏感建筑物的，建设单位应当采取减轻、避免航空器运行时产生的噪声影响的措施。民航部门应当采取有效措施，减轻环境噪声污染。

第六章 社会生活噪声污染防治

第四十一条 本法所称社会生活噪声，是指人为活动所产生的除工业噪声、建筑施工噪声和交通运输噪声之外的干扰周围生活环境的声音。

第四十二条 在城市市区噪声敏感建筑物集中区域内，因商业经营活动中使用固定设备造成环境噪声污染的商业企业，必须按照国务院生态环境主管部门的规定，向所在地的县级以上地方人民政府生态环境主管部门申报拥有的造成环境噪声污染的设备的状况和防治环境噪声污染的设施的情况。

第四十三条 新建营业性文化娱乐场所的边界噪声必须符合国家规定的环境噪声排放标准；不符合国家规定的环境噪声排放标准的，文化行政主管部门不得核发文化经营许可证，市场监督管理部门不得核发营业执照。

经营中的文化娱乐场所，其经营管理者必须采取有效措施，使其边界噪声不超过国家规定的环境噪声排放标准。

第四十四条 禁止在商业经营活动中使用高音广播喇叭或者采用其他发出高噪声的方法招揽顾客。

在商业经营活动中使用空调器、冷却塔等可能产生环境噪声污染的设备、设施的，其经营管理者应当采取措施，使其边界噪声不超过国家规定的环境噪声排放标准。

第四十五条 禁止任何单位、个人在城市市区噪声敏感建筑物集中区域内使用高音广播喇叭。

在城市市区街道、广场、公园等公共场所组织娱乐、集会等活动，使用音响器材可能产生干扰周围生活环境的过大音量的，必须遵守当地公安机关的规定。

第四十六条 使用家用电器、乐器或者进行其他家庭室内娱乐活动时，应当控制音量或者采取其他有效措施，避免对周围居民造成环境噪声污染。

第四十七条 在已竣工交付使用的住宅楼进行室内装修活动，应当限制作业时间，并采取其他有效措施，以减轻、避免对周围居民造成环境噪声污染。

第七章 法律责任

第四十八条 违反本法第十四条的规定，建设项目中需要配套建设的环境噪声污染防治设施没有建成或者没有达到国家规定的要求，擅自投入生产或者使用的，由县级以上生态环境主管部门责令限期改正，并对单位和个人处以罚款；造成重大环境污染或者生态破坏的，责令停止生产或者使用，或者报经有批准权的人民政府批准，责令关闭。

第四十九条 违反本法规定，拒报或者谎报规定的环境噪声排放申报事项的，县级以上地方人民政府生态环境主管部门可以根据不同情节，给予警告或者处以罚款。

第五十条 违反本法第十五条的规定，未经生态环境主管部门批准，擅自拆除或者闲置环境噪声污染防治设施，致使环境噪声排放超过规定标准的，由县级以上地方人民政府生态环境主管部门责令改正，并处罚款。

第五十一条 违反本法第十六条的规定，不按照国家规定缴纳超标准排污费的，县级以上地方人民政府生态环境主管部门可以根据不同情节，给予警告或者处以罚款。

第五十二条 违反本法第十七条的规定，对经限期治理逾期未完成治理任务的企业事业单位，除依照国家规定加收超标准排污费外，可以根据所造成的危害后果处以罚款，或者责令停业、搬迁、关闭。

前款规定的罚款由生态环境主管部门决定。责令停业、搬迁、关闭由县级以上人民政府按照国务院规定的权限决定。

第五十三条 违反本法第十八条的规定，生产、销售、进口禁止生产、销售、进口的设备的，由县级以上人民政府经济综合主管部门责令改正；情节严重的，由县级以上人民政府经济综合主管部门提出意见，报请同级人民政府按照国务院规定的权限责令停业、关闭。

第五十四条 违反本法第十九条的规定，未经当地公安机关批准，进行产生偶发性强烈噪声活动的，由公安机关根据不同情节给予警告或者处以罚款。

第五十五条 排放环境噪声的单位违反本法第二十一条的规定，拒绝生态环境主管部门或者其他依照本法规定行使环境噪声监督管理权的部门、机构现场检查或者在被检查时弄虚作假的，生态环境主管部门或者其他依照本法规定行使环境噪声监督管理权的监督管理部门、机构可以根据不同情节，给予警告或者处以罚款。

第五十六条 建筑施工单位违反本法第三十条第一款的规定，在城市市区噪声敏感建筑物集中区域内，夜间进行禁止进行的产生环境噪声污染的建筑施工作业的，由工程所在地县级以上地方人民政府生态环境主管部门责令改正，可以并处罚款。

第五十七条 违反本法第三十四条的规定，机动车辆不按照规定使用声响装置的，由当地公安机关根据不同情节给予警告或者处以罚款。

机动船舶有前款违法行为的，由港务监督机构根据不同情节给予警告或者处以罚款。

铁路机车有第一款违法行为的，由铁路主管部门对有关责任人员给予行政处分。

第五十八条 违反本法规定，有下列行为之一的，由公安机关给予警告，可以并处罚款：

（一）在城市市区噪声敏感建筑物集中区域内使用高音广播喇叭；

（二）违反当地公安机关的规定，在城市市区街道、广场、公园等公共场所组织娱乐、集会等活动，使用音响器材，产生干扰周围生活环境的过大音量的；

（三）未按本法第四十六条和第四十七条规定采取措施，从家庭室内发出严重干扰周围居民生活的环境噪声的。

第五十九条 违反本法第四十三条第二款、第四十四条第二款的规定，造成环境噪声污染的，由县级以上地方人民政府生态环境主管部门责令改正，可以并处罚款。

第六十条 违反本法第四十四条第一款的规定，造成环境噪声污染的，由公安机关责令改正，可以并处罚款。

省级以上人民政府依法决定由县级以上地方人民政府生态环境主管部门行使前款规定的行政处罚权的，从其决定。

第六十一条 受到环境噪声污染危害的单位和个人，有权要求加害人排除危害；造成损失的，依法赔偿损失。

赔偿责任和赔偿金额的纠纷，可以根据当事人的请求，由生态环境主管部门或者其他环境噪声污染防治工作的监督管理部门、机构调解处理；调解不成的，当事人可以向人民法院起诉。当事人也可以直接向人民法院起诉。

第六十二条 环境噪声污染防治监督管理人员滥用职权、玩忽职守、徇私舞弊的，由其所在单位或者上级主管机关给予行政处分；构成犯罪的，依法追究刑事责任。

第八章　附则

第六十三条 本法中下列用语的含义是：

（一）“噪声排放”是指噪声源向周围生活环境辐射噪声。

（二）“噪声敏感建筑物”是指医院、学校、机关、科研单位、住宅等需要保持安静的建筑物。

（三）“噪声敏感建筑物集中区域”是指医疗区、文教科研区和以机关或者居民住宅为主的区域。

（四）“夜间”是指晚 10 点至晨 6 点之间的期间。

（五）“机动车辆”是指汽车和摩托车。

第六十四条 本法自 1997 年 3 月 1 日起施行。1989 年 9 月 26 日国务院发布的《中华人民共和国环境噪声污染防治条例》同时废止。

全国人民代表大会常务委员会关于修改《中华人民共和国清洁生产促进法》的决定

（主席令第五十四号）

全国人民代表大会常务委员会
关于修改《中华人民共和国清洁生产促进法》的决定

（2012年2月29日第十一届全国人民代表大会常务委员会第二十五次会议通过）

第十一届全国人民代表大会常务委员会第二十五次会议决定对《中华人民共和国清洁生产促进法》做如下修改：

一、将第四条中的“将清洁生产纳入国民经济和社会发展计划”修改为“将清洁生产促进工作纳入国民经济和社会发展规划、年度计划”。

二、将第五条修改为“国务院清洁生产综合协调部门负责组织、协调全国的清洁生产促进工作。国务院环境保护、工业、科学技术、财政部门和其他有关部门，按照各自的职责，负责有关的清洁生产促进工作。

“县级以上地方人民政府负责领导本行政区域内的清洁生产促进工作。县级以上地方人民政府确定的清洁生产综合协调部门负责组织、协调本行政区域内的清洁生产促进工作。县级以上地方人民政府其他有关部门，按照各自的职责，负责有关的清洁生产促进工作。”

三、将第八条和第九条合并，作为第八条，修改为“国务院清洁生产综合协调部门会同国务院环境保护、工业、科学技术部门和其他有关部门，根据国民经济和社会发展规划及国家节约资源、降低能源消耗、减少重点污染物排放的要求，编制国家清洁生产推行规划，报经国务院批准后及时公布。

“国家清洁生产推行规划应当包括推行清洁生产的目标、主要任务和保障措施，按照资源能源消耗、污染物排放水平确定开展清洁生产的重点领域、重点行业和重点工程。

“国务院有关行业主管部门根据国家清洁生产推行规划确定本行业清洁生产的重点项目，制定行业专项清洁生产推行规划并组织实施。

“县级以上地方人民政府根据国家清洁生产推行规划、有关行业专项清洁生产推行规划，按照本地区节约资源、降低能源消耗、减少重点污染物排放的要求，确定本地区清洁生产的重点项目，制定推行清洁生产的实施规划并组织落实。”

四、增加一条，作为第九条：“中央预算应当加强对清洁生产促进工作的资金投入，包括中央财政清洁生产专项资金和中央预算安排的其他清洁生产资金，用于支持国家清洁生产推行规划确定的重点领域、重点行业、重点工程实施清洁生产及其技术推广工作，以及生态脆弱地区实施清洁生产的项目。中央预算用于支持清洁生产促进工作的资金使用的具体办法，由国务院财政部门、清洁生产综合协调部门会同国务院有关部门制定。

“县级以上地方人民政府应当统筹地方财政安排的清洁生产促进工作的资金，引导社会资金，支持清洁生产重点项目。”

五、将第十条修改为“国务院和省、自治区、直辖市人民政府的有关部门，应当组织和支持建立促进清洁生产信息系统和技术咨询服务体系，向社会提供有关清洁生产方法和技术、可再生利用的废物供求以及清洁生产政策等方面的信息和服务。”

六、将第十一条修改为“国务院清洁生产综合协调部门会同国务院环境保护、工业、科学技术、建设、农业等有关部门定期发布清洁生产技术、工艺、设备和产品导向目录。

“国务院清洁生产综合协调部门、环境保护部门和省、自治区、直辖市人民政府负责清洁生产综合协调的部门、环境保护部门会同同级有关部门，组织编制重点行业或者地区的清洁生产指南，指导实施清洁生产。”

七、将第十二条修改为“国家对浪费资源和严重污染环境的落后生产技术、工艺、设备和产品实行限期淘汰制度。国务院有关部门按照职责分工，制定并发布限期淘汰的生产技术、工艺、设备以及产品的名录。”

八、将第十七条和第三十一条合并，作为第十七条，修改为“省、自治区、直辖市人民政府负责清洁生产综合协调的部门、环境保护部门，根据促进清洁生产工作的需要，在本地区主要媒体上公布未达到能源消耗控制指标、重点污染物排放控制指标的企业的名单，为公众监督企业实施清洁生产提供依据。

“列入前款规定名单的企业，应当按照国务院清洁生产综合协调部门、环境保护部门的规定公布能源消耗或者重点污染物产生、排放情况，接受公众监督。”

九、将第二十条第二款修改为“企业对产品的包装应当合理，包装的材质、结构和成本应当与内装产品的质量、规格和成本相适应，减少包装性废物的产生，不得进行过度包装。”

十、删去第二十七条。

十一、将第二十八条改为第二十七条，第二款、第三款作为第二款、第四款，修改为：“有下列情形之一的企业，应当实施强制性清洁生产审核：

“（一）污染物排放超过国家或者地方规定的排放标准，或者虽未超过国家或者地方规定的排放标准，但超过重点污染物排放总量控制指标的；

“（二）超过单位产品能源消耗限额标准构成高耗能的；

“（三）使用有毒、有害原料进行生产或者在生产中排放有毒、有害物质的。

“实施强制性清洁生产审核的企业，应当将审核结果向所在地县级以上地方人民政府负责清洁生产综合协调的部门、环境保护部门报告，并在本地区主要媒体上公布，接受公众监督，但涉及商业秘密的除外。”

增加两款，作为第三款、第五款：“污染物排放超过国家或者地方规定的排放标准的企业，应当按照环境保护相关法律的规定治理。

“县级以上地方人民政府有关部门应当对企业实施强制性清洁生产审核的情况进行监督，必要时可以组织对企业实施清洁生产的效果进行评估验收，所需费用纳入同级政府预算。承担评估验收工作的部门或者单位不得向被评估验收企业收取费用”。

第四款作为第六款，修改为“实施清洁生产审核的具体办法，由国务院清洁生产综合协调部门、环境保护部门会同国务院有关部门制定”。

十二、将第二十九条改为第二十八条，修改为“本法第二十七条第二款规定以外的企业，可以自愿与清洁生产综合协调部门和环境保护部门签订进一步节约资源、削减污染物排放量的协议。该清洁生产综合协调部门和环境保护部门应当在本地区主要媒体上公布该企业的名称以及节约资源、防治污染的成果”。

十三、将第三十条改为第二十九条，修改为“企业可以根据自愿原则，按照国家有关环境管理体系等认证的规定，委托经国务院认证认可监督管理部门认可的认证机构进行认证，提高清洁生产水平”。

十四、将第三十三条改为第三十一条，修改为“对从事清洁生产研究、示范和培训，实施国家清洁生产重点技术改造项目和本法第二十八条规定的自愿节约资源、削减污染物排放量协议中载明的技术改造项目，由县级以上人民政府给予资金支持”。

十五、将第三十五条改为第三十三条，修改为“依法利用废物和从废物中回收原料生产产品的，按照国家规定享受税收优惠”。

十六、增加一条，作为第三十五条：“清洁生产综合协调部门或者其他有关部门未依照本法规定履行职责的，对直接负责的主管人员和其他直接责任人员依法给予处分。”

十七、将第四十一条改为第三十六条，修改为“违反本法第十七条第二款规定，未按照规定公布能源消耗或者重点污染物产生、排放情况的，由县级以上地方人民政府负责清洁生产综合协调的部门、环境保护部门按照职责分工责令公布，可以处10万元以下的罚款”。

十八、删去第三十九条。

十九、将第四十条改为第三十九条，修改为“违反本法第二十七条第二款、第四款规定，不实施强制性清洁生产审核或者在清洁生产审核中弄虚作假的，或者实施强制性清洁生产审核的企业不报告或者不如实报告审核结果的，由县级以上地方人民政府负责清洁生产综合协调的部门、环境保护部门按照职责分工责令限期改正；拒不改正的，处以5万元以上50万元以下的罚款”。

增加一款，作为第二款：“违反本法第二十七条第五款规定，承担评估验收工作的部门或者单位及其工作人员向被评估验收企业收取费用的，不如实评估验收或者在评估验收中弄虚作假的，或者利用职务上的便利谋取利益的，对直接负责的主管人员和其他直接责任人员依法给予处分；构成犯罪的，依法追究刑事责任。”

二十、将第七条第二款、第十三条、第十四条和第十五条第二款中的“有关行政主管部门”修改为“有关部门”。

将第十四条中的“科学技术行政主管部门”修改为“科学技术部门”。

将第十五条第一款中的“教育行政主管部门”修改为“教育部门”。

将第二十一条中的“经济贸易行政主管部门”修改为“工业部门”，“标准化行政主管部门”修改为“标准化部门”。

将第三十七条中的“质量技术监督行政主管部门”修改为“质量技术监督部门”。

本决定自2012年7月1日起施行。

《中华人民共和国清洁生产促进法》根据本决定做相应修改，重新公布。

中华人民共和国清洁生产促进法

（2002 年 6 月 29 日第九届全国人民代表大会常务委员会第二十八次会议通过　根据 2012 年 2 月 29 日第十一届全国人民代表大会常务委员会第二十五次会议《关于修改〈中华人民共和国清洁生产促进法〉的决定》修正）

目　录

第一章　总则

第一条　为了促进清洁生产，提高资源利用效率，减少和避免污染物的产生，保护和改善环境，保障人体健康，促进经济与社会可持续发展，制定本法。

第二条　本法所称清洁生产，是指不断采取改进设计、使用清洁的能源和原料、采用先进的工艺技术与设备、改善管理、综合利用等措施，从源头削减污染，提高资源利用效率，减少或者避免生产、服务和产品使用过程中污染物的产生和排放，以减轻或者消除对人类健康和环境的危害。

第三条　在中华人民共和国领域内，从事生产和服务活动的单位以及从事相关管理活动的部门依照本法规定，组织、实施清洁生产。

第四条　国家鼓励和促进清洁生产。国务院和县级以上地方人民政府，应当将清洁生产促进工作纳入国民经济和社会发展规划、年度计划以及环境保护、资源利用、产业发展、区域开发等规划。

第五条　国务院清洁生产综合协调部门负责组织、协调全国的清洁生产促进工作。国务院环境保护、工业、科学技术、财政部门和其他有关部门，按照各自的职责，负责有关的清洁生产促进工作。

县级以上地方人民政府负责领导本行政区域内的清洁生产促进工作。县级以上地方人民政府确定的清洁生产综合协调部门负责组织、协调本行政区域内的清洁生产促进工作。县级以上地方人民政府其他有关部门，按照各自的职责，负责有关的清洁生产促进工作。

第六条 国家鼓励开展有关清洁生产的科学研究、技术开发和国际合作，组织宣传、普及清洁生产知识，推广清洁生产技术。

国家鼓励社会团体和公众参与清洁生产的宣传、教育、推广、实施及监督。

第二章 清洁生产的推行

第七条 国务院应当制定有利于实施清洁生产的财政税收政策。

国务院及其有关部门和省、自治区、直辖市人民政府，应当制定有利于实施清洁生产的产业政策、技术开发和推广政策。

第八条 国务院清洁生产综合协调部门会同国务院环境保护、工业、科学技术部门和其他有关部门，根据国民经济和社会发展规划及国家节约资源、降低能源消耗、减少重点污染物排放的要求，编制国家清洁生产推行规划，报经国务院批准后及时公布。

国家清洁生产推行规划应当包括推行清洁生产的目标、主要任务和保障措施，按照资源能源消耗、污染物排放水平确定开展清洁生产的重点领域、重点行业和重点工程。

国务院有关行业主管部门根据国家清洁生产推行规划确定本行业清洁生产的重点项目，制定行业专项清洁生产推行规划并组织实施。

县级以上地方人民政府根据国家清洁生产推行规划、有关行业专项清洁生产推行规划，按照本地区节约资源、降低能源消耗、减少重点污染物排放的要求，确定本地区清洁生产的重点项目，制定推行清洁生产的实施规划并组织落实。

第九条 中央预算应当加强对清洁生产促进工作的资金投入，包括中央财政清洁生产专项资金和中央预算安排的其他清洁生产资金，用于支持国家清洁生产推行规划确定的重点领域、重点行业、重点工程实施清洁生产及其技术推广工作，以及生态脆弱地区实施清洁生产的项目。中央预算用于支持清洁生产促进工作的资金使用的具体办法，由国务院财政部门、清洁生产综合协调部门会同国务院有关部门制定。

县级以上地方人民政府应当统筹地方财政安排的清洁生产促进工作的资金，引导社会资金，支持清洁生产重点项目。

第十条 国务院和省、自治区、直辖市人民政府的有关部门，应当组织和支持建立促进清洁生产信息系统和技术咨询服务体系，向社会提供有关清洁生产方法和技术、可再生利用的废物供求以及清洁生产政策等方面的信息和服务。

第十一条 国务院清洁生产综合协调部门会同国务院环境保护、工业、科学技术、建设、农业等有关部门定期发布清洁生产技术、工艺、设备和产品导向目录。

国务院清洁生产综合协调部门、环境保护部门和省、自治区、直辖市人民政府负责清洁生产综合协调的部门、环境保护部门会同同级有关部门，组织编制重点行业或者地区的清洁生产指南，指导实施清洁生产。

第十二条 国家对浪费资源和严重污染环境的落后生产技术、工艺、设备和产品实行限期淘汰制度。国务院有关部门按照职责分工，制定并发布限期淘汰的生产技术、工艺、设备以及产品的名录。

第十三条 国务院有关部门可以根据需要批准设立节能、节水、废物再生利用等环境与资源保护方面的产品标志，并按照国家规定制定相应标准。

第十四条 县级以上人民政府科学技术部门和其他有关部门，应当指导和支持清洁生产技术和有利于环境与资源保护的产品的研究、开发以及清洁生产技术的示范和推广工作。

第十五条 国务院教育部门，应当将清洁生产技术和管理课程纳入有关高等教育、职业教育和技术培训体系。

县级以上人民政府有关部门组织开展清洁生产的宣传和培训，提高国家工作人员、企业经营管理者和公众的清洁生产意识，培养清洁生产管理和技术人员。

新闻出版、广播影视、文化等单位和有关社会团体，应当发挥各自优势做好清洁生产宣传工作。

第十六条 各级人民政府应当优先采购节能、节水、废物再生利用等有利于环境与资源保护的产品。

各级人民政府应当通过宣传、教育等措施，鼓励公众购买和使用节能、节水、废物再生利用等有利于环境与资源保护的产品。

第十七条 省、自治区、直辖市人民政府负责清洁生产综合协调的部门、环境保护部门，根据促进清洁生产工作的需要，在本地区主要媒体上公布未达到能源消耗控制指标、重点污染物排放控制指标的企业的名单，为公众监督企业实施清洁生产提供依据。

列入前款规定名单的企业，应当按照国务院清洁生产综合协调部门、环境保护部门的规定公布能源消耗或者重点污染物产生、排放情况，接受公众监督。

第三章　清洁生产的实施

第十八条 新建、改建和扩建项目应当进行环境影响评价，对原料使用、资源消耗、资源综合利用以及污染物产生与处置等进行分析论证，优先采用资源利用率高以及污染物产生量少的清洁生产技术、工艺和设备。

第十九条 企业在进行技术改造过程中，应当采取以下清洁生产措施：

（一）采用无毒、无害或者低毒、低害的原料，替代毒性大、危害严重的原料；

（二）采用资源利用率高、污染物产生量少的工艺和设备，替代资源利用率低、污染物产生量多的工艺和设备；

（三）对生产过程中产生的废物、废水和余热等进行综合利用或者循环使用；

（四）采用能够达到国家或者地方规定的污染物排放标准和污染物排放总量控制指标的污染防治技术。

第二十条 产品和包装物的设计，应当考虑其在生命周期中对人类健康和环境的影响，优先选择无毒、无害、易于降解或者便于回收利用的方案。

企业对产品的包装应当合理，包装的材质、结构和成本应当与内装产品的质量、规格和成本相适应，减少包装性废物的产生，不得进行过度包装。

第二十一条 生产大型机电设备、机动运输工具以及国务院工业部门指定的其他产品的企业，应当按照国务院标准化部门或者其授权机构制定的技术规范，在产品的主体构件上注明材料成分的标准牌号。

第二十二条 农业生产者应当科学地使用化肥、农药、农用薄膜和饲料添加剂，改进种植和养殖技术，实现农产品的优质、无害和农业生产废物的资源化，防止农业环境污染。

禁止将有毒、有害废物用作肥料或者用于造田。

第二十三条 餐饮、娱乐、宾馆等服务性企业，应当采用节能、节水和其他有利于环境保护的技术和设备，减少使用或者不使用浪费资源、污染环境的消费品。

第二十四条 建筑工程应当采用节能、节水等有利于环境与资源保护的建筑设计方案、建筑和装修材料、建筑构配件及设备。

建筑和装修材料必须符合国家标准。禁止生产、销售和使用有毒、有害物质超过国家标准的建筑和装修材料。

第二十五条 矿产资源的勘查、开采，应当采用有利于合理利用资源、保护环境和防止污染的勘查、开采方法和工艺技术，提高资源利用水平。

第二十六条 企业应当在经济技术可行的条件下对生产和服务过程中产生的废物、余热等自行回收利用或者转让给有条件的其他企业和个人利用。

第二十七条 企业应当对生产和服务过程中的资源消耗以及废物的产生情况进行监测，并根据需要对生产和服务实施清洁生产审核。

有下列情形之一的企业，应当实施强制性清洁生产审核：

（一）污染物排放超过国家或者地方规定的排放标准，或者虽未超过国家或者地方规定的排放标准，但超过重点污染物排放总量控制指标的；

（二）超过单位产品能源消耗限额标准构成高耗能的；

（三）使用有毒、有害原料进行生产或者在生产中排放有毒、有害物质的。

污染物排放超过国家或者地方规定的排放标准的企业，应当按照环境保护相关法律的规定治理。

实施强制性清洁生产审核的企业，应当将审核结果向所在地县级以上地方人民政府负责清洁生产综合协调的部门、环境保护部门报告，并在本地区主要媒体上公布，接受公众监督，但涉及商业秘密的除外。

县级以上地方人民政府有关部门应当对企业实施强制性清洁生产审核的情况进行监督，必要时可以组织对企业实施清洁生产的效果进行评估验收，所需费用纳入同级政府预算。承担评估验收工作的部门或者单位不得向被评估验收企业收取费用。

实施清洁生产审核的具体办法，由国务院清洁生产综合协调部门、环境保护部门会同国务院有关部门制定。

第二十八条 本法第二十七条第二款规定以外的企业，可以自愿与清洁生产综合协调部门和环境保护部门签订进一步节约资源、削减污染物排放量的协议。该清洁生产综合协调部门和环境保护部门应当在本地区主要媒体上公布该企业的名称以及节约资源、防治污染的成果。

第二十九条 企业可以根据自愿原则，按照国家有关环境管理体系等认证的规定，委托经国务院认证认可监督管理部门认可的认证机构进行认证，提高清洁生产水平。

第四章 鼓励措施

第三十条 国家建立清洁生产表彰奖励制度。对在清洁生产工作中做出显著成绩的单位和个人，由人民政府给予表彰和奖励。

第三十一条 对从事清洁生产研究、示范和培训，实施国家清洁生产重点技术改造项目和本法第二十八条规定的自愿节约资源、削减污染物排放量协议中载明的技术改造项目，由县级以上人民政府给予资金支持。

第三十二条 在依照国家规定设立的中小企业发展基金中，应当根据需要安排适当数额用于支持中小企业实施清洁生产。

第三十三条 依法利用废物和从废物中回收原料生产产品的，按照国家规定享受税收优惠。

第三十四条 企业用于清洁生产审核和培训的费用，可以列入企业经营成本。

第五章 法律责任

第三十五条 清洁生产综合协调部门或者其他有关部门未依照本法规定履行职责的，对直接负责的主管人员和其他直接责任人员依法给予处分。

第三十六条 违反本法第十七条第二款规定，未按照规定公布能源消耗或者重点污染物产生、排放情况的，由县级以上地方人民政府负责清洁生产综合协调的部门、环境保护部门按照职责分工责令公布，可以处 10 万元以下的罚款。

第三十七条 违反本法第二十一条规定，未标注产品材料的成分或者不如实标注的，由县级以上地方人民政府质量技术监督部门责令限期改正；拒不改正的，处以 5 万元以下的罚款。

第三十八条 违反本法第二十四条第二款规定，生产、销售有毒、有害物质超过国家标准的建筑和装修材料的，依照产品质量法和有关民事、刑事法律的规定，追究行政、民事、刑事法律责任。

第三十九条 违反本法第二十七条第二款、第四款规定，不实施强制性清洁生产审核或者在清洁生产审核中弄虚作假的，或者实施强制性清洁生产审核的企业不报告或者不如实报告审核结果的，由县级以上地方人民政府负责清洁生产综合协调的部门、环境保护部门按照职责分工责令限期改正；拒不改正的，处以 5 万元以上 50 万元以下的罚款。

违反本法第二十七条第五款规定，承担评估验收工作的部门或者单位及其工作人员向被评估验收企业收取费用的，不如实评估验收或者在评估验收中弄虚作假的，或者利用职务上的便利谋取利益的，对直接负责的主管人员和其他直接责任人员依法给予处分；构成犯罪的，依法追究刑事责任。

第六章 附则

第四十条 本法自 2003 年 1 月 1 日起施行。

中华人民共和国循环经济促进法

（2008年8月29日第十一届全国人民代表大会常务委员会第四次会议通过　根据2018年10月26日第十三届全国人民代表大会常务委员会第六次会议《关于修改〈中华人民共和国野生动物保护法〉等十五部法律的决定》修正）

目　录

第一章　总则

第一条　为了促进循环经济发展，提高资源利用效率，保护和改善环境，实现可持续发展，制定本法。

第二条　本法所称循环经济，是指在生产、流通和消费等过程中进行的减量化、再利用、资源化活动的总称。

本法所称减量化，是指在生产、流通和消费等过程中减少资源消耗和废物产生。

本法所称再利用，是指将废物直接作为产品或者经修复、翻新、再制造后继续作为产品使用，或者将废物的全部或者部分作为其他产品的部件予以使用。

本法所称资源化，是指将废物直接作为原料进行利用或者对废物进行再生利用。

第三条　发展循环经济是国家经济社会发展的一项重大战略，应当遵循统筹规划、合理布局，因地制宜、注重实效，政府推动、市场引导，企业实施、公众参与的方针。

第四条　发展循环经济应当在技术可行、经济合理和有利于节约资源、保护环境的前提下，按照减量化优先的原则实施。

在废物再利用和资源化过程中，应当保障生产安全，保证产品质量符合国家规定的标准，并防止产生再次污染。

第五条　国务院循环经济发展综合管理部门负责组织协调、监督管理全国循环经济发展工作；国务院生态环境等有关主管部门按照各自的职责负责有关循环经济的监督管理工作。

县级以上地方人民政府循环经济发展综合管理部门负责组织协调、监督管理本行政区域的循环经济发展工作；县级以上地方人民政府生态环境等有关主管部门按照各自的职责负责有关循环经济的监督管理工作。

第六条 国家制定产业政策，应当符合发展循环经济的要求。

县级以上人民政府编制国民经济和社会发展规划及年度计划，县级以上人民政府有关部门编制环境保护、科学技术等规划，应当包括发展循环经济的内容。

第七条 国家鼓励和支持开展循环经济科学技术的研究、开发和推广，鼓励开展循环经济宣传、教育、科学知识普及和国际合作。

第八条 县级以上人民政府应当建立发展循环经济的目标责任制，采取规划、财政、投资、政府采购等措施，促进循环经济发展。

第九条 企业事业单位应当建立健全管理制度，采取措施，降低资源消耗，减少废物的产生量和排放量，提高废物的再利用和资源化水平。

第十条 公民应当增强节约资源和保护环境意识，合理消费，节约资源。

国家鼓励和引导公民使用节能、节水、节材和有利于保护环境的产品及再生产品，减少废物的产生量和排放量。

公民有权举报浪费资源、破坏环境的行为，有权了解政府发展循环经济的信息并提出意见和建议。

第十一条 国家鼓励和支持行业协会在循环经济发展中发挥技术指导和服务作用。县级以上人民政府可以委托有条件的行业协会等社会组织开展促进循环经济发展的公共服务。

国家鼓励和支持中介机构、学会和其他社会组织开展循环经济宣传、技术推广和咨询服务，促进循环经济发展。

第二章 基本管理制度

第十二条 国务院循环经济发展综合管理部门会同国务院生态环境等有关主管部门编制全国循环经济发展规划，报国务院批准后公布施行。设区的市级以上地方人民政府循环经济发展综合管理部门会同本级人民政府生态环境等有关主管部门编制本行政区域循环经济发展规划，报本级人民政府批准后公布施行。

循环经济发展规划应当包括规划目标、适用范围、主要内容、重点任务和保障措施等，并规定资源产出率、废物再利用和资源化率等指标。

第十三条 县级以上地方人民政府应当依据上级人民政府下达的本行政区域主要污染物排放、建设用地和用水总量控制指标，规划和调整本行政区域的产业结构，促进循环经济发展。

新建、改建、扩建建设项目，必须符合本行政区域主要污染物排放、建设用地和用水总量控制指标的要求。

第十四条 国务院循环经济发展综合管理部门会同国务院统计、生态环境等有关主管部门建立和完善循环经济评价指标体系。

上级人民政府根据前款规定的循环经济主要评价指标，对下级人民政府发展循环经济的状况定期进行考核，并将主要评价指标完成情况作为对地方人民政府及其负责人考核评价的内容。

第十五条 生产列入强制回收名录的产品或者包装物的企业，必须对废弃的产品或者包装物负责回收；对其中可以利用的，由各该生产企业负责利用；对因不具备技术经济条件而不适合利用的，由各该生产企业负责无害化处置。

对前款规定的废弃产品或者包装物，生产者委托销售者或者其他组织进行回收的，或者委托废物利用或者处置企业进行利用或者处置的，受托方应当依照有关法律、行政法规的规定和合同的约定负责回收或者利用、处置。

对列入强制回收名录的产品和包装物，消费者应当将废弃的产品或者包装物交给生产者或者其委托回收的销售者或者其他组织。

强制回收的产品和包装物的名录及管理办法，由国务院循环经济发展综合管理部门规定。

第十六条 国家对钢铁、有色金属、煤炭、电力、石油加工、化工、建材、建筑、造纸、印染等行业年综合能源消费量、用水量超过国家规定总量的重点企业，实行能耗、水耗的重点监督管理制度。

重点能源消费单位的节能监督管理，依照《中华人民共和国节约能源法》的规定执行。

重点用水单位的监督管理办法，由国务院循环经济发展综合管理部门会同国务院有关部门规定。

第十七条 国家建立健全循环经济统计制度，加强资源消耗、综合利用和废物产生的统计管理，并将主要统计指标定期向社会公布。

国务院标准化主管部门会同国务院循环经济发展综合管理和生态环境等有关主管部门建立健全循环经济标准体系，制定和完善节能、节水、节材和废物再利用、资源化等标准。

国家建立健全能源效率标识等产品资源消耗标识制度。

第三章　减量化

第十八条 国务院循环经济发展综合管理部门会同国务院生态环境等有关主管部门，定期发布鼓励、限制和淘汰的技术、工艺、设备、材料和产品名录。

禁止生产、进口、销售列入淘汰名录的设备、材料和产品，禁止使用列入淘汰名录的技术、工艺、设备和材料。

第十九条 从事工艺、设备、产品及包装物设计，应当按照减少资源消耗和废物产生的要求，优先选择采用易回收、易拆解、易降解、无毒无害或者低毒低害的材料和设计方案，并应当符合有关国家标准的强制性要求。

对在拆解和处置过程中可能造成环境污染的电器电子等产品，不得设计使用国家禁止使用的有毒有害物质。禁止在电器电子等产品中使用的有毒有害物质名录，由国务院循环经济发展综合管理部门会同国务院生态环境等有关主管部门制定。

设计产品包装物应当执行产品包装标准，防止过度包装造成资源浪费和环境污染。

第二十条 工业企业应当采用先进或者适用的节水技术、工艺和设备，制定并实施节水计划，加强节水管理，对生产用水进行全过程控制。

工业企业应当加强用水计量管理，配备和使用合格的用水计量器具，建立水耗统计和用水状况分析制度。

新建、改建、扩建建设项目，应当配套建设节水设施。节水设施应当与主体工程同时设计、同时施工、同时投产使用。

国家鼓励和支持沿海地区进行海水淡化和海水直接利用，节约淡水资源。

第二十一条 国家鼓励和支持企业使用高效节油产品。

电力、石油加工、化工、钢铁、有色金属和建材等企业，必须在国家规定的范围和期限内，以洁净煤、石油焦、天然气等清洁能源替代燃料油，停止使用不符合国家规定的燃油发电机组和燃油锅炉。

内燃机和机动车制造企业应当按照国家规定的内燃机和机动车燃油经济性标准，采用节油技术，减少石油产品消耗量。

第二十二条 开采矿产资源，应当统筹规划，制定合理的开发利用方案，采用合理的开采顺序、方法和选矿工艺。采矿许可证颁发机关应当对申请人提交的开发利用方案中的开采回采率、采矿贫化率、选矿回收率、矿山水循环利用率和土地复垦率等指标依法进行审查；审查不合格的，不予颁发采矿许可证。采矿许可证颁发机关应当依法加强对开采矿产资源的监督管理。

矿山企业在开采主要矿种的同时，应当对具有工业价值的共生和伴生矿实行综合开采、合理利用；对必须同时采出而暂时不能利用的矿产以及含有有用组分的尾矿，应当采取保护措施，防止资源损失和生态破坏。

第二十三条 建筑设计、建设、施工等单位应当按照国家有关规定和标准，对其设计、建设、施工的建筑物及构筑物采用节能、节水、节地、节材的技术工艺和小型、轻型、再生产品。有条件的地区，应当充分利用太阳能、地热能、风能等可再生能源。

国家鼓励利用无毒无害的固体废物生产建筑材料，鼓励使用散装水泥，推广使用预拌混凝土和预拌砂浆。

禁止损毁耕地烧砖。在国务院或者省、自治区、直辖市人民政府规定的期限和区域内，禁止生产、销售和使用黏土砖。

第二十四条 县级以上人民政府及其农业等主管部门应当推进土地集约利用，鼓励和支持农业生产者采用节水、节肥、节药的先进种植、养殖和灌溉技术，推动农业机械节能，优先发展生态农业。

在缺水地区，应当调整种植结构，优先发展节水型农业，推进雨水集蓄利用，建设和管护节水灌溉设施，提高用水效率，减少水的蒸发和漏失。

第二十五条 国家机关及使用财政性资金的其他组织应当厉行节约、杜绝浪费，带头使用节能、节水、节地、节材和有利于保护环境的产品、设备和设施，节约使用办公用品。国务院和县级以上地方人民政府管理机关事务工作的机构会同本级人民政府有关部门制定本级国家机关等机构的用能、用水定额指标，财政部门根据该定额指标制定支出标准。

城市人民政府和建筑物的所有者或者使用者，应当采取措施，加强建筑物维护管理，延长建筑物使用寿命。对符合城市规划和工程建设标准，在合理使用寿命内的建筑物，除为了公共利益的需要外，城市人民政府不得决定拆除。

第二十六条 餐饮、娱乐、宾馆等服务性企业，应当采用节能、节水、节材和有利于保护环境的产品，减少使用或者不使用浪费资源、污染环境的产品。

本法施行后新建的餐饮、娱乐、宾馆等服务性企业，应当采用节能、节水、节材和有利于保护环境的技术、设备和设施。

第二十七条 国家鼓励和支持使用再生水。在有条件使用再生水的地区，限制或者禁止将自来水作为城市道路清扫、城市绿化和景观用水使用。

第二十八条 国家在保障产品安全和卫生的前提下，限制一次性消费品的生产和销售。具体名录由国务院循环经济发展综合管理部门会同国务院财政、生态环境等有关主管部门制定。

对列入前款规定名录中的一次性消费品的生产和销售，由国务院财政、税务和对外贸易等主管部门制定限制性的税收和出口等措施。

第四章 再利用和资源化

第二十九条 县级以上人民政府应当统筹规划区域经济布局，合理调整产业结构，促进企业在资源综合利用等领域进行合作，实现资源的高效利用和循环使用。

各类产业园区应当组织区内企业进行资源综合利用，促进循环经济发展。

国家鼓励各类产业园区的企业进行废物交换利用、能量梯级利用、土地集约利用、水的分类利用和循环使用，共同使用基础设施和其他有关设施。

新建和改造各类产业园区应当依法进行环境影响评价，并采取生态保护和污染控制措施，确保本区域的环境质量达到规定的标准。

第三十条 企业应当按照国家规定，对生产过程中产生的粉煤灰、煤矸石、尾矿、废石、废料、废气等工业废物进行综合利用。

第三十一条 企业应当发展串联用水系统和循环用水系统，提高水的重复利用率。

企业应当采用先进技术、工艺和设备，对生产过程中产生的废水进行再生利用。

第三十二条 企业应当采用先进或者适用的回收技术、工艺和设备，对生产过程中产生的余热、余压等进行综合利用。

建设利用余热、余压、煤层气以及煤矸石、煤泥、垃圾等低热值燃料的并网发电项目，应当依照法律和国务院的规定取得行政许可或者报送备案。电网企业应当按照国家规定，与综合利用资源发电的企业签订并网协议，提供上网服务，并全额收购并网发电项目的上网电量。

第三十三条 建设单位应当对工程施工中产生的建筑废物进行综合利用；不具备综合

利用条件的，应当委托具备条件的生产经营者进行综合利用或者无害化处置。

第三十四条 国家鼓励和支持农业生产者和相关企业采用先进或者适用技术，对农作物秸秆、畜禽粪便、农产品加工业副产品、废农用薄膜等进行综合利用，开发利用沼气等生物质能源。

第三十五条 县级以上人民政府及其林业草原主管部门应当积极发展生态林业，鼓励和支持林业生产者和相关企业采用木材节约和代用技术，开展林业废弃物和次小薪材、沙生灌木等综合利用，提高木材综合利用率。

第三十六条 国家支持生产经营者建立产业废物交换信息系统，促进企业交流产业废物信息。

企业对生产过程中产生的废物不具备综合利用条件的，应当提供给具备条件的生产经营者进行综合利用。

第三十七条 国家鼓励和推进废物回收体系建设。

地方人民政府应当按照城乡规划，合理布局废物回收网点和交易市场，支持废物回收企业和其他组织开展废物的收集、储存、运输及信息交流。

废物回收交易市场应当符合国家环境保护、安全和消防等规定。

第三十八条 对废电器电子产品、报废机动车船、废轮胎、废铅酸电池等特定产品进行拆解或者再利用，应当符合有关法律、行政法规的规定。

第三十九条 回收的电器电子产品，经过修复后销售的，必须符合再利用产品标准，并在显著位置标识为再利用产品。

回收的电器电子产品，需要拆解和再生利用的，应当交售给具备条件的拆解企业。

第四十条 国家支持企业开展机动车零部件、工程机械、机床等产品的再制造和轮胎翻新。

销售的再制造产品和翻新产品的质量必须符合国家规定的标准，并在显著位置标识为再制造产品或者翻新产品。

第四十一条 县级以上人民政府应当统筹规划建设城乡生活垃圾分类收集和资源化利用设施，建立和完善分类收集和资源化利用体系，提高生活垃圾资源化率。

县级以上人民政府应当支持企业建设污泥资源化利用和处置设施，提高污泥综合利用水平，防止产生再次污染。

第五章　激励措施

第四十二条 国务院和省、自治区、直辖市人民政府设立发展循环经济的有关专项资金，支持循环经济的科技研究开发、循环经济技术和产品的示范与推广、重大循环经济项目的实施、发展循环经济的信息服务等。具体办法由国务院财政部门会同国务院循环经济发展综合管理等有关主管部门制定。

第四十三条 国务院和省、自治区、直辖市人民政府及其有关部门应当将循环经济重大科技攻关项目的自主创新研究、应用示范和产业化发展列入国家或者省级科技发展规划和高技术产业发展规划，并安排财政性资金予以支持。

利用财政性资金引进循环经济重大技术、装备的，应当制定消化、吸收和创新方案，报有关主管部门审批并由其监督实施；有关主管部门应当根据实际需要建立协调机制，对重大技术、装备的引进和消化、吸收、创新实行统筹协调，并给予资金支持。

第四十四条 国家对促进循环经济发展的产业活动给予税收优惠，并运用税收等措施鼓励进口先进的节能、节水、节材等技术、设备和产品，限制在生产过程中耗能高、污染重的产品的出口。具体办法由国务院财政、税务主管部门制定。

企业使用或者生产列入国家清洁生产、资源综合利用等鼓励名录的技术、工艺、设备或者产品的，按照国家有关规定享受税收优惠。

第四十五条 县级以上人民政府循环经济发展综合管理部门在制定和实施投资计划时，应当将节能、节水、节地、节材、资源综合利用等项目列为重点投资领域。

对符合国家产业政策的节能、节水、节地、节材、资源综合利用等项目，金融机构应当给予优先贷款等信贷支持，并积极提供配套金融服务。

对生产、进口、销售或者使用列入淘汰名录的技术、工艺、设备、材料或者产品的企业，金融机构不得提供任何形式的授信支持。

第四十六条 国家实行有利于资源节约和合理利用的价格政策，引导单位和个人节约和合理使用水、电、气等资源性产品。

国务院和省、自治区、直辖市人民政府的价格主管部门应当按照国家产业政策，对资源高消耗行业中的限制类项目，实行限制性的价格政策。

对利用余热、余压、煤层气以及煤矸石、煤泥、垃圾等低热值燃料的并网发电项目，价格主管部门按照有利于资源综合利用的原则确定其上网电价。

省、自治区、直辖市人民政府可以根据本行政区域经济社会发展状况，实行垃圾排放收费制度。收取的费用专项用于垃圾分类、收集、运输、贮存、利用和处置，不得挪作他用。

国家鼓励通过以旧换新、押金等方式回收废物。

第四十七条 国家实行有利于循环经济发展的政府采购政策。使用财政性资金进行采购的，应当优先采购节能、节水、节材和有利于保护环境的产品及再生产品。

第四十八条 县级以上人民政府及其有关部门应当对在循环经济管理、科学技术研究、产品开发、示范和推广工作中做出显著成绩的单位和个人给予表彰和奖励。

企业事业单位应当对在循环经济发展中做出突出贡献的集体和个人给予表彰和奖励。

第六章 法律责任

第四十九条 县级以上人民政府循环经济发展综合管理部门或者其他有关主管部门发现违反本法的行为或者接到对违法行为的举报后不予查处，或者有其他不依法履行监督管理职责行为的，由本级人民政府或者上一级人民政府有关主管部门责令改正，对直接负责的主管人员和其他直接责任人员依法给予处分。

第五十条 生产、销售列入淘汰名录的产品、设备的，依照《中华人民共和国产品质量法》的规定处罚。

使用列入淘汰名录的技术、工艺、设备、材料的，由县级以上地方人民政府循环经济发展综合管理部门责令停止使用，没收违法使用的设备、材料，并处5万元以上20万元以下的罚款；情节严重的，由县级以上人民政府循环经济发展综合管理部门提出意见，报请本级人民政府按照国务院规定的权限责令停业或者关闭。

违反本法规定，进口列入淘汰名录的设备、材料或者产品的，由海关责令退运，可以处10万元以上100万元以下的罚款。进口者不明的，由承运人承担退运责任，或者承担有关处置费用。

第五十一条 违反本法规定，对在拆解或者处置过程中可能造成环境污染的电器电子等产品，设计使用列入国家禁止使用名录的有毒有害物质的，由县级以上地方人民政府市场监督管理部门责令限期改正；逾期不改正的，处2万元以上20万元以下的罚款；情节严重的，依法吊销营业执照。

第五十二条 违反本法规定，电力、石油加工、化工、钢铁、有色金属和建材等企业未在规定的范围或者期限内停止使用不符合国家规定的燃油发电机组或者燃油锅炉的，由县级以上地方人民政府循环经济发展综合管理部门责令限期改正；逾期不改正的，责令拆除该燃油发电机组或者燃油锅炉，并处5万元以上50万元以下的罚款。

第五十三条 违反本法规定，矿山企业未达到经依法审查确定的开采回采率、采矿贫化率、选矿回收率、矿山水循环利用率和土地复垦率等指标的，由县级以上人民政府地质矿产主管部门责令限期改正，处5万元以上50万元以下的罚款；逾期不改正的，由采矿许可证颁发机关依法吊销采矿许可证。

第五十四条 违反本法规定，在国务院或者省、自治区、直辖市人民政府规定禁止生产、销售、使用黏土砖的期限或者区域内生产、销售或者使用黏土砖的，由县级以上地方人民政府指定的部门责令限期改正；有违法所得的，没收违法所得；逾期继续生产、销售的，由地方人民政府市场监督管理部门依法吊销营业执照。

第五十五条 违反本法规定，电网企业拒不收购企业利用余热、余压、煤层气以及煤矸石、煤泥、垃圾等低热值燃料生产的电力的，由国家电力监管机构责令限期改正；造成企业损失的，依法承担赔偿责任。

第五十六条 违反本法规定，有下列行为之一的，由地方人民政府市场监督管理部门责令限期改正，可以处5000元以上5万元以下的罚款；逾期不改正的，依法吊销营业执照；造成损失的，依法承担赔偿责任：

（一）销售没有再利用产品标识的再利用电器电子产品的；

（二）销售没有再制造或者翻新产品标识的再制造或者翻新产品的。

第五十七条 违反本法规定，构成犯罪的，依法追究刑事责任。

第七章　附则

第五十八条 本法自2009年1月1日起施行。

中华人民共和国环境保护税法

（2016年12月25日第十二届全国人民代表大会常务委员会第二十五次会议通过　根据2018年10月26日第十三届全国人民代表大会常务委员会第六次会议《关于修改〈中华人民共和国野生动物保护法〉等十五部法律的决定》修正）

目　录

第一章　总则

第一条　为了保护和改善环境，减少污染物排放，推进生态文明建设，制定本法。

第二条　在中华人民共和国领域和中华人民共和国管辖的其他海域，直接向环境排放应税污染物的企业事业单位和其他生产经营者为环境保护税的纳税人，应当依照本法规定缴纳环境保护税。

第三条　本法所称应税污染物，是指本法所附《环境保护税税目税额表》《应税污染物和当量值表》规定的大气污染物、水污染物、固体废物和噪声。

第四条　有下列情形之一的，不属于直接向环境排放污染物，不缴纳相应污染物的环境保护税：

（一）企业事业单位和其他生产经营者向依法设立的污水集中处理、生活垃圾集中处理场所排放应税污染物的；

（二）企业事业单位和其他生产经营者在符合国家和地方环境保护标准的设施、场所贮存或者处置固体废物的。

第五条　依法设立的城乡污水集中处理、生活垃圾集中处理场所超过国家和地方规定的排放标准向环境排放应税污染物的，应当缴纳环境保护税。

企业事业单位和其他生产经营者贮存或者处置固体废物不符合国家和地方环境保护标准的，应当缴纳环境保护税。

第六条　环境保护税的税目、税额，依照本法所附《环境保护税税目税额表》执行。

应税大气污染物和水污染物的具体适用税额的确定和调整，由省、自治区、直辖市人民政府统筹考虑本地区环境承载能力、污染物排放现状和经济社会生态发展目标要求，在本法所附《环境保护税税目税额表》规定的税额幅度内提出，报同级人民代表大会常务委员会决定，并报全国人民代表大会常务委员会和国务院备案。

第二章　计税依据和应纳税额

第七条　应税污染物的计税依据，按照下列方法确定：

（一）应税大气污染物按照污染物排放量折合的污染当量数确定；

（二）应税水污染物按照污染物排放量折合的污染当量数确定；

（三）应税固体废物按照固体废物的排放量确定；

（四）应税噪声按照超过国家规定标准的分贝数确定。

第八条　应税大气污染物、水污染物的污染当量数，以该污染物的排放量除以该污染物的污染当量值计算。每种应税大气污染物、水污染物的具体污染当量值，依照本法所附《应税污染物和当量值表》执行。

第九条　每一排放口或者没有排放口的应税大气污染物，按照污染当量数从大到小排序，对前三项污染物征收环境保护税。

每一排放口的应税水污染物，按照本法所附《应税污染物和当量值表》，区分第一类水污染物和其他类水污染物，按照污染当量数从大到小排序，对第一类水污染物按照前五项征收环境保护税，对其他类水污染物按照前三项征收环境保护税。

省、自治区、直辖市人民政府根据本地区污染物减排的特殊需要，可以增加同一排放口征收环境保护税的应税污染物项目数，报同级人民代表大会常务委员会决定，并报全国人民代表大会常务委员会和国务院备案。

第十条　应税大气污染物、水污染物、固体废物的排放量和噪声的分贝数，按照下列方法和顺序计算：

（一）纳税人安装使用符合国家规定和监测规范的污染物自动监测设备的，按照污染物自动监测数据计算；

（二）纳税人未安装使用污染物自动监测设备的，按照监测机构出具的符合国家有关规定和监测规范的监测数据计算；

（三）因排放污染物种类多等原因不具备监测条件的，按照国务院生态环境主管部门规定的排污系数、物料衡算方法计算；

（四）不能按照本条第（一）项至第（三）项规定的方法计算的，按照省、自治区、直辖市人民政府生态环境主管部门规定的抽样测算的方法核定计算。

第十一条　环境保护税应纳税额按照下列方法计算：

（一）应税大气污染物的应纳税额为污染当量数乘以具体适用税额；

（二）应税水污染物的应纳税额为污染当量数乘以具体适用税额；

（三）应税固体废物的应纳税额为固体废物排放量乘以具体适用税额；

（四）应税噪声的应纳税额为超过国家规定标准的分贝数对应的具体适用税额。

第三章　税收减免

第十二条　下列情形，暂予免征环境保护税：

（一）农业生产（不包括规模化养殖）排放应税污染物的；

（二）机动车、铁路机车、非道路移动机械、船舶和航空器等流动污染源排放应税污染物的；

（三）依法设立的城乡污水集中处理、生活垃圾集中处理场所排放相应应税污染物，不超过国家和地方规定的排放标准的；

（四）纳税人综合利用的固体废物，符合国家和地方环境保护标准的；

（五）国务院批准免税的其他情形。

前款第五项免税规定，由国务院报全国人民代表大会常务委员会备案。

第十三条　纳税人排放应税大气污染物或者水污染物的浓度值低于国家和地方规定的污染物排放标准 30% 的，减按 75% 征收环境保护税。纳税人排放应税大气污染物或者水污染物的浓度值低于国家和地方规定的污染物排放标准 50% 的，减按 50% 征收环境保护税。

第四章　征收管理

第十四条　环境保护税由税务机关依照《中华人民共和国税收征收管理法》和本法的有关规定征收管理。

生态环境主管部门依照本法和有关环境保护法律法规的规定负责对污染物的监测管理。

县级以上地方人民政府应当建立税务机关、生态环境主管部门和其他相关单位分工协作工作机制，加强环境保护税征收管理，保障税款及时足额入库。

第十五条　生态环境主管部门和税务机关应当建立涉税信息共享平台和工作配合机制。

生态环境主管部门应当将排污单位的排污许可、污染物排放数据、环境违法和受行政处罚情况等环境保护相关信息，定期交送税务机关。

税务机关应当将纳税人的纳税申报、税款入库、减免税额、欠缴税款以及风险疑点等环境保护税涉税信息，定期交送生态环境主管部门。

第十六条　纳税义务发生时间为纳税人排放应税污染物的当日。

第十七条　纳税人应当向应税污染物排放地的税务机关申报缴纳环境保护税。

第十八条　环境保护税按月计算，按季申报缴纳。不能按固定期限计算缴纳的，可以按次申报缴纳。

纳税人申报缴纳时，应当向税务机关报送所排放应税污染物的种类、数量，大气污染物、水污染物的浓度值，以及税务机关根据实际需要要求纳税人报送的其他纳税资料。

第十九条　纳税人按季申报缴纳的，应当自季度终了之日起 15 日内，向税务机关办理纳税申报并缴纳税款。纳税人按次申报缴纳的，应当自纳税义务发生之日起 15 日内，向税务机关办理纳税申报并缴纳税款。

纳税人应当依法如实办理纳税申报，对申报的真实性和完整性承担责任。

第二十条 税务机关应当将纳税人的纳税申报数据资料与生态环境主管部门交送的相关数据资料进行比对。

税务机关发现纳税人的纳税申报数据资料异常或者纳税人未按照规定期限办理纳税申报的，可以提请生态环境主管部门进行复核，生态环境主管部门应当自收到税务机关的数据资料之日起 15 日内向税务机关出具复核意见。税务机关应当按照生态环境主管部门复核的数据资料调整纳税人的应纳税额。

第二十一条 依照本法第十条第（四）项的规定核定计算污染物排放量的，由税务机关会同生态环境主管部门核定污染物排放种类、数量和应纳税额。

第二十二条 纳税人从事海洋工程向中华人民共和国管辖海域排放应税大气污染物、水污染物或者固体废物，申报缴纳环境保护税的具体办法，由国务院税务主管部门会同国务院生态环境主管部门规定。

第二十三条 纳税人和税务机关、生态环境主管部门及其工作人员违反本法规定的，依照《中华人民共和国税收征收管理法》《中华人民共和国环境保护法》和有关法律法规的规定追究法律责任。

第二十四条 各级人民政府应当鼓励纳税人加大环境保护建设投入，对纳税人用于污染物自动监测设备的投资予以资金和政策支持。

第五章 附则

第二十五条 本法下列用语的含义：

（一）污染当量，是指根据污染物或者污染排放活动对环境的有害程度以及处理的技术经济性，衡量不同污染物对环境污染的综合性指标或者计量单位。同一介质相同污染当量的不同污染物，其污染程度基本相当。

（二）排污系数，是指在正常技术经济和管理条件下，生产单位产品所应排放的污染物量的统计平均值。

（三）物料衡算，是指根据物质质量守恒原理对生产过程中使用的原料、生产的产品和产生的废物等进行测算的一种方法。

第二十六条 直接向环境排放应税污染物的企业事业单位和其他生产经营者，除依照本法规定缴纳环境保护税外，应当对所造成的损害依法承担责任。

第二十七条 自本法施行之日起，依照本法规定征收环境保护税，不再征收排污费。

第二十八条 本法自 2018 年 1 月 1 日起施行。

中华人民共和国放射性污染防治法

（2003 年 6 月 28 日第十届全国人民代表大会常务委员会第三次会议通过）
（中华人民共和国主席令　第六号）

目　录

第一章　总则

第一条　为了防治放射性污染，保护环境，保障人体健康，促进核能、核技术的开发与和平利用，制定本法。

第二条　本法适用于中华人民共和国领域和管辖的其他海域在核设施选址、建造、运行、退役和核技术、铀（钍）矿、伴生放射性矿开发利用过程中发生的放射性污染的防治活动。

第三条　国家对放射性污染的防治，实行预防为主、防治结合、严格管理、安全第一的方针。

第四条　国家鼓励、支持放射性污染防治的科学研究和技术开发利用，推广先进的放射性污染防治技术。

国家支持开展放射性污染防治的国际交流与合作。

第五条　县级以上人民政府应当将放射性污染防治工作纳入环境保护规划。

县级以上人民政府应当组织开展有针对性的放射性污染防治宣传教育，使公众了解放射性污染防治的有关情况和科学知识。

第六条　任何单位和个人有权对造成放射性污染的行为提出检举和控告。

第七条　在放射性污染防治工作中做出显著成绩的单位和个人，由县级以上人民政府给予奖励。

第八条 国务院环境保护行政主管部门对全国放射性污染防治工作依法实施统一监督管理。

国务院卫生行政部门和其他有关部门依据国务院规定的职责，对有关的放射性污染防治工作依法实施监督管理。

第二章 放射性污染防治的监督管理

第九条 国家放射性污染防治标准由国务院环境保护行政主管部门根据环境安全要求、国家经济技术条件制定。国家放射性污染防治标准由国务院环境保护行政主管部门和国务院标准化行政主管部门联合发布。

第十条 国家建立放射性污染监测制度。国务院环境保护行政主管部门会同国务院其他有关部门组织环境监测网络，对放射性污染实施监测管理。

第十一条 国务院环境保护行政主管部门和国务院其他有关部门，按照职责分工，各负其责，互通信息，密切配合，对核设施、铀（钍）矿开发利用中的放射性污染防治进行监督检查。

县级以上地方人民政府环境保护行政主管部门和同级其他有关部门，按照职责分工，各负其责，互通信息，密切配合，对本行政区域内核技术利用、伴生放射性矿开发利用中的放射性污染防治进行监督检查。

监督检查人员进行现场检查时，应当出示证件。被检查的单位必须如实反映情况，提供必要的资料。监督检查人员应当为被检查单位保守技术秘密和业务秘密。对涉及国家秘密的单位和部位进行检查时，应当遵守国家有关保守国家秘密的规定，依法办理有关审批手续。

第十二条 核设施营运单位、核技术利用单位、铀（钍）矿和伴生放射性矿开发利用单位，负责本单位放射性污染的防治，接受环境保护行政主管部门和其他有关部门的监督管理，并依法对其造成的放射性污染承担责任。

第十三条 核设施营运单位、核技术利用单位、铀（钍）矿和伴生放射性矿开发利用单位，必须采取安全与防护措施，预防发生可能导致放射性污染的各类事故，避免放射性污染危害。

核设施营运单位、核技术利用单位、铀（钍）矿和伴生放射性矿开发利用单位，应当对其工作人员进行放射性安全教育、培训，采取有效的防护安全措施。

第十四条 国家对从事放射性污染防治的专业人员实行资格管理制度；对从事放射性污染监测工作的机构实行资质管理制度。

第十五条 运输放射性物质和含放射源的射线装置，应当采取有效措施，防止放射性污染。具体办法由国务院规定。

第十六条 放射性物质和射线装置应当设置明显的放射性标识和中文警示说明。生产、销售、使用、贮存、处置放射性物质和射线装置的场所，以及运输放射性物质和含放射源的射线装置的工具，应当设置明显的放射性标志。

第十七条 含有放射性物质的产品，应当符合国家放射性污染防治标准；不符合国家放射性污染防治标准的，不得出厂和销售。

使用伴生放射性矿渣和含有天然放射性物质的石材做建筑和装修材料，应当符合国家建筑材料放射性核素控制标准。

第三章　核设施的放射性污染防治

第十八条　核设施选址，应当进行科学论证，并按照国家有关规定办理审批手续。在办理核设施选址审批手续前，应当编制环境影响报告书，报国务院环境保护行政主管部门审查批准；未经批准，有关部门不得办理核设施选址批准文件。

第十九条　核设施营运单位在进行核设施建造、装料、运行、退役等活动前，必须按照国务院有关核设施安全监督管理的规定，申请领取核设施建造、运行许可证和办理装料、退役等审批手续。

核设施营运单位领取有关许可证或者批准文件后，方可进行相应的建造、装料、运行、退役等活动。

第二十条　核设施营运单位应当在申请领取核设施建造、运行许可证和办理退役审批手续前编制环境影响报告书，报国务院环境保护行政主管部门审查批准；未经批准，有关部门不得颁发许可证和办理批准文件。

第二十一条　与核设施相配套的放射性污染防治设施，应当与主体工程同时设计、同时施工、同时投入使用。

放射性污染防治设施应当与主体工程同时验收；验收合格的，主体工程方可投入生产或者使用。

第二十二条　进口核设施，应当符合国家放射性污染防治标准；没有相应的国家放射性污染防治标准的，采用国务院环境保护行政主管部门指定的国外有关标准。

第二十三条　核动力厂等重要核设施外围地区应当划定规划限制区。规划限制区的划定和管理办法，由国务院规定。

第二十四条　核设施营运单位应当对核设施周围环境中所含的放射性核素的种类、浓度以及核设施流出物中的放射性核素总量实施监测，并定期向国务院环境保护行政主管部门和所在地省、自治区、直辖市人民政府环境保护行政主管部门报告监测结果。

国务院环境保护行政主管部门负责对核动力厂等重要核设施实施监督性监测，并根据需要对其他核设施的流出物实施监测。监督性监测系统的建设、运行和维护费用由财政预算安排。

第二十五条　核设施营运单位应当建立健全安全保卫制度，加强安全保卫工作，并接受公安部门的监督指导。

核设施营运单位应当按照核设施的规模和性质制定核事故场内应急计划，做好应急准备。

出现核事故应急状态时，核设施营运单位必须立即采取有效的应急措施控制事故，并向核设施主管部门和环境保护行政主管部门、卫生行政部门、公安部门以及其他有关部门报告。

第二十六条 国家建立健全核事故应急制度。

核设施主管部门、环境保护行政主管部门、卫生行政部门、公安部门以及其他有关部门，在本级人民政府的组织领导下，按照各自的职责依法做好核事故应急工作。

中国人民解放军和中国人民武装警察部队按照国务院、中央军事委员会的有关规定在核事故应急中实施有效的支援。

第二十七条 核设施营运单位应当制定核设施退役计划。

核设施的退役费用和放射性废物处置费用应当预提，列入投资概算或者生产成本。核设施的退役费用和放射性废物处置费用的提取和管理办法，由国务院财政部门、价格主管部门会同国务院环境保护行政主管部门、核设施主管部门规定。

第四章 核技术利用的放射性污染防治

第二十八条 生产、销售、使用放射性同位素和射线装置的单位，应当按照国务院有关放射性同位素与射线装置放射防护的规定申请领取许可证，办理登记手续。

转让、进口放射性同位素和射线装置的单位以及装备有放射性同位素的仪表的单位，应当按照国务院有关放射性同位素与射线装置放射防护的规定办理有关手续。

第二十九条 生产、销售、使用放射性同位素和加速器、中子发生器以及含放射源的射线装置的单位，应当在申请领取许可证前编制环境影响评价文件，报省、自治区、直辖市人民政府环境保护行政主管部门审查批准；未经批准，有关部门不得颁发许可证。

国家建立放射性同位素备案制度。具体办法由国务院规定。

第三十条 新建、改建、扩建放射工作场所的放射防护设施，应当与主体工程同时设计、同时施工、同时投入使用。

放射防护设施应当与主体工程同时验收；验收合格的，主体工程方可投入生产或者使用。

第三十一条 放射性同位素应当单独存放，不得与易燃、易爆、腐蚀性物品等一起存放，其贮存场所应当采取有效的防火、防盗、防射线泄漏的安全防护措施，并指定专人负责保管。贮存、领取、使用、归还放射性同位素时，应当进行登记、检查，做到账物相符。

第三十二条 生产、使用放射性同位素和射线装置的单位，应当按照国务院环境保护行政主管部门的规定对其产生的放射性废物进行收集、包装、贮存。

生产放射源的单位，应当按照国务院环境保护行政主管部门的规定回收和利用废旧放射源；使用放射源的单位，应当按照国务院环境保护行政主管部门的规定将废旧放射源交回生产放射源的单位或者送交专门从事放射性固体废物贮存、处置的单位。

第三十三条 生产、销售、使用、贮存放射源的单位，应当建立健全安全保卫制度，指定专人负责，落实安全责任制，制定必要的事故应急措施。发生放射源丢失、被盗和放射性污染事故时，有关单位和个人必须立即采取应急措施，并向公安部门、卫生行政部门和环境保护行政主管部门报告。

公安部门、卫生行政部门和环境保护行政主管部门接到放射源丢失、被盗和放射性污染事故报告后，应当报告本级人民政府，并按照各自的职责立即组织采取有效措施，防止放射性污染蔓延，减少事故损失。当地人民政府应当及时将有关情况告知公众，并做好事故的调查、处理工作。

第五章　铀（钍）矿和伴生放射性矿开发利用的放射性污染防治

第三十四条　开发利用或者关闭铀（钍）矿的单位，应当在申请领取采矿许可证或者办理退役审批手续前编制环境影响报告书，报国务院环境保护行政主管部门审查批准。

开发利用伴生放射性矿的单位，应当在申请领取采矿许可证前编制环境影响报告书，报省级以上人民政府环境保护行政主管部门审查批准。

第三十五条　与铀（钍）矿和伴生放射性矿开发利用建设项目相配套的放射性污染防治设施，应当与主体工程同时设计、同时施工、同时投入使用。

放射性污染防治设施应当与主体工程同时验收；验收合格的，主体工程方可投入生产或者使用。

第三十六条　铀（钍）矿开发利用单位应当对铀（钍）矿的流出物和周围的环境实施监测，并定期向国务院环境保护行政主管部门和所在地省、自治区、直辖市人民政府环境保护行政主管部门报告监测结果。

第三十七条　对铀（钍）矿和伴生放射性矿开发利用过程中产生的尾矿，应当建造尾矿库进行贮存、处置；建造的尾矿库应当符合放射性污染防治的要求。

第三十八条　铀（钍）矿开发利用单位应当制定铀（钍）矿退役计划。铀矿退役费用由国家财政预算安排。

第六章　放射性废物管理

第三十九条　核设施营运单位、核技术利用单位、铀（钍）矿和伴生放射性矿开发利用单位，应当合理选择和利用原材料，采用先进的生产工艺和设备，尽量减少放射性废物的产生量。

第四十条　向环境排放放射性废气、废液，必须符合国家放射性污染防治标准。

第四十一条　产生放射性废气、废液的单位向环境排放符合国家放射性污染防治标准的放射性废气、废液，应当向审批环境影响评价文件的环境保护行政主管部门申请放射性核素排放量，并定期报告排放计量结果。

第四十二条　产生放射性废液的单位，必须按照国家放射性污染防治标准的要求，对不得向环境排放的放射性废液进行处理或者贮存。

产生放射性废液的单位，向环境排放符合国家放射性污染防治标准的放射性废液，必须采用符合国务院环境保护行政主管部门规定的排放方式。

禁止利用渗井、渗坑、天然裂隙、溶洞或者国家禁止的其他方式排放放射性废液。

第四十三条　低、中水平放射性固体废物在符合国家规定的区域实行近地表处置。

高水平放射性固体废物实行集中的深地质处置。

α 放射性固体废物依照前款规定处置。

禁止在内河水域和海洋上处置放射性固体废物。

第四十四条 国务院核设施主管部门会同国务院环境保护行政主管部门根据地质条件和放射性固体废物处置的需要，在环境影响评价的基础上编制放射性固体废物处置场所选址规划，报国务院批准后实施。

有关地方人民政府应当根据放射性固体废物处置场所选址规划，提供放射性固体废物处置场所的建设用地，并采取有效措施支持放射性固体废物的处置。

第四十五条 产生放射性固体废物的单位，应当按照国务院环境保护行政主管部门的规定，对其产生的放射性固体废物进行处理后，送交放射性固体废物处置单位处置，并承担处置费用。

放射性固体废物处置费用收取和使用管理办法，由国务院财政部门、价格主管部门会同国务院环境保护行政主管部门规定。

第四十六条 设立专门从事放射性固体废物贮存、处置的单位，必须经国务院环境保护行政主管部门审查批准，取得许可证。具体办法由国务院规定。

禁止未经许可或者不按照许可的有关规定从事贮存和处置放射性固体废物的活动。

禁止将放射性固体废物提供或者委托给无许可证的单位贮存和处置。

第四十七条 禁止将放射性废物和被放射性污染的物品输入中华人民共和国境内或者经中华人民共和国境内转移。

第七章 法律责任

第四十八条 放射性污染防治监督管理人员违反法律规定，利用职务上的便利收受他人财物、谋取其他利益，或者玩忽职守，有下列行为之一的，依法给予行政处分；构成犯罪的，依法追究刑事责任：

（一）对不符合法定条件的单位颁发许可证和办理批准文件的；

（二）不依法履行监督管理职责的；

（三）发现违法行为不予查处的。

第四十九条 违反本法规定，有下列行为之一的，由县级以上人民政府环境保护行政主管部门或者其他有关部门依据职权责令限期改正，可以处 2 万元以下罚款：

（一）不按照规定报告有关环境监测结果的；

（二）拒绝环境保护行政主管部门和其他有关部门进行现场检查，或者被检查时不如实反映情况和提供必要资料的。

第五十条 违反本法规定，未编制环境影响评价文件，或者环境影响评价文件未经环境保护行政主管部门批准，擅自进行建造、运行、生产和使用等活动的，由审批环境影响评价文件的环境保护行政主管部门责令停止违法行为，限期补办手续或者恢复原状，并处 1 万元以上 20 万元以下罚款。

第五十一条 违反本法规定，未建造放射性污染防治设施、放射防护设施，或者防治防护设施未经验收合格，主体工程即投入生产或者使用的，由审批环境影响评价文件的环境保护行政主管部门责令停止违法行为，限期改正，并处 5 万元以上 20 万元以下罚款。

第五十二条 违反本法规定，未经许可或者批准，核设施营运单位擅自进行核设施的建造、装料、运行、退役等活动的，由国务院环境保护行政主管部门责令停止违法行为，限期改正，并处20万元以上50万元以下罚款；构成犯罪的，依法追究刑事责任。

第五十三条 违反本法规定，生产、销售、使用、转让、进口、贮存放射性同位素和射线装置以及装备有放射性同位素的仪表的，由县级以上人民政府环境保护行政主管部门或者其他有关部门依据职权责令停止违法行为，限期改正；逾期不改正的，责令停产停业或者吊销许可证；有违法所得的，没收违法所得；违法所得10万元以上的，并处违法所得1倍以上5倍以下罚款；没有违法所得或者违法所得不足10万元的，并处1万元以上10万元以下罚款；构成犯罪的，依法追究刑事责任。

第五十四条 违反本法规定，有下列行为之一的，由县级以上人民政府环境保护行政主管部门责令停止违法行为，限期改正，处以罚款；构成犯罪的，依法追究刑事责任：

（一）未建造尾矿库或者不按照放射性污染防治的要求建造尾矿库，贮存、处置铀（钍）矿和伴生放射性矿的尾矿的；

（二）向环境排放不得排放的放射性废气、废液的；

（三）不按照规定的方式排放放射性废液，利用渗井、渗坑、天然裂隙、溶洞或者国家禁止的其他方式排放放射性废液的；

（四）不按照规定处理或者贮存不得向环境排放的放射性废液的；

（五）将放射性固体废物提供或者委托给无许可证的单位贮存和处置的。

有前款第（一）项、第（二）项、第（三）项、第（五）项行为之一的，处10万元以上20万元以下罚款；有前款第（四）项行为的，处1万元以上10万元以下罚款。

第五十五条 违反本法规定，有下列行为之一的，由县级以上人民政府环境保护行政主管部门或者其他有关部门依据职权责令限期改正；逾期不改正的，责令停产停业，并处2万元以上10万元以下罚款；构成犯罪的，依法追究刑事责任：

（一）不按照规定设置放射性标识、标志、中文警示说明的；

（二）不按照规定建立健全安全保卫制度和制定事故应急计划或者应急措施的；

（三）不按照规定报告放射源丢失、被盗情况或者放射性污染事故的。

第五十六条 产生放射性固体废物的单位，不按照本法第四十五条的规定对其产生的放射性固体废物进行处置的，由审批该单位立项环境影响评价文件的环境保护行政主管部门责令停止违法行为，限期改正；逾期不改正的，指定有处置能力的单位代为处置，所需费用由产生放射性固体废物的单位承担，可以并处20万元以下罚款；构成犯罪的，依法追究刑事责任。

第五十七条 违反本法规定，有下列行为之一的，由省级以上人民政府环境保护行政主管部门责令停产停业或者吊销许可证；有违法所得的，没收违法所得；违法所得10万元以上的，并处违法所得1倍以上5倍以下罚款；没有违法所得或者违法所得不足10万元的，并处5万元以上10万元以下罚款；构成犯罪的，依法追究刑事责任：

（一）未经许可，擅自从事贮存和处置放射性固体废物活动的；

（二）不按照许可的有关规定从事贮存和处置放射性固体废物活动的。

第五十八条 向中华人民共和国境内输入放射性废物和被放射性污染的物品，或者经中华人民共和国境内转移放射性废物和被放射性污染的物品的，由海关责令退运该放射性废物和被放射性污染的物品，并处50万元以上100万元以下罚款；构成犯罪的，依法追究刑事责任。

第五十九条 因放射性污染造成他人损害的，应当依法承担民事责任。

第八章 附则

第六十条 军用设施、装备的放射性污染防治，由国务院和军队的有关主管部门依照本法规定的原则和国务院、中央军事委员会规定的职责实施监督管理。

第六十一条 劳动者在职业活动中接触放射性物质造成的职业病的防治，依照《中华人民共和国职业病防治法》的规定执行。

第六十二条 本法中下列用语的含义：

（一）放射性污染，是指由于人类活动造成物料、人体、场所、环境介质表面或者内部出现超过国家标准的放射性物质或者射线。

（二）核设施，是指核动力厂（核电厂、核热电厂、核供汽供热厂等）和其他反应堆（研究堆、实验堆、临界装置等）；核燃料生产、加工、贮存和后处理设施；放射性废物的处理和处置设施等。

（三）核技术利用，是指密封放射源、非密封放射源和射线装置在医疗、工业、农业、地质调查、科学研究和教学等领域中的使用。

（四）放射性同位素，是指某种发生放射性衰变的元素中具有相同原子序数但质量不同的核素。

（五）放射源，是指除研究堆和动力堆核燃料循环范畴的材料以外，永久密封在容器中或者有严密包层并呈固态的放射性材料。

（六）射线装置，是指X线机、加速器、中子发生器以及含放射源的装置。

（七）伴生放射性矿，是指含有较高水平天然放射性核素浓度的非铀矿（如稀土矿和磷酸盐矿等）。

（八）放射性废物，是指含有放射性核素或者被放射性核素污染，其浓度或者比活度大于国家确定的清洁解控水平，预期不再使用的废弃物。

第六十三条 本法自2003年10月1日起施行。

中华人民共和国节约能源法

（《中华人民共和国节约能源法》是为了推动全社会节约能源，提高能源利用效率，保护和改善环境，促进经济社会全面协调可持续发展而制定的。1997年11月1日第八届全国人民代表大会常务委员会第二十八次会议通过，自1998年1月1日起施行。 2007年10月28日第十届全国人民代表大会常务委员会第三十次会议修订通过，自2008年4月1日起施行。 根据2016年7月2日第十二届全国人民代表大会常务委员会第二十一次会议通过的《全国人民代表大会常务委员会关于修改〈中华人民共和国节约能源法〉等六部法律的决定》修改。 根据2018年10月26日第十三届全国人民代表大会常务委员会第六次会议《关于修改〈中华人民共和国野生动物保护法〉等十五部法律的决定》第二次修正。）

目　录

第一章　总则

第一条　为了推动全社会节约能源，提高能源利用效率，保护和改善环境，促进经济社会全面协调可持续发展，制定本法。

第二条　本法所称能源，是指煤炭、石油、天然气、生物质能和电力、热力以及其他直接或者通过加工、转换而取得有用能的各种资源。

第三条　本法所称节约能源(以下简称节能)，是指加强用能管理，采取技术上可行、经济上合理以及环境和社会可以承受的措施，从能源生产到消费的各个环节，降低消耗、减少损失和污染物排放、制止浪费，有效、合理地利用能源。

第四条 节约资源是我国的基本国策。国家实施节约与开发并举、把节约放在首位的能源发展战略。

第五条 国务院和县级以上地方各级人民政府应当将节能工作纳入国民经济和社会发展规划、年度计划，并组织编制和实施节能中长期专项规划、年度节能计划。

国务院和县级以上地方各级人民政府每年向本级人民代表大会或者其常务委员会报告节能工作。

第六条 国家实行节能目标责任制和节能考核评价制度，将节能目标完成情况作为对地方人民政府及其负责人考核评价的内容。

省、自治区、直辖市人民政府每年向国务院报告节能目标责任的履行情况。

第七条 国家实行有利于节能和环境保护的产业政策，限制发展高耗能、高污染行业，发展节能环保型产业。

国务院和省、自治区、直辖市人民政府应当加强节能工作，合理调整产业结构、企业结构、产品结构和能源消费结构，推动企业降低单位产值能耗和单位产品能耗，淘汰落后的生产能力，改进能源的开发、加工、转换、输送、储存和供应，提高能源利用效率。

国家鼓励、支持开发和利用新能源、可再生能源。

第八条 国家鼓励、支持节能科学技术的研究、开发、示范和推广，促进节能技术创新与进步。

国家开展节能宣传和教育，将节能知识纳入国民教育和培训体系，普及节能科学知识，增强全民的节能意识，提倡节约型的消费方式。

第九条 任何单位和个人都应当依法履行节能义务，有权检举浪费能源的行为。

新闻媒体应当宣传节能法律、法规和政策，发挥舆论监督作用。

第十条 国务院管理节能工作的部门主管全国的节能监督管理工作。国务院有关部门在各自的职责范围内负责节能监督管理工作，并接受国务院管理节能工作的部门的指导。

县级以上地方各级人民政府管理节能工作的部门负责本行政区域内的节能监督管理工作。县级以上地方各级人民政府有关部门在各自的职责范围内负责节能监督管理工作，并接受同级管理节能工作的部门的指导。

第二章　节能管理

第十一条 国务院和县级以上地方各级人民政府应当加强对节能工作的领导，部署、协调、监督、检查、推动节能工作。

第十二条 县级以上人民政府管理节能工作的部门和有关部门应当在各自的职责范围内，加强对节能法律、法规和节能标准执行情况的监督检查，依法查处违法用能行为。

履行节能监督管理职责不得向监督管理对象收取费用。

第十三条 国务院标准化主管部门和国务院有关部门依法组织制定并适时修订有关节能的国家标准、行业标准，建立健全节能标准体系。

国务院标准化主管部门会同国务院管理节能工作的部门和国务院有关部门制定强制性的用能产品、设备能源效率标准和生产过程中耗能高的产品的单位产品能耗限额标准。

国家鼓励企业制定严于国家标准、行业标准的企业节能标准。

省、自治区、直辖市制定严于强制性国家标准、行业标准的地方节能标准，由省、自治区、直辖市人民政府报经国务院批准；本法另有规定的除外。

第十四条 建筑节能的国家标准、行业标准由国务院建设主管部门组织制定，并依照法定程序发布。

省、自治区、直辖市人民政府建设主管部门可以根据本地实际情况，制定严于国家标准或者行业标准的地方建筑节能标准，并报国务院标准化主管部门和国务院建设主管部门备案。

第十五条 国家实行固定资产投资项目节能评估和审查制度。不符合强制性节能标准的项目，建设单位不得开工建设；已经建成的，不得投入生产、使用。政府投资项目不符合强制性节能标准的，依法负责项目审批的机关不得批准建设。具体办法由国务院管理节能工作的部门会同国务院有关部门制定。

第十六条 国家对落后的耗能过高的用能产品、设备和生产工艺实行淘汰制度。淘汰的用能产品、设备、生产工艺的目录和实施办法，由国务院管理节能工作的部门会同国务院有关部门制定并公布。

生产过程中耗能高的产品的生产单位，应当执行单位产品能耗限额标准。对超过单位产品能耗限额标准用能的生产单位，由管理节能工作的部门按照国务院规定的权限责令限期治理。

对高耗能的特种设备，按照国务院的规定实行节能审查和监管。

第十七条 禁止生产、进口、销售国家明令淘汰或者不符合强制性能源效率标准的用能产品、设备；禁止使用国家明令淘汰的用能设备、生产工艺。

第十八条 国家对家用电器等使用面广、耗能量大的用能产品，实行能源效率标识管理。实行能源效率标识管理的产品目录和实施办法，由国务院管理节能工作的部门会同国务院市场监督管理部门制定并公布。

第十九条 生产者和进口商应当对列入国家能源效率标识管理产品目录的用能产品标注能源效率标识，在产品包装物上或者说明书中予以说明，并按照规定报国务院市场监督管理部门和国务院管理节能工作的部门共同授权的机构备案。

生产者和进口商应当对其标注的能源效率标识及相关信息的准确性负责。禁止销售应当标注而未标注能源效率标识的产品。

禁止伪造、冒用能源效率标识或者利用能源效率标识进行虚假宣传。

第二十条 用能产品的生产者、销售者，可以根据自愿原则，按照国家有关节能产品认证的规定，向经国务院认证认可监督管理部门认可的从事节能产品认证的机构提出节能产品认证申请；经认证合格后，取得节能产品认证证书，可以在用能产品或者其包装物上使用节能产品认证标志。

禁止使用伪造的节能产品认证标志或者冒用节能产品认证标志。

第二十一条 县级以上各级人民政府统计部门应当会同同级有关部门，建立健全能源统计制度，完善能源统计指标体系，改进和规范能源统计方法，确保能源统计数据真实、完整。

国务院统计部门会同国务院管理节能工作的部门，定期向社会公布各省、自治区、直辖市以及主要耗能行业的能源消费和节能情况等信息。

第二十二条 国家鼓励节能服务机构的发展，支持节能服务机构开展节能咨询、设计、评估、检测、审计、认证等服务。

国家支持节能服务机构开展节能知识宣传和节能技术培训，提供节能信息、节能示范和其他公益性节能服务。

第二十三条 国家鼓励行业协会在行业节能规划、节能标准的制定和实施、节能技术推广、能源消费统计、节能宣传培训和信息咨询等方面发挥作用。

第三章 合理使用与节约能源

第一节 一般规定

第二十四条 用能单位应当按照合理用能的原则，加强节能管理，制定并实施节能计划和节能技术措施，降低能源消耗。

第二十五条 用能单位应当建立节能目标责任制，对节能工作取得成绩的集体、个人给予奖励。

第二十六条 用能单位应当定期开展节能教育和岗位节能培训。

第二十七条 用能单位应当加强能源计量管理，按照规定配备和使用经依法检定合格的能源计量器具。

用能单位应当建立能源消费统计和能源利用状况分析制度，对各类能源的消费实行分类计量和统计，并确保能源消费统计数据真实、完整。

第二十八条 能源生产经营单位不得向本单位职工无偿提供能源。任何单位不得对能源消费实行包费制。

第二节 工业节能

第二十九条 国务院和省、自治区、直辖市人民政府推进能源资源优化开发利用和合理配置，推进有利于节能的行业结构调整，优化用能结构和企业布局。

第三十条 国务院管理节能工作的部门会同国务院有关部门制定电力、钢铁、有色金属、建材、石油加工、化工、煤炭等主要耗能行业的节能技术政策，推动企业节能技术改造。

第三十一条 国家鼓励工业企业采用高效、节能的电动机、锅炉、窑炉、风机、泵类等设备，采用热电联产、余热余压利用、洁净煤以及先进的用能监测和控制等技术。

第三十二条 电网企业应当按照国务院有关部门制定的节能发电调度管理的规定，安排清洁、高效和符合规定的热电联产、利用余热余压发电的机组以及其他符合资源综合利用规定的发电机组与电网并网运行，上网电价执行国家有关规定。

第三十三条 禁止新建不符合国家规定的燃煤发电机组、燃油发电机组和燃煤热电机组。

第三节　建筑节能

第三十四条　国务院建设主管部门负责全国建筑节能的监督管理工作。

县级以上地方各级人民政府建设主管部门负责本行政区域内建筑节能的监督管理工作。

县级以上地方各级人民政府建设主管部门会同同级管理节能工作的部门编制本行政区域内的建筑节能规划。建筑节能规划应当包括既有建筑节能改造计划。

第三十五条　建筑工程的建设、设计、施工和监理单位应当遵守建筑节能标准。

不符合建筑节能标准的建筑工程，建设主管部门不得批准开工建设；已经开工建设的，应当责令停止施工、限期改正；已经建成的，不得销售或者使用。

建设主管部门应当加强对在建建筑工程执行建筑节能标准情况的监督检查。

第三十六条　房地产开发企业在销售房屋时，应当向购买人明示所售房屋的节能措施、保温工程保修期等信息，在房屋买卖合同、质量保证书和使用说明书中载明，并对其真实性、准确性负责。

第三十七条　使用空调采暖、制冷的公共建筑应当实行室内温度控制制度。具体办法由国务院建设主管部门制定。

第三十八条　国家采取措施，对实行集中供热的建筑分步骤实行供热分户计量、按照用热量收费的制度。新建建筑或者对既有建筑进行节能改造，应当按照规定安装用热计量装置、室内温度调控装置和供热系统调控装置。具体办法由国务院建设主管部门会同国务院有关部门制定。

第三十九条　县级以上地方各级人民政府有关部门应当加强城市节约用电管理，严格控制公用设施和大型建筑物装饰性景观照明的能耗。

第四十条　国家鼓励在新建建筑和既有建筑节能改造中使用新型墙体材料等节能建筑材料和节能设备，安装和使用太阳能等可再生能源利用系统。

第四节　交通运输节能

第四十一条　国务院有关交通运输主管部门按照各自的职责负责全国交通运输相关领域的节能监督管理工作。

国务院有关交通运输主管部门会同国务院管理节能工作的部门分别制定相关领域的节能规划。

第四十二条　国务院及其有关部门指导、促进各种交通运输方式协调发展和有效衔接，优化交通运输结构，建设节能型综合交通运输体系。

第四十三条　县级以上地方各级人民政府应当优先发展公共交通，加大对公共交通的投入，完善公共交通服务体系，鼓励利用公共交通工具出行；鼓励使用非机动交通工具出行。

第四十四条　国务院有关交通运输主管部门应当加强交通运输组织管理，引导道路、水路、航空运输企业提高运输组织化程度和集约化水平，提高能源利用效率。

第四十五条　国家鼓励开发、生产、使用节能环保型汽车、摩托车、铁路机车车辆、船舶和其他交通运输工具，实行老旧交通运输工具的报废、更新制度。

国家鼓励开发和推广应用交通运输工具使用的清洁燃料、石油替代燃料。

第四十六条 国务院有关部门制定交通运输营运车船的燃料消耗量限值标准；不符合标准的，不得用于营运。

国务院有关交通运输主管部门应当加强对交通运输营运车船燃料消耗检测的监督管理。

第五节 公共机构节能

第四十七条 公共机构应当厉行节约，杜绝浪费，带头使用节能产品、设备，提高能源利用效率。

本法所称公共机构，是指全部或者部分使用财政性资金的国家机关、事业单位和团体组织。

第四十八条 国务院和县级以上地方各级人民政府管理机关事务工作的机构会同同级有关部门制定和组织实施本级公共机构节能规划。公共机构节能规划应当包括公共机构既有建筑节能改造计划。

第四十九条 公共机构应当制定年度节能目标和实施方案，加强能源消费计量和监测管理，向本级人民政府管理机关事务工作的机构报送上年度的能源消费状况报告。

国务院和县级以上地方各级人民政府管理机关事务工作的机构会同同级有关部门按照管理权限，制定本级公共机构的能源消耗定额，财政部门根据该定额制定能源消耗支出标准。

第五十条 公共机构应当加强本单位用能系统管理，保证用能系统的运行符合国家相关标准。

公共机构应当按照规定进行能源审计，并根据能源审计结果采取提高能源利用效率的措施。

第五十一条 公共机构采购用能产品、设备，应当优先采购列入节能产品、设备政府采购名录中的产品、设备。禁止采购国家明令淘汰的用能产品、设备。

节能产品、设备政府采购名录由省级以上人民政府的政府采购监督管理部门会同同级有关部门制定并公布。

第六节 重点用能单位节能

第五十二条 国家加强对重点用能单位的节能管理。

下列用能单位为重点用能单位：

（一）年综合能源消费总量 1 万吨标准煤以上的用能单位；

（二）国务院有关部门或者省、自治区、直辖市人民政府管理节能工作的部门指定的年综合能源消费总量 5000 吨以上不满 1 万吨标准煤的用能单位。

重点用能单位节能管理办法，由国务院管理节能工作的部门会同国务院有关部门制定。

第五十三条 重点用能单位应当每年向管理节能工作的部门报送上年度的能源利用状况报告。能源利用状况包括能源消费情况、能源利用效率、节能目标完成情况和节能效益分析、节能措施等内容。

第五十四条 管理节能工作的部门应当对重点用能单位报送的能源利用状况报告进行审查。对节能管理制度不健全、节能措施不落实、能源利用效率低的重点用能单位，管理节能工作的部门应当开展现场调查，组织实施用能设备能源效率检测，责令实施能源审计，并提出书面整改要求，限期整改。

第五十五条 重点用能单位应当设立能源管理岗位，在具有节能专业知识、实际经验以及中级以上技术职称的人员中聘任能源管理负责人，并报管理节能工作的部门和有关部门备案。

能源管理负责人负责组织对本单位用能状况进行分析、评价，组织编写本单位能源利用状况报告，提出本单位节能工作的改进措施并组织实施。

能源管理负责人应当接受节能培训。

第四章　节能技术进步

第五十六条 国务院管理节能工作的部门会同国务院科技主管部门发布节能技术政策大纲，指导节能技术研究、开发和推广应用。

第五十七条 县级以上各级人民政府应当把节能技术研究开发作为政府科技投入的重点领域，支持科研单位和企业开展节能技术应用研究，制定节能标准，开发节能共性和关键技术，促进节能技术创新与成果转化。

第五十八条 国务院管理节能工作的部门会同国务院有关部门制定并公布节能技术、节能产品的推广目录，引导用能单位和个人使用先进的节能技术、节能产品。

国务院管理节能工作的部门会同国务院有关部门组织实施重大节能科研项目、节能示范项目、重点节能工程。

第五十九条 县级以上各级人民政府应当按照因地制宜、多能互补、综合利用、讲求效益的原则，加强农业和农村节能工作，增加对农业和农村节能技术、节能产品推广应用的资金投入。

农业、科技等有关主管部门应当支持、推广在农业生产、农产品加工储运等方面应用节能技术和节能产品，鼓励更新和淘汰高耗能的农业机械和渔业船舶。

国家鼓励、支持在农村大力发展沼气，推广生物质能、太阳能和风能等可再生能源利用技术，按照科学规划、有序开发的原则发展小型水力发电，推广节能型的农村住宅和炉灶等，鼓励利用非耕地种植能源植物，大力发展薪炭林等能源林。

第五章　激励措施

第六十条 中央财政和省级地方财政安排节能专项资金，支持节能技术研究开发、节能技术和产品的示范与推广、重点节能工程的实施、节能宣传培训、信息服务和表彰奖励等。

第六十一条 国家对生产、使用列入本法第五十八条规定的推广目录的需要支持的节能技术、节能产品，实行税收优惠等扶持政策。

国家通过财政补贴支持节能照明器具等节能产品的推广和使用。

第六十二条 国家实行有利于节约能源资源的税收政策，健全能源矿产资源有偿使用制度，促进能源资源的节约及其开采利用水平的提高。

第六十三条 国家运用税收等政策，鼓励先进节能技术、设备的进口，控制在生产过程中耗能高、污染重的产品的出口。

第六十四条 政府采购监督管理部门会同有关部门制定节能产品、设备政府采购名录，应当优先列入取得节能产品认证证书的产品、设备。

第六十五条 国家引导金融机构增加对节能项目的信贷支持，为符合条件的节能技术研究开发、节能产品生产以及节能技术改造等项目提供优惠贷款。

国家推动和引导社会有关方面加大对节能的资金投入，加快节能技术改造。

第六十六条 国家实行有利于节能的价格政策，引导用能单位和个人节能。

国家运用财税、价格等政策，支持推广电力需求侧管理、合同能源管理、节能自愿协议等节能办法。

国家实行峰谷分时电价、季节性电价、可中断负荷电价制度，鼓励电力用户合理调整用电负荷；对钢铁、有色金属、建材、化工和其他主要耗能行业的企业，分淘汰、限制、允许和鼓励类实行差别电价政策。

第六十七条 各级人民政府对在节能管理、节能科学技术研究和推广应用中有显著成绩以及检举严重浪费能源行为的单位和个人，给予表彰和奖励。

第六章 法律责任

第六十八条 负责审批政府投资项目的机关违反本法规定，对不符合强制性节能标准的项目予以批准建设的，对直接负责的主管人员和其他直接责任人员依法给予处分。

固定资产投资项目建设单位开工建设不符合强制性节能标准的项目或者将该项目投入生产、使用的，由管理节能工作的部门责令停止建设或者停止生产、使用，限期改造；不能改造或者逾期不改造的生产性项目，由管理节能工作的部门报请本级人民政府按照国务院规定的权限责令关闭。

第六十九条 生产、进口、销售国家明令淘汰的用能产品、设备的，使用伪造的节能产品认证标志或者冒用节能产品认证标志的，依照《中华人民共和国产品质量法》的规定处罚。

第七十条 生产、进口、销售不符合强制性能源效率标准的用能产品、设备的，由市场监督管理部门责令停止生产、进口、销售，没收违法生产、进口、销售的用能产品、设备和违法所得，并处违法所得 1 倍以上 5 倍以下罚款；情节严重的，吊销营业执照。

第七十一条 使用国家明令淘汰的用能设备或者生产工艺的，由管理节能工作的部门责令停止使用，没收国家明令淘汰的用能设备；情节严重的，可以由管理节能工作的部门提出意见，报请本级人民政府按照国务院规定的权限责令停业整顿或者关闭。

第七十二条 生产单位超过单位产品能耗限额标准用能，情节严重，经限期治理逾期不治理或者没有达到治理要求的，可以由管理节能工作的部门提出意见，报请本级人民政府按照国务院规定的权限责令停业整顿或者关闭。

第七十三条 违反本法规定，应当标注能源效率标识而未标注的，由市场监督管理部门责令改正，处3万元以上5万元以下罚款。

违反本法规定，未办理能源效率标识备案，或者使用的能源效率标识不符合规定的，由市场监督管理部门责令限期改正；逾期不改正的，处1万元以上3万元以下罚款。

伪造、冒用能源效率标识或者利用能源效率标识进行虚假宣传的，由市场监督管理部门责令改正，处5万元以上10万元以下罚款；情节严重的，吊销营业执照。

第七十四条 用能单位未按照规定配备、使用能源计量器具的，由市场监督管理部门责令限期改正；逾期不改正的，处1万元以上5万元以下罚款。

第七十五条 瞒报、伪造、篡改能源统计资料或者编造虚假能源统计数据的，依照《中华人民共和国统计法》的规定处罚。

第七十六条 从事节能咨询、设计、评估、检测、审计、认证等服务的机构提供虚假信息的，由管理节能工作的部门责令改正，没收违法所得，并处5万元以上10万元以下罚款。

第七十七条 违反本法规定，无偿向本单位职工提供能源或者对能源消费实行包费制的，由管理节能工作的部门责令限期改正；逾期不改正的，处5万元以上20万元以下罚款。

第七十八条 电网企业未按照本法规定安排符合规定的热电联产和利用余热余压发电的机组与电网并网运行，或者未执行国家有关上网电价规定的，由国家电力监管机构责令改正；造成发电企业经济损失的，依法承担赔偿责任。

第七十九条 建设单位违反建筑节能标准的，由建设主管部门责令改正，处20万元以上50万元以下罚款。

设计单位、施工单位、监理单位违反建筑节能标准的，由建设主管部门责令改正，处10万元以上50万元以下罚款；情节严重的，由颁发资质证书的部门降低资质等级或者吊销资质证书；造成损失的，依法承担赔偿责任。

第八十条 房地产开发企业违反本法规定，在销售房屋时未向购买人明示所售房屋的节能措施、保温工程保修期等信息的，由建设主管部门责令限期改正，逾期不改正的，处3万元以上5万元以下罚款；对以上信息作虚假宣传的，由建设主管部门责令改正，处5万元以上20万元以下罚款。

第八十一条 公共机构采购用能产品、设备，未优先采购列入节能产品、设备政府采购名录中的产品、设备，或者采购国家明令淘汰的用能产品、设备的，由政府采购监督管理部门给予警告，可以并处罚款；对直接负责的主管人员和其他直接责任人员依法给予处分，并予通报。

第八十二条 重点用能单位未按照本法规定报送能源利用状况报告或者报告内容不实的，由管理节能工作的部门责令限期改正；逾期不改正的，处1万元以上5万元以下罚款。

第八十三条 重点用能单位无正当理由拒不落实本法第五十四条规定的整改要求或者

整改没有达到要求的，由管理节能工作的部门处 10 万元以上 30 万元以下罚款。

第八十四条 重点用能单位未按照本法规定设立能源管理岗位，聘任能源管理负责人，并报管理节能工作的部门和有关部门备案的，由管理节能工作的部门责令改正；拒不改正的，处 1 万元以上 3 万元以下罚款。

第八十五条 违反本法规定，构成犯罪的，依法追究刑事责任。

第八十六条 国家工作人员在节能管理工作中滥用职权、玩忽职守、徇私舞弊，构成犯罪的，依法追究刑事责任；尚不构成犯罪的，依法给予处分。

第七章 附则

第八十七条 本法自 2008 年 4 月 1 日起施行。

汇编二　国家法规

建设项目环境保护管理条例（2017修正）

（中华人民共和国国务院令　第682号）

（根据1998年11月29日中华人民共和国国务院令第253号发布　根据2017年7月16日《国务院关于修改〈建设项目环境保护管理条例〉的决定》修订　实施日期2017年10月1日）

第一章　总则

第一条　为了防止建设项目产生新的污染、破坏生态环境，制定本条例。

第二条　在中华人民共和国领域和中华人民共和国管辖的其他海域内建设对环境有影响的建设项目，适用本条例。

第三条　建设产生污染的建设项目，必须遵守污染物排放的国家标准和地方标准；在实施重点污染物排放总量控制的区域内，还必须符合重点污染物排放总量控制的要求。

第四条　工业建设项目应当采用能耗物耗小、污染物产生量少的清洁生产工艺，合理利用自然资源，防止环境污染和生态破坏。

第五条　改建、扩建项目和技术改造项目必须采取措施，治理与该项目有关的原有环境污染和生态破坏。

第二章　环境影响评价

第六条　国家实行建设项目环境影响评价制度。

第七条　国家根据建设项目对环境的影响程度，按照下列规定对建设项目的环境保护实行分类管理：

第八条　建设项目环境影响报告书，应当包括下列内容：

第九条　依法应当编制环境影响报告书、环境影响报告表的建设项目，建设单位应当在开工建设前将环境影响报告书、环境影响报告表报有审批权的环境保护行政主管部门审批；建设项目的环境影响评价文件未依法经审批部门审查或者审查后未予批准的，建设单位不得开工建设。

第十条　国务院环境保护行政主管部门负责审批下列建设项目环境影响报告书、环境影响报告表。

第十一条　建设项目有下列情形之一的，环境保护行政主管部门应当对环境影响报告书、环境影响报告表作出不予批准的决定。

第十二条 建设项目环境影响报告书、环境影响报告表经批准后，建设项目的性质、规模、地点、采用的生产工艺或者防治污染、防止生态破坏的措施发生重大变动的，建设单位应当重新报批建设项目环境影响报告书、环境影响报告表。

第十三条 建设单位可以采取公开招标的方式，选择从事环境影响评价工作的单位，对建设项目进行环境影响评价。

第十四条 建设单位编制环境影响报告书，应当依照有关法律规定，征求建设项目所在地有关单位和居民的意见。

第三章 环境保护设施建设

第十五条 建设项目需要配套建设的环境保护设施，必须与主体工程同时设计、同时施工、同时投产使用。

第十六条 建设项目的初步设计，应当按照环境保护设计规范的要求，编制环境保护篇章，落实防治环境污染和生态破坏的措施以及环境保护设施投资概算。

第十七条 编制环境影响报告书、环境影响报告表的建设项目竣工后，建设单位应当按照国务院环境保护行政主管部门规定的标准和程序，对配套建设的环境保护设施进行验收，编制验收报告。

第十八条 分期建设、分期投入生产或者使用的建设项目，其相应的环境保护设施应当分期验收。

第十九条 编制环境影响报告书、环境影响报告表的建设项目，其配套建设的环境保护设施经验收合格，方可投入生产或者使用；未经验收或者验收不合格的，不得投入生产或者使用。

第二十条 环境保护行政主管部门应当对建设项目环境保护设施设计、施工、验收、投入生产或者使用情况，以及有关环境影响评价文件确定的其他环境保护措施的落实情况，进行监督检查。

第四章 法律责任

第二十一条 建设单位有下列行为之一的，依照《中华人民共和国环境影响评价法》的规定处罚：

第二十二条 违反本条例规定，建设单位编制建设项目初步设计未落实防治环境污染和生态破坏的措施以及环境保护设施投资概算，未将环境保护设施建设纳入施工合同，或者未依法开展环境影响后评价的，由建设项目所在地县级以上环境保护行政主管部门责令限期改正，处5万元以上20万元以下的罚款；逾期不改正的，处20万元以上100万元以下的罚款。

第二十三条 违反本条例规定，需要配套建设的环境保护设施未建成、未经验收或者验收不合格，建设项目即投入生产或者使用，或者在环境保护设施验收中弄虚作假的，由县级以上环境保护行政主管部门责令限期改正，处20万元以上100万元以下的罚款；逾期不改正的，处 100 万元以上 200 万元以下的罚款；对直接负责的主管人员和其他责任人员，处 5 万元以上 20 万元以下的罚款；造成重大环境污染或者生态破坏的，责令停止生产或者使用，或者报经有批准权的人民政府批准，责令关闭。

第二十四条 违反本条例规定，技术机构向建设单位、从事环境影响评价工作的单位收取费用的，由县级以上环境保护行政主管部门责令退还所收费用，处所收费用 1 倍以上 3 倍以下的罚款。

第二十五条 从事建设项目环境影响评价工作的单位，在环境影响评价工作中弄虚作假的，由县级以上环境保护行政主管部门处所收费用 1 倍以上 3 倍以下的罚款。

第二十六条 环境保护行政主管部门的工作人员徇私舞弊、滥用职权、玩忽职守，构成犯罪的，依法追究刑事责任；尚不构成犯罪的，依法给予行政处分。

第五章 附则

第二十七条 流域开发、开发区建设、城市新区建设和旧区改建等区域性开发，编制建设规划时，应当进行环境影响评价。具体办法由国务院环境保护行政主管部门会同国务院有关部门另行规定。

第二十八条 海洋工程建设项目的环境保护管理，按照国务院关于海洋工程环境保护管理的规定执行。

第二十九条 军事设施建设项目的环境保护管理，按照中央军事委员会的有关规定执行。

第三十条 本条例自发布之日起施行。

规划环境影响评价条例

中华人民共和国国务院令　第559号

《规划环境影响评价条例》已经2009年8月12日国务院第76次常务会议通过，现予公布，自2009年10月1日起施行。

总理　温家宝

二〇〇九年八月十七日

第一章　总则

第一条　为了加强对规划的环境影响评价工作，提高规划的科学性，从源头预防环境污染和生态破坏，促进经济、社会和环境的全面协调可持续发展，根据《中华人民共和国环境影响评价法》，制定本条例。

第二条　国务院有关部门、设区的市级以上地方人民政府及其有关部门，对其组织编制的土地利用的有关规划和区域、流域、海域的建设、开发利用规划（以下称综合性规划），以及工业、农业、畜牧业、林业、能源、水利、交通、城市建设、旅游、自然资源开发的有关专项规划（以下称专项规划），应当进行环境影响评价。

依照本条第一款规定应当进行环境影响评价的规划的具体范围，由国务院环境保护主管部门会同国务院有关部门拟订，报国务院批准后执行。

第三条　对规划进行环境影响评价，应当遵循客观、公开、公正的原则。

第四条　国家建立规划环境影响评价信息共享制度。

县级以上人民政府及其有关部门应当对规划环境影响评价所需资料实行信息共享。

第五条　规划环境影响评价所需的费用应当按照预算管理的规定纳入财政预算，严格支出管理，接受审计监督。

第六条　任何单位和个人对违反本条例规定的行为或者对规划实施过程中产生的重大不良环境影响，有权向规划审批机关、规划编制机关或者环境保护主管部门举报。有关部门接到举报后，应当依法调查处理。

第二章　评价

第七条　规划编制机关应当在规划编制过程中对规划组织进行环境影响评价。

第八条　对规划进行环境影响评价，应当分析、预测和评估以下内容：

（一）规划实施可能对相关区域、流域、海域生态系统产生的整体影响；

（二）规划实施可能对环境和人群健康产生的长远影响；

（三）规划实施的经济效益、社会效益与环境效益之间以及当前利益与长远利益之间的关系。

第九条 对规划进行环境影响评价，应当遵守有关环境保护标准以及环境影响评价技术导则和技术规范。

规划环境影响评价技术导则由国务院环境保护主管部门会同国务院有关部门制定；规划环境影响评价技术规范由国务院有关部门根据规划环境影响评价技术导则制定，并抄送国务院环境保护主管部门备案。

第十条 编制综合性规划，应当根据规划实施后可能对环境造成的影响，编写环境影响篇章或者说明。

编制专项规划，应当在规划草案报送审批前编制环境影响报告书。编制专项规划中的指导性规划，应当依照本条第一款规定编写环境影响篇章或者说明。

本条第二款所称指导性规划是指以发展战略为主要内容的专项规划。

第十一条 环境影响篇章或者说明应当包括下列内容：

（一）规划实施对环境可能造成影响的分析、预测和评估。主要包括资源环境承载能力分析、不良环境影响的分析和预测以及与相关规划的环境协调性分析。

（二）预防或者减轻不良环境影响的对策和措施。主要包括预防或者减轻不良环境影响的政策、管理或者技术等措施。

环境影响报告书除包括上述内容外，还应当包括环境影响评价结论。主要包括规划草案的环境合理性和可行性，预防或者减轻不良环境影响的对策和措施的合理性和有效性，以及规划草案的调整建议。

第十二条 环境影响篇章或者说明、环境影响报告书（以下称环境影响评价文件），由规划编制机关编制或者组织规划环境影响评价技术机构编制。规划编制机关应当对环境影响评价文件的质量负责。

第十三条 规划编制机关对可能造成不良环境影响并直接涉及公众环境权益的专项规划，应当在规划草案报送审批前，采取调查问卷、座谈会、论证会、听证会等形式，公开征求有关单位、专家和公众对环境影响报告书的意见。但是，依法需要保密的除外。

有关单位、专家和公众的意见与环境影响评价结论有重大分歧的，规划编制机关应当采取论证会、听证会等形式进一步论证。

规划编制机关应当在报送审查的环境影响报告书中附具对公众意见采纳与不采纳情况及其理由的说明。

第十四条 对已经批准的规划在实施范围、适用期限、规模、结构和布局等方面进行重大调整或者修订的，规划编制机关应当依照本条例的规定重新或者补充进行环境影响评价。

第三章　审查

第十五条 规划编制机关在报送审批综合性规划草案和专项规划中的指导性规划草案时，应当将环境影响篇章或者说明作为规划草案的组成部分一并报送规划审批机关。未编写环境影响篇章或者说明的，规划审批机关应当要求其补充；未补充的，规划审批机关不予审批。

第十六条 规划编制机关在报送审批专项规划草案时，应当将环境影响报告书一并附送规划审批机关审查；未附送环境影响报告书的，规划审批机关应当要求其补充；未补充的，规划审批机关不予审批。

第十七条 设区的市级以上人民政府审批的专项规划，在审批前由其环境保护主管部门召集有关部门代表和专家组成审查小组，对环境影响报告书进行审查。审查小组应当提交书面审查意见。

省级以上人民政府有关部门审批的专项规划，其环境影响报告书的审查办法，由国务院环境保护主管部门会同国务院有关部门制定。

第十八条 审查小组的专家应当从依法设立的专家库内相关专业的专家名单中随机抽取。但是，参与环境影响报告书编制的专家，不得作为该环境影响报告书审查小组的成员。

审查小组中专家人数不得少于审查小组总人数的二分之一；少于二分之一的，审查小组的审查意见无效。

第十九条 审查小组的成员应当客观、公正、独立地对环境影响报告书提出书面审查意见，规划审批机关、规划编制机关、审查小组的召集部门不得干预。

审查意见应当包括下列内容：

（一）基础资料、数据的真实性；

（二）评价方法的适当性；

（三）环境影响分析、预测和评估的可靠性；

（四）预防或者减轻不良环境影响的对策和措施的合理性和有效性；

（五）公众意见采纳与不采纳情况及其理由的说明的合理性；

（六）环境影响评价结论的科学性。

审查意见应当经审查小组四分之三以上成员签字同意。审查小组成员有不同意见的，应当如实记录和反映。

第二十条 有下列情形之一的，审查小组应当提出对环境影响报告书进行修改并重新审查的意见：

（一）基础资料、数据失实的；

（二）评价方法选择不当的；

（三）对不良环境影响的分析、预测和评估不准确、不深入，需要进一步论证的；

（四）预防或者减轻不良环境影响的对策和措施存在严重缺陷的；

（五）环境影响评价结论不明确、不合理或者错误的；

（六）未附具对公众意见采纳与不采纳情况及其理由的说明，或者不采纳公众意见的理由明显不合理的；

（七）内容存在其他重大缺陷或者遗漏的。

第二十一条 有下列情形之一的，审查小组应当提出不予通过环境影响报告书的意见：

（一）依据现有知识水平和技术条件，对规划实施可能产生的不良环境影响的程度或者范围不能作出科学判断的；

（二）规划实施可能造成重大不良环境影响，并且无法提出切实可行的预防或者减轻对策和措施的。

第二十二条 规划审批机关在审批专项规划草案时，应当将环境影响报告书结论以及审查意见作为决策的重要依据。

规划审批机关对环境影响报告书结论以及审查意见不予采纳的，应当逐项就不予采纳的理由作出书面说明，并存档备查。有关单位、专家和公众可以申请查阅；但是，依法需要保密的除外。

第二十三条 已经进行环境影响评价的规划包含具体建设项目的，规划的环境影响评价结论应当作为建设项目环境影响评价的重要依据，建设项目环境影响评价的内容可以根据规划环境影响评价的分析论证情况予以简化。

第四章　跟踪评价

第二十四条 对环境有重大影响的规划实施后，规划编制机关应当及时组织规划环境影响的跟踪评价，将评价结果报告规划审批机关，并通报环境保护等有关部门。

第二十五条 规划环境影响的跟踪评价应当包括下列内容：

（一）规划实施后实际产生的环境影响与环境影响评价文件预测可能产生的环境影响之间的比较分析和评估；

（二）规划实施中所采取的预防或者减轻不良环境影响的对策和措施有效性的分析和评估；

（三）公众对规划实施所产生的环境影响的意见；

（四）跟踪评价的结论。

第二十六条 规划编制机关对规划环境影响进行跟踪评价，应当采取调查问卷、现场走访、座谈会等形式征求有关单位、专家和公众的意见。

第二十七条 规划实施过程中产生重大不良环境影响的，规划编制机关应当及时提出改进措施，向规划审批机关报告，并通报环境保护等有关部门。

第二十八条 环境保护主管部门发现规划实施过程中产生重大不良环境影响的，应当及时进行核查。经核查属实的，向规划审批机关提出采取改进措施或者修订规划的建议。

第二十九条 规划审批机关在接到规划编制机关的报告或者环境保护主管部门的建议后，应当及时组织论证，并根据论证结果采取改进措施或者对规划进行修订。

第三十条 规划实施区域的重点污染物排放总量超过国家或者地方规定的总量控制指标的，应当暂停审批该规划实施区域内新增该重点污染物排放总量的建设项目的环境影响评价文件。

第五章　法律责任

第三十一条　规划编制机关在组织环境影响评价时弄虚作假或者有失职行为，造成环境影响评价严重失实的，对直接负责的主管人员和其他直接责任人员，依法给予处分。

第三十二条　规划审批机关有下列行为之一的，对直接负责的主管人员和其他直接责任人员，依法给予处分：

（一）对依法应当编写而未编写环境影响篇章或者说明的综合性规划草案和专项规划中的指导性规划草案，予以批准的；

（二）对依法应当附送而未附送环境影响报告书的专项规划草案，或者对环境影响报告书未经审查小组审查的专项规划草案，予以批准的。

第三十三条　审查小组的召集部门在组织环境影响报告书审查时弄虚作假或者滥用职权，造成环境影响评价严重失实的，对直接负责的主管人员和其他直接责任人员，依法给予处分。

审查小组的专家在环境影响报告书审查中弄虚作假或者有失职行为，造成环境影响评价严重失实的，由设立专家库的环境保护主管部门取消其入选专家库的资格并予以公告；审查小组的部门代表有上述行为的，依法给予处分。

第三十四条　规划环境影响评价技术机构弄虚作假或者有失职行为，造成环境影响评价文件严重失实的，由国务院环境保护主管部门予以通报，处所收费用1倍以上3倍以下的罚款；构成犯罪的，依法追究刑事责任。

第六章　附则

第三十五条　省、自治区、直辖市人民政府可以根据本地的实际情况，要求本行政区域内的县级人民政府对其组织编制的规划进行环境影响评价。具体办法由省、自治区、直辖市参照《中华人民共和国环境影响评价法》和本条例的规定制定。

第三十六条　本条例自2009年10月1日起施行。

中华人民共和国环境保护税法实施条例

（中华人民共和国国务院令　第 693 号）

现公布《中华人民共和国环境保护税法实施条例》，自 2018 年 1 月 1 日起施行。

总理　李克强

2017 年 12 月 25 日

中华人民共和国环境保护税法实施条例

第一章　总则

第一条　根据《中华人民共和国环境保护税法》（以下简称环境保护税法），制定本条例。

第二条　环境保护税法所附《环境保护税税目税额表》所称其他固体废物的具体范围，依照环境保护税法第六条第二款规定的程序确定。

第三条　环境保护税法第五条第一款、第十二条第一款第三项规定的城乡污水集中处理场所，是指为社会公众提供生活污水处理服务的场所，不包括为工业园区、开发区等工业聚集区域内的企业事业单位和其他生产经营者提供污水处理服务的场所，以及企业事业单位和其他生产经营者自建自用的污水处理场所。

第四条　达到省级人民政府确定的规模标准并且有污染物排放口的畜禽养殖场，应当依法缴纳环境保护税；依法对畜禽养殖废弃物进行综合利用和无害化处理的，不属于直接向环境排放污染物，不缴纳环境保护税。

第二章　计税依据

第五条　应税固体废物的计税依据，按照固体废物的排放量确定。固体废物的排放量为当期应税固体废物的产生量减去当期应税固体废物的贮存量、处置量、综合利用量的余额。

前款规定的固体废物的贮存量、处置量，是指在符合国家和地方环境保护标准的设施、场所贮存或者处置的固体废物数量；固体废物的综合利用量，是指按照国务院发展改革、工业和信息化主管部门关于资源综合利用要求以及国家和地方环境保护标准进行综合利用的固体废物数量。

第六条　纳税人有下列情形之一的，以其当期应税固体废物的产生量作为固体废物的排放量：

（一）非法倾倒应税固体废物；

（二）进行虚假纳税申报。

第七条 应税大气污染物、水污染物的计税依据，按照污染物排放量折合的污染当量数确定。

纳税人有下列情形之一的，以其当期应税大气污染物、水污染物的产生量作为污染物的排放量：

（一）未依法安装使用污染物自动监测设备或者未将污染物自动监测设备与环境保护主管部门的监控设备联网；

（二）损毁或者擅自移动、改变污染物自动监测设备；

（三）篡改、伪造污染物监测数据；

（四）通过暗管、渗井、渗坑、灌注或者稀释排放以及不正常运行防治污染设施等方式违法排放应税污染物；

（五）进行虚假纳税申报。

第八条 从两个以上排放口排放应税污染物的，对每一排放口排放的应税污染物分别计算征收环境保护税；纳税人持有排污许可证的，其污染物排放口按照排污许可证载明的污染物排放口确定。

第九条 属于环境保护税法第十条第二项规定情形的纳税人，自行对污染物进行监测所获取的监测数据，符合国家有关规定和监测规范的，视同环境保护税法第十条第二项规定的监测机构出具的监测数据。

第三章 税收减免

第十条 环境保护税法第十三条所称应税大气污染物或者水污染物的浓度值，是指纳税人安装使用的污染物自动监测设备当月自动监测的应税大气污染物浓度值的小时平均值再平均所得数值或者应税水污染物浓度值的日平均值再平均所得数值，或者监测机构当月监测的应税大气污染物、水污染物浓度值的平均值。

依照环境保护税法第十三条的规定减征环境保护税的，前款规定的应税大气污染物浓度值的小时平均值或者应税水污染物浓度值的日平均值，以及监测机构当月每次监测的应税大气污染物、水污染物的浓度值，均不得超过国家和地方规定的污染物排放标准。

第十一条 依照环境保护税法第十三条的规定减征环境保护税的，应当对每一排放口排放的不同应税污染物分别计算。

第四章 征收管理

第十二条 税务机关依法履行环境保护税纳税申报受理、涉税信息比对、组织税款入库等职责。

环境保护主管部门依法负责应税污染物监测管理，制定和完善污染物监测规范。

第十三条 县级以上地方人民政府应当加强对环境保护税征收管理工作的领导，及时协调、解决环境保护税征收管理工作中的重大问题。

第十四条 国务院税务、环境保护主管部门制定涉税信息共享平台技术标准以及数据采集、存储、传输、查询和使用规范。

第十五条 环境保护主管部门应当通过涉税信息共享平台向税务机关交送在环境保护监督管理中获取的下列信息：

（一）排污单位的名称、统一社会信用代码以及污染物排放口、排放污染物种类等基本信息；

（二）排污单位的污染物排放数据（包括污染物排放量以及大气污染物、水污染物的浓度值等数据）；

（三）排污单位环境违法和受行政处罚情况；

（四）对税务机关提请复核的纳税人的纳税申报数据资料异常或者纳税人未按照规定期限办理纳税申报的复核意见；

（五）与税务机关商定交送的其他信息。

第十六条 税务机关应当通过涉税信息共享平台向环境保护主管部门交送下列环境保护税涉税信息：

（一）纳税人基本信息；

（二）纳税申报信息；

（三）税款入库、减免税额、欠缴税款以及风险疑点等信息；

（四）纳税人涉税违法和受行政处罚情况；

（五）纳税人的纳税申报数据资料异常或者纳税人未按照规定期限办理纳税申报的信息；

（六）与环境保护主管部门商定交送的其他信息。

第十七条 环境保护税法第十七条所称应税污染物排放地是指：

（一）应税大气污染物、水污染物排放口所在地；

（二）应税固体废物产生地；

（三）应税噪声产生地。

第十八条 纳税人跨区域排放应税污染物，税务机关对税收征收管辖有争议的，由争议各方按照有利于征收管理的原则协商解决；不能协商一致的，报请共同的上级税务机关决定。

第十九条 税务机关应当依据环境保护主管部门交送的排污单位信息进行纳税人识别。

在环境保护主管部门交送的排污单位信息中没有对应信息的纳税人，由税务机关在纳税人首次办理环境保护税纳税申报时进行纳税人识别，并将相关信息交送环境保护主管部门。

第二十条 环境保护主管部门发现纳税人申报的应税污染物排放信息或者适用的排污系数、物料衡算方法有误的，应当通知税务机关处理。

第二十一条 纳税人申报的污染物排放数据与环境保护主管部门交送的相关数据不一致的，按照环境保护主管部门交送的数据确定应税污染物的计税依据。

第二十二条 环境保护税法第二十条第二款所称纳税人的纳税申报数据资料异常，包括但不限于下列情形：

（一）纳税人当期申报的应税污染物排放量与上一年同期相比明显偏低，且无正当理由；

（二）纳税人单位产品污染物排放量与同类型纳税人相比明显偏低，且无正当理由。

第二十三条 税务机关、环境保护主管部门应当无偿为纳税人提供与缴纳环境保护税有关的辅导、培训和咨询服务。

第二十四条 税务机关依法实施环境保护税的税务检查，环境保护主管部门予以配合。

第二十五条 纳税人应当按照税收征收管理的有关规定，妥善保管应税污染物监测和管理的有关资料。

第五章 附则

第二十六条 本条例自2018年1月1日起施行。2003年1月2日国务院公布的《排污费征收使用管理条例》同时废止。

工矿用地土壤环境管理办法（试行）

《工矿用地土壤环境管理办法（试行）》已于2018年4月12日由生态环境部部务会议审议通过，现予公布，自2018年8月1日起施行。

生态环境部部长　李干杰

2018年5月3日

工矿用地土壤环境管理办法（试行）

第一章　总则

第一条　为了加强工矿用地土壤和地下水环境保护监督管理，防治工矿用地土壤和地下水污染，根据《中华人民共和国环境保护法》《中华人民共和国水污染防治法》等法律法规和国务院印发的《土壤污染防治行动计划》，制定本办法。

第二条　本办法适用于从事工业、矿业生产经营活动的土壤环境污染重点监管单位用地土壤和地下水的环境现状调查、环境影响评价、污染防治设施的建设和运行管理、污染隐患排查、环境监测和风险评估、污染应急、风险管控和治理与修复等活动，以及相关环境保护监督管理。

矿产开采作业区域用地，固体废物集中贮存、填埋场所用地，不适用本办法。

第三条　土壤环境污染重点监管单位（以下简称重点单位）包括：

（一）有色金属冶炼、石油加工、化工、焦化、电镀、制革等行业中应当纳入排污许可重点管理的企业；

（二）有色金属矿采选、石油开采行业规模以上企业；

（三）其他根据有关规定纳入土壤环境污染重点监管单位名录的企事业单位。

重点单位以外的企事业单位和其他生产经营者生产经营活动涉及有毒有害物质的，其用地土壤和地下水环境保护相关活动及相关环境保护监督管理，可以参照本办法执行。

第四条　生态环境部对全国工矿用地土壤和地下水环境保护工作实施统一监督管理。

县级以上地方生态环境主管部门负责本行政区域内的工矿用地土壤和地下水环境保护相关活动的监督管理。

第五条　设区的市级以上地方生态环境主管部门应当制定公布本行政区域的土壤环境污染重点监管单位名单，并动态更新。

第六条　工矿企业是工矿用地土壤和地下水环境保护的责任主体，应当按照本办法的规定开展相关活动。

造成工矿用地土壤和地下水污染的企业应当承担治理与修复的主体责任。

第二章　污染防控

第七条　重点单位新、改、扩建项目，应当在开展建设项目环境影响评价时，按照国家有关技术规范开展工矿用地土壤和地下水环境现状调查，编制调查报告，并按规定上报环境影响评价基础数据库。

重点单位应当将前款规定的调查报告主要内容通过其网站等便于公众知晓的方式向社会公开。

第八条　重点单位新、改、扩建项目用地应当符合国家或者地方有关建设用地土壤污染风险管控标准。

重点单位通过新、改、扩建项目的土壤和地下水环境现状调查，发现项目用地污染物含量超过国家或者地方有关建设用地土壤污染风险管控标准的，土地使用权人或者污染责任人应当参照污染地块土壤环境管理有关规定开展详细调查、风险评估、风险管控、治理与修复等活动。

第九条　重点单位建设涉及有毒有害物质的生产装置、储罐和管道，或者建设污水处理池、应急池等存在土壤污染风险的设施，应当按照国家有关标准和规范的要求，设计、建设和安装有关防腐蚀、防泄漏设施和泄漏监测装置，防止有毒有害物质污染土壤和地下水。

第十条　重点单位现有地下储罐储存有毒有害物质的，应当在本办法公布后1年之内，将地下储罐的信息报所在地设区的市级生态环境主管部门备案。

重点单位新、改、扩建项目地下储罐储存有毒有害物质的，应当在项目投入生产或者使用之前，将地下储罐的信息报所在地设区的市级生态环境主管部门备案。

地下储罐的信息包括地下储罐的使用年限、类型、规格、位置和使用情况等。

第十一条　重点单位应当建立土壤和地下水污染隐患排查治理制度，定期对重点区域、重点设施开展隐患排查。发现污染隐患的，应当制定整改方案，及时采取技术、管理措施消除隐患。隐患排查、治理情况应当如实记录并建立档案。

重点区域包括涉及有毒有害物质的生产区，原材料及固体废物的堆存区、储放区和转运区等；重点设施包括涉及有毒有害物质的地下储罐、地下管线，以及污染治理设施等。

第十二条　重点单位应当按照相关技术规范要求，自行或者委托第三方定期开展土壤和地下水监测，重点监测存在污染隐患的区域和设施周边的土壤、地下水，并按照规定公开相关信息。

第十三条　重点单位在隐患排查、监测等活动中发现工矿用地土壤和地下水存在污染迹象的，应当排查污染源，查明污染原因，采取措施防止新增污染，并参照污染地块土壤环境管理有关规定及时开展土壤和地下水环境调查与风险评估，根据调查与风险评估结果采取风险管控或者治理与修复等措施。

第十四条　重点单位拆除涉及有毒有害物质的生产设施设备、构筑物和污染治理设施的，应当按照有关规定，事先制定企业拆除活动污染防治方案，并在拆除活动前15个工作日报所在地县级生态环境、工业和信息化主管部门备案。

企业拆除活动污染防治方案应当包括被拆除生产设施设备、构筑物和污染治理设施的基本情况、拆除活动全过程土壤污染防治的技术要求、针对周边环境的污染防治要求等内容。

重点单位拆除活动应当严格按照有关规定实施残留物料和污染物、污染设备和设施的安全处理处置，并做好拆除活动相关记录，防范拆除活动污染土壤和地下水。拆除活动相关记录应当长期保存。

第十五条 重点单位突发环境事件应急预案应当包括防止土壤和地下水污染相关内容。

重点单位突发环境事件造成或者可能造成土壤和地下水污染的，应当采取应急措施避免或者减少土壤和地下水污染；应急处置结束后，应当立即组织开展环境影响和损害评估工作，评估认为需要开展治理与修复的，应当制定并落实污染土壤和地下水治理与修复方案。

第十六条 重点单位终止生产经营活动前，应当参照污染地块土壤环境管理有关规定，开展土壤和地下水环境初步调查，编制调查报告，及时上传全国污染地块土壤环境管理信息系统。

重点单位应当将前款规定的调查报告主要内容通过其网站等便于公众知晓的方式向社会公开。

土壤和地下水环境初步调查发现该重点单位用地污染物含量超过国家或者地方有关建设用地土壤污染风险管控标准的，应当参照污染地块土壤环境管理有关规定开展详细调查、风险评估、风险管控、治理与修复等活动。

第三章　监督管理

第十七条 县级以上生态环境主管部门有权对本行政区域内的重点单位进行现场检查。被检查单位应当予以配合，如实反映情况，提供必要的资料。实施现场检查的部门、机构及其工作人员应当为被检查单位保守商业秘密。

第十八条 县级以上生态环境主管部门对重点单位进行监督检查时，有权采取下列措施：

（一）进入被检查单位进行现场核查或者监测；

（二）查阅、复制相关文件、记录以及其他有关资料；

（三）要求被检查单位提交有关情况说明。

第十九条 重点单位未按本办法开展工矿用地土壤和地下水环境保护相关活动或者弄虚作假的，由县级以上生态环境主管部门将该企业失信情况记入其环境信用记录，并通过全国信用信息共享平台、国家企业信用信息公示系统向社会公开。

第四章　附则

第二十条 本办法所称的下列用语的含义：

（一）矿产开采作业区域用地，指露天采矿区用地、排土场等与矿业开采作业直接相关的用地。

（二）有毒有害物质，是指下列物质：

1. 列入《中华人民共和国水污染防治法》规定的有毒有害水污染物名录的污染物；

2. 列入《中华人民共和国大气污染防治法》规定的有毒有害大气污染物名录的污染物；

3.《中华人民共和国固体废物污染环境防治法》规定的危险废物；

4. 国家和地方建设用地土壤污染风险管控标准管控的污染物；

5. 列入优先控制化学品名录内的物质；

6. 其他根据国家法律法规有关规定应当纳入有毒有害物质管理的物质。

（三）土壤和地下水环境现状调查，指对重点单位新、改、扩建项目用地的土壤和地下水环境质量进行的调查评估，其主要调查内容包括土壤和地下水中主要污染物的含量等。

（四）土壤和地下水污染隐患，指相关设施设备因设计、建设、运行管理等不完善，而导致相关有毒有害物质泄漏、渗漏、溢出等污染土壤和地下水的隐患。

（五）土壤和地下水污染迹象，指通过现场检查和隐患排查发现有毒有害物质泄漏或者疑似泄漏，或者通过土壤和地下水环境监测发现土壤或者地下水中污染物含量升高的现象。

第二十一条 本办法自 2018 年 8 月 1 日起施行。

建设项目环境影响登记表备案管理办法

《建设项目环境影响登记表备案管理办法》已于2016年11月2日由环境保护部部务会议审议通过，现予公布，自2017年1月1日起施行。

附件：建设项目环境影响登记表备案管理办法

环境保护部部长　陈吉宁

2016年11月16日

建设项目环境影响登记表备案管理办法

第一条　为规范建设项目环境影响登记表备案，依据《环境影响评价法》和《建设项目环境保护管理条例》，制定本办法。

第二条　本办法适用于按照《建设项目环境影响评价分类管理名录》规定应当填报环境影响登记表的建设项目。

第三条　填报环境影响登记表的建设项目，建设单位应当依照本办法规定，办理环境影响登记表备案手续。

第四条　填报环境影响登记表的建设项目应当符合法律法规、政策、标准等要求。

建设单位对其填报的建设项目环境影响登记表内容的真实性、准确性和完整性负责。

第五条　县级环境保护主管部门负责本行政区域内的建设项目环境影响登记表备案管理。

按照国家有关规定，县级环境保护主管部门被调整为市级环境保护主管部门派出分局的，由市级环境保护主管部门组织所属派出分局开展备案管理。

第六条　建设项目的建设地点涉及多个县级行政区域的，建设单位应当分别向各建设地点所在地的县级环境保护主管部门备案。

第七条　建设项目环境影响登记表备案采用网上备案方式。

对国家规定需要保密的建设项目，建设项目环境影响登记表备案采用纸质备案方式。

第八条　环境保护部统一布设建设项目环境影响登记表网上备案系统（以下简称网上备案系统）。

省级环境保护主管部门在本行政区域内组织应用网上备案系统，通过提供地址链接方式，向县级环境保护主管部门分配网上备案系统使用权限。

县级环境保护主管部门应当向社会公告网上备案系统地址链接信息。

各级环境保护主管部门应当将环境保护法律、法规、规章以及规范性文件中与建设项目环境影响登记表备案相关的管理要求，及时在其网站的网上备案系统中公开，为建设单位办理备案手续提供便利。

第九条 建设单位应当在建设项目建成并投入生产运营前，登录网上备案系统，在网上备案系统注册真实信息，在线填报并提交建设项目环境影响登记表。

第十条 建设单位在办理建设项目环境影响登记表备案手续时，应当认真查阅、核对《建设项目环境影响评价分类管理名录》，确认其备案的建设项目属于按照《建设项目环境影响评价分类管理名录》规定应当填报环境影响登记表的建设项目。

对按照《建设项目环境影响评价分类管理名录》规定应当编制环境影响报告书或者报告表的建设项目，建设单位不得擅自降低环境影响评价等级，填报环境影响登记表并办理备案手续。

第十一条 建设单位填报建设项目环境影响登记表时，应当同时就其填报的环境影响登记表内容的真实、准确、完整作出承诺，并在登记表中的相应栏目由该建设单位的法定代表人或者主要负责人签署姓名。

第十二条 建设单位在线提交环境影响登记表后，网上备案系统自动生成备案编号和回执，该建设项目环境影响登记表备案即为完成。

建设单位可以自行打印留存其填报的建设项目环境影响登记表及建设项目环境影响登记表备案回执。

建设项目环境影响登记表备案回执是环境保护主管部门确认收到建设单位环境影响登记表的证明。

第十三条 建设项目环境影响登记表备案完成后，建设单位或者其法定代表人或者主要负责人在建设项目建成并投入生产运营前发生变更的，建设单位应当依照本办法规定再次办理备案手续。

第十四条 建设项目环境影响登记表备案完成后，建设单位应当严格执行相应污染物排放标准及相关环境管理规定，落实建设项目环境影响登记表中填报的环境保护措施，有效防治环境污染和生态破坏。

第十五条 建设项目环境影响登记表备案完成后，县级环境保护主管部门通过其网站的网上备案系统同步向社会公开备案信息，接受公众监督。对国家规定需要保密的建设项目，县级环境保护主管部门严格执行国家有关保密规定，备案信息不公开。

县级环境保护主管部门应当根据国务院关于加强环境监管执法的有关规定，将其完成备案的建设项目纳入有关环境监管网格管理范围。

第十六条 公民、法人和其他组织发现建设单位有以下行为的，有权向环境保护主管部门或者其他负有环境保护监督管理职责的部门举报：

（一）环境影响登记表存在弄虚作假的；

（二）有污染环境和破坏生态行为的；

（三）对按照《建设项目环境影响评价分类管理名录》规定应当编制环境影响报告书或者报告表的建设项目，建设单位擅自降低环境影响评价等级，填报环境影响登记表并办理备案手续的。

举报应当采取书面形式，有明确的被举报人，并提供相关事实和证据。

第十七条 环境保护主管部门或者其他负有环境保护监督管理职责的部门可以采取抽查、根据举报进行检查等方式，对建设单位遵守本办法规定的情况开展监督检查，并根据监督检查认定的事实，按照以下情形处理：

（一）构成行政违法的，依照有关环境保护法律法规和规定，予以行政处罚；

（二）构成环境侵权的，依法承担环境侵权责任；

（三）涉嫌构成犯罪的，依法移送司法机关。

第十八条 建设单位未依法备案建设项目环境影响登记表的，由县级环境保护主管部门根据《环境影响评价法》第三十一条第三款的规定，责令备案，处5万元以下的罚款。

第十九条 违反本办法规定，建设单位违反承诺，在填报建设项目环境影响登记表时弄虚作假，致使备案内容失实的，由县级环境保护主管部门将该建设单位违反承诺情况记入其环境信用记录，向社会公布。

第二十条 违反本办法规定，对按照《建设项目环境影响评价分类管理名录》应当编制环境影响报告书或者报告表的建设项目，建设单位擅自降低环境影响评价等级，填报环境影响登记表并办理备案手续，经查证属实的，县级环境保护主管部门认定建设单位已经取得的备案无效，向社会公布，并按照以下规定处理：

（一）未依法报批环境影响报告书或者报告表，擅自开工建设的，依照《环境保护法》第六十一条和《环境影响评价法》第三十一条第一款的规定予以处罚、处分。

（二）未依法报批环境影响报告书或者报告表，擅自投入生产或者经营的，分别依照《环境影响评价法》第三十一条第一款和《建设项目环境保护管理条例》的有关规定作出相应处罚。

第二十一条 对依照本办法第十八条、第二十条规定处理的建设单位，由县级环境保护主管部门将该建设单位违法失信信息记入其环境信用记录，向社会公布。

第二十二条 本办法自2017年1月1日起施行。

煤矸石综合利用管理办法

（中华人民共和国国家发展和改革委员会、中华人民共和国科学技术部、中华人民共和国工业和信息化部、中华人民共和国财政部、中华人民共和国国土资源部、中华人民共和国环境保护部、中华人民共和国住房和城乡建设部、中华人民共和国国家税务总局、中华人民共和国国家质量监督检验检疫总局、中华人民共和国国家安全生产监督管理总局令　第18号）

（2014年12月22日发布　自2015年3月1日起施行）

第一章　总则

第一条　为深入推进煤矸石综合利用健康有序发展，发展循环经济，减少其对土地资源占用和环境影响，提高资源利用效率，促进煤矿安全生产，根据《清洁生产促进法》《固体废物污染环境防治法》《循环经济促进法》《煤炭法》等法律，制定本办法。

第二条　中华人民共和国境内对煤矸石综合利用的管理活动，适用本办法。

本办法所称煤矸石，是指煤矿在开拓掘进、采煤和煤炭洗选等生产过程中排出的含碳岩石，是煤矿生产过程中的废弃物。

本办法所称煤矸石综合利用，是指利用煤矸石进行井下充填、发电、生产建筑材料、回收矿产品、制取化工产品、筑路、土地复垦等。

第三条　煤矸石综合利用应当坚持减少排放和扩大利用相结合，实行就近利用、分类利用、大宗利用、高附加值利用，提升技术水平，实现经济效益、社会效益和环境效益有机统一，加强全过程管理，提高煤矸石利用量和利用率。

第二章　综合管理

第四条　国家发展改革委会同科技部、工业和信息化部、财政部、国土资源部、环境保护部、住房城乡建设部、税务总局、质检总局、安全监管总局、能源局、煤矿安监局等负责起草、拟订、发布煤矸石综合利用相关规划、产业和扶持政策、技术规范等，并在各自职责范围内开展煤矸石综合利用管理工作。

第五条　省、自治区、直辖市人民政府资源综合利用主管部门负责本办法的贯彻实施，以及本行政区域内煤矸石综合利用活动的监督、管理和协调工作。省、自治区、直辖市人民政府其他相关部门在各自职责范围内支持配合煤矸石综合利用工作。

第六条 设区的市级环境保护部门、资源综合利用主管部门会同煤炭行业管理部门负责统计和发布本地区煤矸石产生、贮存、流向、利用、处置等数据信息。

省、自治区、直辖市环境保护部门和资源综合利用主管部门应于每年 3 月底前，将本地区上年度统计数据报环境保护部、国家发展改革委。

第七条 有关行业协会、社会中介组织要积极发挥在技术指导、市场推广和信息咨询服务等方面的作用，加强行业自律。

第八条 主要产煤省份（内蒙古、山西、陕西、河南、山东、新疆、贵州、安徽、云南等）资源综合利用主管部门，要会同有关部门根据煤炭工业发展规划、矿区总体规划和矿产资源规划等组织编制本行政区域煤矸石综合利用发展规划（或实施方案），并将控制煤矸石利用碳排放纳入当地控制温室气体排放总体工作方案（或低碳发展规划）。

第九条 煤炭开发项目（包括选煤厂项目）的项目核准申请报告中资源开发及综合利用分析篇章中须包括煤矸石综合利用和治理方案，明确煤矸石综合利用途径和处置方式。对未提供煤矸石综合利用方案的煤炭开发项目，有关主管部门不得予以核准。

煤矸石综合利用方案中涉及煤矸石产生单位自行建设的工程，要与煤矿（选煤厂）工程同时设计、同时施工、同时投产使用；涉及为其他单位提供煤矸石的工程，煤矸石利用单位应当具备符合国家产业政策和环境保护要求的生产与处置能力。

第十条 新建（改扩建）煤矿及选煤厂应节约土地、防止环境污染，禁止建设永久性煤矸石堆放场（库）。确需建设临时性堆放场（库）的，其占地规模应当与煤炭生产和洗选加工能力相匹配，原则上占地规模按不超过 3 年储矸量设计，且必须有后续综合利用方案。煤矸石临时性堆放场（库）选址、设计、建设及运行管理应当符合《一般工业固体废物贮存、处置场污染控制标准》《煤炭工程项目建设用地指标》等相关要求。

第十一条 煤炭生产企业要因地制宜，采用合理的开采方式，煤炭和耕地复合度高的地区应当采用煤矸石井下充填开采技术，其他具备条件的地区也要优先和积极推广应用此项技术，有效控制地面沉陷、损毁耕地，减少煤矸石排放量。煤炭行业主管部门会同国土资源主管部门制定煤矸石井下充填开采技术标准体系，编制煤矸石井下充填开采方案。

第十二条 利用煤矸石进行土地复垦时，应严格按照《土地复垦条例》和国土、环境保护等相关部门出台的有关规定执行，遵守相关技术规范、质量控制标准和环保要求。

第十三条 煤矸石发电项目应当按照国家有关部门低热值煤发电项目规定进行规划建设，煤矸石使用量不低于入炉燃料的 60%（重量比），且收到基低位发热量不低于 5020 千焦（1200 千卡）/ 千克，应根据煤矸石资源量合理配备循环流化床锅炉及发电机组，并在煤矸石的使用环节配备准确可靠的计量器具。鼓励能量梯级利用，满足周边用户热（冷）负荷需要。对申报资源综合利用认定的发电项目（机组），其入炉混合燃料收到基低位发热量应不高于 12550 千焦（3000 千卡）/ 千克。

第十四条 煤矸石综合利用要符合国家环境保护相关规定，达标排放。煤矸石发电企业应严格执行《火电厂大气污染物排放标准》等相关标准规定的限值要求和总量控制要求，应建立环保设施管理制度，并实行专人负责；发电机组烟气系统必须安装烟气自动在线监控装置，并符合《固定污染源烟气排放连续监测技术规范》要求，同时保留好完整的脱硫脱硝除尘系统数据，且保存 1 年以上；煤矸石发电产生的粉煤灰、脱硫石膏、废烟气脱硝催化剂等固体废弃物应按照有关规定进行综合利用和妥善处置。

第十五条 煤矸石产生单位应对既有的煤矸石堆场（库）的安全和环保负责，应制定治理方案，明确整改期限，采取有效综合利用措施消纳煤矸石、消除矸石山；对确难以综合利用的，须采取安全环保措施，并进行无害化处置，按照矿山生态环境保护与恢复治理技术规范等要求进行煤矸石堆场的生态保护与修复，防治煤矸石自燃对大气及周边环境的污染，鼓励对煤矸石山进行植被绿化。

第十六条 下列产品和工程项目，应当符合国家或行业有关质量、环境、节能和安全标准：

（一）利用煤矸石生产的建筑材料或其他与煤矸石综合利用相关的产品；

（二）煤矸石井下充填置换工程；

（三）利用煤矸石或制品的建筑、道路等工程；

（四）其他与煤矸石综合利用相关的工程项目。

第三章 鼓励措施

第十七条 国家鼓励煤矸石大宗利用和高附加值利用：

（一）煤矸石井下充填；

（二）煤矸石循环流化床发电和热电联产；

（三）煤矸石生产建筑材料；

（四）从煤矸石中回收矿产品；

（五）煤矸石土地复垦及矸石山生态环境恢复；

（六）其他大宗、高附加值利用方式。

第十八条 通过国家科技计划（基金、专项）等对煤矸石高附加值利用关键共性技术的自主创新研究和产业化推广给予一定支持。

第十九条 煤矸石利用单位可按照《国家鼓励的资源综合利用认定管理办法》有关要求和程序申报资源综合利用认定。符合条件的，可根据国家有关规定申请享受并网运行、财税等资源综合利用鼓励扶持政策。对符合燃煤发电机组环保电价及环保设施运行管理的煤矸石综合利用发电（含热电联产）企业，可享受环保电价政策。

第二十条 对符合国家或行业质量标准的煤矸石及其制品，设计、施工单位应在设计、建筑施工中优先选用。

第二十一条 各级资源综合利用主管部门应会同相关部门，根据本地区实际情况制定相应的引导、扶持、监管措施。

第四章 监督检查

第二十二条 煤炭开发项目（包括选煤厂项目）正式运行后，煤矸石综合利用未按照项目核准申请报告中的综合利用方案实施的，项目核准部门应监督其限期整改，整改合格后方可进行综合验收。

第二十三条 违反本办法第十条规定，新建（改扩建）煤矿或煤炭洗选企业建设永久性煤矸石堆场的或不符合《煤炭工程项目建设用地指标》要求的，由国土资源等部门监督其限期整改。

违反本办法第十条、第十二条、第十四条、第十六条有关规定对环境造成污染的，由环境保护部门依法处罚；煤矸石发电企业超标排放的，由所在地价格主管部门依据环境保护部门提供的环保设施运行情况，按照燃煤发电机组环保电价及环保设施运行监管办法有关规定罚没其环保电价款，同时环境保护部门每年向社会公告不达标企业名单。

违反本办法第十六条（一）项的，由质量技术监督部门依据《产品质量法》进行处罚；违反本办法第十五条、第十六条（二）（三）（四）项造成安全事故的，由安监部门依据有关规定进行处罚。

对达不到本办法第十三条、第十四条、第十五条、第十六条规定，弄虚作假、不符合质量标准和安全要求、超标排放的，有关部门应及时取消其享受国家相关鼓励扶持政策资格，并限期整改；对已享受国家鼓励扶持政策的，将按照有关法律和相关规定予以处罚和追缴。

第二十四条 任何单位和个人在煤矸石堆场取矸时，要明确安全责任主体，制定安全技术措施，不得影响煤矿生产安全，造成财产损失或引发生产安全事故的，安全监管等部门要依法追究相关单位和人员责任。

第二十五条 对获得国家和地方资金支持的煤矸石综合利用项目，所在地区科技、投资、环保等部门应当对项目进展、资金使用、环境影响情况进行监督检查，并进行资源综合利用效果的后评估。

第五章 附则

第二十六条 本办法自 2015 年 3 月 1 日起施行。原国家经贸委等八部门联合发布的《煤矸石综合利用管理办法》（国经贸资〔1998〕80 号）同时废止。

煤矿建设项目竣工验收管理办法（修订版）

［能源局关于印发《煤矿建设项目竣工验收管理办法》（修订版）的通知
（国能发煤炭〔2019〕1号）］

各产煤省（区、市）、新疆生产建设兵团发展改革委、能源局、煤炭行业管理部门，有关中央企业：

为加强煤矿建设事中事后监管，规范项目竣工验收工作，保证工程质量，促进煤炭资源科学合理开发，根据《煤炭法》《企业投资项目核准和备案管理条例》（国务院令　第673号）和《企业投资项目核准和备案管理办法》（国家发展改革委令　第2号）、《企业投资项目事中事后监管办法》（国家发展改革委令　第14号）等有关规定，我局对《煤矿建设项目竣工验收管理办法》作了修订，现予印发，请遵照执行。

能源局

2019年1月4日

煤矿建设项目竣工验收管理办法（修订版）

第一章　总则

第一条　为加强煤矿建设事中事后监管，规范项目竣工验收工作，保证工程质量，促进煤炭资源科学合理开发，根据《煤炭法》《企业投资项目核准和备案管理条例》（国务院令　第673号）和《企业投资项目核准和备案管理办法》（国家发展改革委令　第2号）、《企业投资项目事中事后监管办法》（国家发展改革委令　第14号）等有关规定，制定本办法。

第二条　本办法适用于新建、改扩建、技术改造、资源整合等煤矿建设项目的竣工验收工作。

本办法所称煤矿建设项目竣工验收工作，是指煤矿建设项目按设计建成后、正式投入生产前，对项目建设地点、建设规模、建设内容、投资规模、工程质量、国家和行业强制性标准执行情况、产能置换等产业政策落实情况等事项的全面检查验收，以及对煤矿建设项目设计、施工、监理等工作的综合评价。

第三条　煤矿建设项目竣工验收合格后，方可正式投入生产。

第四条　煤矿建设项目竣工验收工作应当做到公正、科学、规范。

第五条　煤矿建设项目竣工验收工作实行政府监管、企业负责。国家能源局负责全国煤矿建设项目竣工验收工作的指导监督检查。省级煤炭行业管理部门负责辖区内煤矿建设项目竣工验收工作的监督管理。煤矿项目建设单位负责组织煤矿建设项目竣工验收，并对验收结果负责；项目单位实行多级管理的，可由项目单位上一级具有独立法人资格的单位负责组织验收。

第二章　竣工验收依据和条件

第六条　煤矿建设项目竣工验收的主要依据是：

（一）国家及有关部门颁布的相关法律、法规、规章；

（二）国家及有关部门颁布的相关技术标准、规范；

（三）煤矿建设项目的核准及变更批复文件；

（四）经批准的煤矿建设项目初步设计文件、设计变更等；

（五）主要设备技术规格或者说明书；

（六）招标文件、合同文本以及补充协议等；

（七）按照有关规定应取得的项目建设其他审批手续。

第七条　煤矿建设项目建成后竣工验收前，应当进行联合试运转。联合试运转的期限一般为 1 ～ 6 个月；特殊情况下，在规定期限内未完成联合试运转工作的可以延期，但联合试运转总时间最长不得超过 12 个月。联合试运转期间，项目建设单位可按规定向有关部门申请专项验收。

联合试运转实行备案管理。联合试运转开始前，项目建设单位应当编制联合试运转方案，并报省级煤炭行业管理部门备案。相关部门收到内容完整的联合试运转方案即为备案。

联合试运转方案应当包括以下内容：

（一）联合试运转的系统、范围和期限；

（二）联合试运转的测试项目、测试方法、测试机构和人员；

（三）联合试运转的预期目标和效果；

（四）联合试运转期间产量计划与劳动组织；

（五）应急预案与安全保障措施；

（六）其他规定事项。

联合试运转完成后，项目建设单位应编制联合试运转报告。联合试运转报告应当包含以下主要内容：

（一）各主要系统运行情况；

（二）主要生产设备故障处理记录与分析；

（三）提升、运输、排水、通风、供电、采掘等主要设施与装备的检测、检验报告；

（四）联合试运转的效果分析；

（五）有关安全生产的建议；

（六）其他应说明的事项。

省级煤炭行业管理部门可根据本条规定，结合地区实际，制定本省（区、市）煤矿建设项目联合试运转的具体规定，加强煤矿联合试运转事中事后监管。

第八条　煤矿建设项目竣工验收应当具备以下条件：

（一）已按批准的建设规模、标准、投资和内容建成，满足设计和生产要求；有剩余工程的，剩余工程不得是主体工程，不得影响煤矿正常生产。

（二）工程质量合格。

（三）安全设施、环境保护设施、水土保持设施、职业病防护设施、消防设施等按要求建成，并通过专项验收。

（四）项目建设单位已按要求落实煤炭产能置换等相关产业政策。

（五）项目竣工档案资料齐全，符合档案管理要求。

（六）煤矿组织机构设置符合有关要求，建立健全规章制度；职工经过培训合格，特种作业人员取得上岗操作资格证书；矿长安全生产知识和管理能力按规定考核合格。

（七）联合试运转达到预期效果，试运转中出现的问题已妥善解决，联合试运转报告已编制完成。

第三章　竣工验收程序和内容

第九条　煤矿建设项目竣工验收前，项目建设单位应当编制竣工验收报告。

竣工验收报告应当包括以下主要内容：

（一）项目基本情况；

（二）建设内容完成情况；

（三）管理机构及生产管理制度建设情况；

（四）人员持证上岗、培训、劳动定员情况；

（五）项目招投标以及合同履约情况；

（六）工程质量情况；

（七）主要设备检测检验情况；

（八）专项验收情况；

（九）联合试运转情况；

（十）项目竣工决算情况；

（十一）项目效益与建设效果分析；

（十二）存在问题及处理建议。

项目建设单位编制的竣工验收报告，应当附项目核准批复文件，采矿许可证，土地使用证，经批准的初步设计，安全设施、环境保护设施、水土保持设施、职业病防护设施、消防等验收结论，联合试运转报告等。

第十条　项目建设单位应当根据煤矿建设项目的具体情况，组成竣工验收委员会，负责开展项目竣工验收工作。竣工验收委员会应包括相关专业的技术专家，受邀专家应与建设项目设计、监理、施工等单位无利益关系。

对瓦斯、水文、地质等开采条件复杂的煤矿建设项目，项目建设单位可委托有关中介机构进行现场检查和预验收。受委托的中介机构应遵照客观、公正、科学的原则开展工作。

第十一条　竣工验收委员会通过听取汇报、查阅档案资料、现场检查等方式，全面检查工程建设情况，对建设项目进行综合评价，讨论通过并签署《煤矿建设项目竣工验收鉴定书》。《煤矿建设项目竣工验收鉴定书》（范本）见附件。

第十二条 煤矿建设项目竣工验收主要内容包括：

（一）检查项目的审批文件是否齐全有效；

（二）检查项目是否按批准的规模、标准、内容建成；

（三）检查国家和行业强制性标准的执行情况；

（四）检查项目投资及使用情况；

（五）检查项目招标投标以及合同履约情况；

（六）检查工程质量情况；

（七）核实项目是否已通过专项验收；

（八）检查煤矿组织机构、劳动定员、人员培训及外部条件等落实情况；

（九）检查联合试运转情况；

（十）对存在的问题和剩余工程提出处理意见；

（十一）作出项目是否通过竣工验收的结论。

第十三条 煤矿建设项目竣工验收合格后，项目建设单位应当通过全国投资项目在线审批监管平台报送项目竣工信息，并将《煤矿建设项目竣工验收鉴定书》报送省级煤炭行业管理部门。

第十四条 煤矿建设项目竣工验收不合格的，项目单位应当按照竣工验收委员会提出的处理意见进行整改。整改合格后，方可通过竣工验收。煤矿建设项目未经竣工验收或者竣工验收不合格的，不得投入生产。

第四章 竣工验收的监管

第十五条 煤矿项目核准机关及相关部门应当加强煤矿建设项目过程监管，及时开展现场核查，规范煤矿建设行为。核查发现项目未按照核准的建设地点、建设规模、建设内容等进行建设，以及建设内容属于产业政策禁止投资建设的，核准机关或其他部门应当依法依规进行处罚。处罚整改措施未落实到位之前，项目单位不得组织竣工验收。

第十六条 省级煤炭行业管理部门应当加强项目竣工验收活动监管，发现不符合竣工验收条件违规验收、竣工验收程序和内容不符合规定、报送的竣工验收信息弄虚作假的，责令项目单位进行整改。违反《企业投资项目核准和备案管理条例》相关规定的，应当依法依规进行处罚。

第十七条 相关部门对项目的行政处罚信息，应当通过全国投资项目在线审批监管平台进行归集，并通过在线平台和“信用中国”网站向社会公开。对竣工验收中弄虚作假的严重失信企业，应当纳入不良信用记录，并按规定实施联合惩戒。

第十八条 省级负责煤矿生产能力公告的部门应当按照有关规定，及时变更煤矿产能信息、发布产能公告。

第十九条 国家能源局加强煤矿竣工验收工作的指导协调，通过专项督查、抽查核实等措施，督促省级部门落实工作责任。对煤矿竣工验收监管不到位、工作情况报送不及时、报送信息不准确的，将进行约谈和通报。

第五章　附则

第二十条　本办法由国家能源局负责解释。

第二十一条　本办法自发布之日起施行，有效期 5 年。《国家能源局关于印发煤矿建设项目竣工验收管理办法的通知》（国能煤炭〔2012〕119 号）同时废止。各产煤省（区、市）可结合地区实际，制定本省（区、市）煤矿建设项目竣工验收具体办法。

环境保护主管部门实施按日连续处罚办法

《环境保护主管部门实施按日连续处罚办法》已于2014年12月15日由环境保护部部务会议审议通过，现予公布，自2015年1月1日起施行。

部长　周生贤

2014年12月19日

环境保护主管部门实施按日连续处罚办法

第一章　总则

第一条　为规范实施按日连续处罚，依据《中华人民共和国环境保护法》《中华人民共和国行政处罚法》等法律，制定本办法。

第二条　县级以上环境保护主管部门对企业事业单位和其他生产经营者（以下称排污者）实施按日连续处罚的，适用本办法。

第三条　实施按日连续处罚，应当坚持教育与处罚相结合的原则，引导和督促排污者及时改正环境违法行为。

第四条　环境保护主管部门实施按日连续处罚，应当依法向社会公开行政处罚决定和责令改正违法行为决定等相关信息。

第二章　适用范围

第五条　排污者有下列行为之一，受到罚款处罚，被责令改正，拒不改正的，依法作出罚款处罚决定的环境保护主管部门可以实施按日连续处罚：

（一）超过国家或者地方规定的污染物排放标准，或者超过重点污染物排放总量控制指标排放污染物的；

（二）通过暗管、渗井、渗坑、灌注或者篡改、伪造监测数据，或者不正常运行防治污染设施等逃避监管的方式排放污染物的；

（三）排放法律、法规规定禁止排放的污染物的；

（四）违法倾倒危险废物的；

（五）其他违法排放污染物行为。

第六条　地方性法规可以根据环境保护的实际需要，增加按日连续处罚的违法行为的种类。

第三章　实施程序

第七条　环境保护主管部门检查发现排污者违法排放污染物的，应当进行调查取证，并依法作出行政处罚决定。

按日连续处罚决定应当在前款规定的行政处罚决定之后作出。

第八条　环境保护主管部门可以当场认定违法排放污染物的，应当在现场调查时向排污者送达责令改正违法行为决定书，责令立即停止违法排放污染物行为。

需要通过环境监测认定违法排放污染物的，环境监测机构应当按照监测技术规范要求进行监测。环境保护主管部门应当在取得环境监测报告后3个工作日内向排污者送达责令改正违法行为决定书，责令立即停止违法排放污染物行为。

第九条　责令改正违法行为决定书应当载明下列事项：

（一）排污者的基本情况，包括名称或者姓名、营业执照号码或者居民身份证号码、组织机构代码、地址以及法定代表人或者主要负责人姓名等；

（二）环境违法事实和证据；

（三）违反法律、法规或者规章的具体条款和处理依据；

（四）责令立即改正的具体内容；

（五）拒不改正可能承担按日连续处罚的法律后果；

（六）申请行政复议或者提起行政诉讼的途径和期限；

（七）环境保护主管部门的名称、印章和决定日期。

第十条　环境保护主管部门应当在送达责令改正违法行为决定书之日起30日内，以暗查方式组织对排污者违法排放污染物行为的改正情况实施复查。

第十一条　排污者在环境保护主管部门实施复查前，可以向作出责令改正违法行为决定书的环境保护主管部门报告改正情况，并附具相关证明材料。

第十二条　环境保护主管部门复查时发现排污者拒不改正违法排放污染物行为的，可以对其实施按日连续处罚。

环境保护主管部门复查时发现排污者已经改正违法排放污染物行为或者已经停产、停业、关闭的，不启动按日连续处罚。

第十三条　排污者具有下列情形之一的，认定为拒不改正：

（一）责令改正违法行为决定书送达后，环境保护主管部门复查发现仍在继续违法排放污染物的；

（二）拒绝、阻挠环境保护主管部门实施复查的。

第十四条　复查时排污者被认定为拒不改正违法排放污染物行为的，环境保护主管部门应当按照本办法第八条的规定再次作出责令改正违法行为决定书并送达排污者，责令立即停止违法排放污染物行为，并应当依照本办法第十条、第十二条的规定对排污者再次进行复查。

第十五条　环境保护主管部门实施按日连续处罚应当符合法律规定的行政处罚程序。

第十六条　环境保护主管部门决定实施按日连续处罚的，应当依法作出处罚决定书。

处罚决定书应当载明下列事项：

（一）排污者的基本情况，包括名称或者姓名、营业执照号码或者居民身份证号码、组织机构代码、地址以及法定代表人或者主要负责人姓名等；

（二）初次检查发现的环境违法行为及该行为的原处罚决定、拒不改正的违法事实和证据；

（三）按日连续处罚的起止时间和依据；

（四）按照按日连续处罚规则决定的罚款数额；

（五）按日连续处罚的履行方式和期限；

（六）申请行政复议或者提起行政诉讼的途径和期限；

（七）环境保护主管部门名称、印章和决定日期。

第四章　计罚方式

第十七条　按日连续处罚的计罚日数为责令改正违法行为决定书送达排污者之日的次日起，至环境保护主管部门复查发现违法排放污染物行为之日止。再次复查仍拒不改正的，计罚日数累计执行。

第十八条　再次复查时违法排放污染物行为已经改正，环境保护主管部门在之后的检查中又发现排污者有本办法第五条规定的情形的，应当重新作出处罚决定，按日连续处罚的计罚周期重新起算。按日连续处罚次数不受限制。

第十九条　按日连续处罚每日的罚款数额，为原处罚决定书确定的罚款数额。

按照按日连续处罚规则决定的罚款数额，为原处罚决定书确定的罚款数额乘以计罚日数。

第五章　附则

第二十条　环境保护主管部门针对违法排放污染物行为实施按日连续处罚的，可以同时适用责令排污者限制生产、停产整治或者查封、扣押等措施；因采取上述措施使排污者停止违法排污行为的，不再实施按日连续处罚。

第二十一条　本办法由国务院环境保护主管部门负责解释。

第二十二条　本办法自 2015 年 1 月 1 日起施行。

环境保护主管部门实施查封、扣押办法

《环境保护主管部门实施查封、扣押办法》已于2014年12月15日由环境保护部部务会议审议通过，现予公布，自2015年1月1日起施行。

部长　周生贤

2014年12月19日

环境保护主管部门实施查封、扣押办法

第一章　总则

第一条　为规范实施查封、扣押，依据《中华人民共和国环境保护法》《中华人民共和国行政强制法》等法律，制定本办法。

第二条　对企业事业单位和其他生产经营者（以下称排污者）违反法律法规规定排放污染物，造成或者可能造成严重污染，县级以上环境保护主管部门对造成污染物排放的设施、设备实施查封、扣押的，适用本办法。

第三条　环境保护主管部门实施查封、扣押所需经费，应当列入本机关的行政经费预算，由同级财政予以保障。

第二章　适用范围

第四条　排污者有下列情形之一的，环境保护主管部门依法实施查封、扣押：

（一）违法排放、倾倒或者处置含传染病病原体的废物、危险废物、含重金属污染物或者持久性有机污染物等有毒物质或者其他有害物质的；

（二）在饮用水水源一级保护区、自然保护区核心区违反法律法规规定排放、倾倒、处置污染物的；

（三）违反法律法规规定排放、倾倒化工、制药、石化、印染、电镀、造纸、制革等工业污泥的；

（四）通过暗管、渗井、渗坑、灌注或者篡改、伪造监测数据，或者不正常运行防治污染设施等逃避监管的方式违反法律法规规定排放污染物的；

（五）较大、重大和特别重大突发环境事件发生后，未按照要求执行停产、停排措施，继续违反法律法规规定排放污染物的；

（六）法律、法规规定的其他造成或者可能造成严重污染的违法排污行为。

有前款第（一）项、第（二）项、第（三）项、第（六）项情形之一的，环境保护主

管部门可以实施查封、扣押；已造成严重污染或者有前款第（四）项、第（五）项情形之一的，环境保护主管部门应当实施查封、扣押。

第五条 环境保护主管部门查封、扣押排污者造成污染物排放的设施、设备，应当符合有关法律的规定。不得重复查封、扣押排污者已被依法查封的设施、设备。

对不易移动的或者有特殊存放要求的设施、设备，应当就地查封。查封时，可以在该设施、设备的控制装置等关键部件或者造成污染物排放所需供水、供电、供气等开关阀门张贴封条。

第六条 具备下列情形之一的排污者，造成或者可能造成严重污染的，环境保护主管部门应当按照有关环境保护法律法规予以处罚，可以不予实施查封、扣押：

（一）城镇污水处理、垃圾处理、危险废物处置等公共设施的运营单位；

（二）生产经营业务涉及基本民生、公共利益的；

（三）实施查封、扣押可能影响生产安全的。

第七条 环境保护主管部门实施查封、扣押的，应当依法向社会公开查封、扣押决定，查封、扣押延期情况和解除查封、扣押决定等相关信息。

第三章 实施程序

第八条 实施查封、扣押的程序包括调查取证、审批、决定、执行、送达、解除。

第九条 环境保护主管部门实施查封、扣押前，应当做好调查取证工作。

查封、扣押的证据包括现场检查笔录、调查询问笔录、环境监测报告、视听资料、证人证言和其他证明材料。

第十条 需要实施查封、扣押的，应当书面报经环境保护主管部门负责人批准；案情重大或者社会影响较大的，应当经环境保护主管部门案件审查委员会集体审议决定。

第十一条 环境保护主管部门决定实施查封、扣押的，应当制作查封、扣押决定书和清单。

查封、扣押决定书应当载明下列事项：

（一）排污者的基本情况，包括名称或者姓名、营业执照号码或者居民身份证号码、组织机构代码、地址以及法定代表人或者主要负责人姓名等；

（二）查封、扣押的依据和期限；

（三）查封、扣押设施、设备的名称、数量和存放地点等；

（四）排污者应当履行的相关义务及申请行政复议或者提起行政诉讼的途径和期限；

（五）环境保护主管部门的名称、印章和决定日期。

第十二条 实施查封、扣押应当符合下列要求：

（一）由两名以上具有行政执法资格的环境行政执法人员实施，并出示执法身份证件。

（二）通知排污者的负责人或者受委托人到场，当场告知实施查封、扣押的依据以及依法享有的权利、救济途径，并听取其陈述和申辩。

（三）制作现场笔录，必要时可以进行现场拍摄。现场笔录的内容应当包括查封、扣押实施的起止时间和地点等。

（四）当场清点并制作查封、扣押设施、设备清单，由排污者和环境保护主管部门分别收执。委托第三人保管的，应同时交第三人收执。执法人员可以对上述过程进行现场拍摄。

（五）现场笔录和查封、扣押设施、设备清单由排污者和执法人员签名或者盖章。

（六）张贴封条或者采取其他方式，明示环境保护主管部门已实施查封、扣押。

第十三条 情况紧急，需要当场实施查封、扣押的，应当在实施后24小时内补办批准手续。环境保护主管部门负责人认为不需要实施查封、扣押的，应当立即解除。

第十四条 查封、扣押决定书应当当场交付排污者负责人或者受委托人签收。排污者负责人或者受委托人应当签名或者盖章，注明日期。

实施查封、扣押过程中，排污者负责人或者受委托人拒不到场或者拒绝签名、盖章的，环境行政执法人员应当予以注明，并可以邀请见证人到场，由见证人和环境行政执法人员签名或者盖章。

第十五条 查封、扣押的期限不得超过30日；情况复杂的，经本级环境保护主管部门负责人批准可以延长，但延长期限不得超过30日。法律、法规另有规定的除外。

延长查封、扣押的决定应当及时书面告知排污者，并说明理由。

第十六条 对就地查封的设施、设备，排污者应当妥善保管，不得擅自损毁封条、变更查封状态或者启用已查封的设施、设备。

对扣押的设施、设备，环境保护主管部门应当妥善保管，也可以委托第三人保管。扣押期间设施、设备的保管费用由环境保护主管部门承担。

第十七条 查封的设施、设备造成损失的，由排污者承担。扣押的设施、设备造成损失的，由环境保护主管部门承担；因受委托第三人原因造成损失的，委托的环境保护主管部门先行赔付后，可以向受委托第三人追偿。

第十八条 排污者在查封、扣押期限届满前，可以向决定实施查封、扣押的环境保护主管部门提出解除申请，并附具相关证明材料。

第十九条 环境保护主管部门应当自收到解除查封、扣押申请之日起5个工作日内，组织核查，并根据核查结果分别作出如下决定：

（一）确已改正违反法律法规规定排放污染物行为的，解除查封、扣押；

（二）未改正违反法律法规规定排放污染物行为的，维持查封、扣押。

第二十条 环境保护主管部门实施查封、扣押后，应当及时查清事实，有下列情形之一的，应当立即作出解除查封、扣押决定：

（一）对违反法律法规规定排放污染物行为已经作出行政处罚或者处理决定，不再需要实施查封、扣押的；

（二）查封、扣押期限已经届满的；

（三）其他不再需要实施查封、扣押的情形。

第二十一条 查封、扣押措施被解除的，环境保护主管部门应当立即通知排污者，并自解除查封、扣押决定作出之日起3个工作日内送达解除决定。

扣押措施被解除的，还应当通知排污者领回扣押物；无法通知的，应当进行公告，排污者应当自招领公告发布之日起60日内领回；逾期未领回的，所造成的损失由排污者自行承担。

扣押物无法返还的，环境保护主管部门可以委托拍卖机构依法拍卖或者变卖，所得款项上缴国库。

第二十二条 排污者涉嫌环境污染犯罪已由公安机关立案侦查的，环境保护主管部门应当依法移送查封、扣押的设施、设备及有关法律文书、清单。

第二十三条 环境保护主管部门对查封后的设施、设备应当定期检视其封存情况。

排污者阻碍执法、擅自损毁封条、变更查封状态或者隐藏、转移、变卖、启用已查封的设施、设备的，环境保护主管部门应当依据《中华人民共和国治安管理处罚法》等法律法规及时提请公安机关依法处理。

第四章 附则

第二十四条 本办法由国务院环境保护主管部门负责解释。

第二十五条 本办法自2015年1月1日起施行。

环境保护主管部门实施限制生产、停产整治办法

《环境保护主管部门实施限制生产、停产整治办法》已于2014年12月15日由环境保护部部务会议审议通过，现予公布，自2015年1月1日起施行。

部长　周生贤

2014年12月19日

环境保护主管部门实施限制生产、停产整治办法

第一章　总则

第一条　为规范实施限制生产、停产整治措施，依据《中华人民共和国环境保护法》，制定本办法。

第二条　县级以上环境保护主管部门对超过污染物排放标准或者超过重点污染物排放总量控制指标排放污染物的企业事业单位和其他生产经营者（以下称排污者），责令采取限制生产、停产整治措施的，适用本办法。

第三条　环境保护主管部门作出限制生产、停产整治决定时，应当责令排污者改正或者限期改正违法行为，并依法实施行政处罚。

第四条　环境保护主管部门实施限制生产、停产整治的，应当依法向社会公开限制生产、停产整治决定，限制生产延期情况和解除限制生产、停产整治的日期等相关信息。

第二章　适用范围

第五条　排污者超过污染物排放标准或者超过重点污染物日最高允许排放总量控制指标的，环境保护主管部门可以责令其采取限制生产措施。

第六条　排污者有下列情形之一的，环境保护主管部门可以责令其采取停产整治措施：

（一）通过暗管、渗井、渗坑、灌注或者篡改、伪造监测数据，或者不正常运行防治污染设施等逃避监管的方式排放污染物，超过污染物排放标准的；

（二）非法排放含重金属、持久性有机污染物等严重危害环境、损害人体健康的污染物超过污染物排放标准3倍以上的；

（三）超过重点污染物排放总量年度控制指标排放污染物的；

（四）被责令限制生产后仍然超过污染物排放标准排放污染物的；

（五）因突发事件造成污染物排放超过排放标准或者重点污染物排放总量控制指标的；

（六）法律、法规规定的其他情形。

第七条 具备下列情形之一的排污者，超过污染物排放标准或者超过重点污染物排放总量控制指标排放污染物的，环境保护主管部门应当按照有关环境保护法律法规予以处罚，可以不予实施停产整治：

（一）城镇污水处理、垃圾处理、危险废物处置等公共设施的运营单位；

（二）生产经营业务涉及基本民生、公共利益的；

（三）实施停产整治可能影响生产安全的。

第八条 排污者有下列情形之一的，由环境保护主管部门报经有批准权的人民政府责令停业、关闭：

（一）两年内因排放含重金属、持久性有机污染物等有毒物质超过污染物排放标准受过两次以上行政处罚，又实施前列行为的；

（二）被责令停产整治后拒不停产或者擅自恢复生产的；

（三）停产整治决定解除后，跟踪检查发现又实施同一违法行为的；

（四）法律法规规定的其他严重环境违法情节的。

第三章 实施程序

第九条 环境保护主管部门在作出限制生产、停产整治决定前，应当作好调查取证工作。

责令限制生产、停产整治的证据包括现场检查笔录、调查询问笔录、环境监测报告、视听资料、证人证言和其他证明材料。

第十条 作出限制生产、停产整治决定前，应当书面报经环境保护主管部门负责人批准；案情重大或者社会影响较大的，应当经环境保护主管部门案件审查委员会集体审议决定。

第十一条 环境保护主管部门作出限制生产、停产整治决定前，应当告知排污者有关事实、依据及其依法享有的陈述、申辩或者要求举行听证的权利；就同一违法行为进行行政处罚的，可以在行政处罚事先告知书或者行政处罚听证告知书中一并告知。

第十二条 环境保护主管部门作出限制生产、停产整治决定的，应当制作责令限制生产决定书或者责令停产整治决定书，也可以在行政处罚决定书中载明。

第十三条 责令限制生产决定书和责令停产整治决定书应当载明下列事项：

（一）排污者的基本情况，包括名称或者姓名、营业执照号码或者居民身份证号码、组织机构代码、地址以及法定代表人或者主要负责人姓名等；

（二）违法事实、证据，以及作出限制生产、停产整治决定的依据；

（三）责令限制生产、停产整治的改正方式、期限；

（四）排污者应当履行的相关义务及申请行政复议或者提起行政诉讼的途径和期限；

（五）环境保护主管部门的名称、印章和决定日期。

第十四条 环境保护主管部门应当自作出限制生产、停产整治决定之日起 7 个工作日内将决定书送达排污者。

第十五条 限制生产一般不超过 3 个月；情况复杂的，经本级环境保护主管部门负责人批准，可以延长，但延长期限不得超过 3 个月。

停产整治的期限，自责令停产整治决定书送达排污者之日起，至停产整治决定解除之日止。

第十六条 排污者应当在收到责令限制生产决定书或者责令停产整治决定书后立即整改，并在 15 个工作日内将整改方案报作出决定的环境保护主管部门备案并向社会公开。整改方案应当确定改正措施、工程进度、资金保障和责任人员等事项。

被限制生产的排污者在整改期间，不得超过污染物排放标准或者重点污染物日最高允许排放总量控制指标排放污染物，并按照环境监测技术规范进行监测或者委托有条件的环境监测机构开展监测，保存监测记录。

第十七条 排污者完成整改任务的，应当在 15 个工作日内将整改任务完成情况和整改信息社会公开情况，报作出限制生产、停产整治决定的环境保护主管部门备案，并提交监测报告以及整改期间生产用电量、用水量、主要产品产量与整改前的对比情况等材料。限制生产、停产整治决定自排污者报环境保护主管部门备案之日起解除。

第十八条 排污者有下列情形之一的，限制生产、停产整治决定自行终止：

（一）依法被撤销、解散、宣告破产或者因其他原因终止营业的；

（二）被有批准权的人民政府依法责令停业、关闭的。

第十九条 排污者被责令限制生产、停产整治后，环境保护主管部门应当按照相关规定对排污者履行限制生产、停产整治措施的情况实施后督察，并依法进行处理或者处罚。

第二十条 排污者解除限制生产、停产整治后，环境保护主管部门应当在解除之日起 30 日内对排污者进行跟踪检查。

第四章　附则

第二十一条 本办法由国务院环境保护主管部门负责解释。

第二十二条 本办法自 2015 年 1 月 1 日起施行。

汇编三　河北省法规

河北省生态环境保护条例

（河北省第十三届人民代表大会常务委员会公告　第49号）

《河北省生态环境保护条例》已经河北省第十三届人民代表大会常务委员会第十六次会议于2020年3月27日通过，自2020年7月1日起施行。

现予公告。

2020年3月27日

河北省生态环境保护条例

（2020年3月27日河北省第十三届人民代表大会常务委员会第十六次会议通过）

目　录

第一章　总则

第一条　为了保护和改善生态环境，防治污染和其他公害，保障公众健康，推进生态文明建设，促进经济社会可持续发展，根据《中华人民共和国环境保护法》等有关法律、行政法规，结合本省实际，制定本条例。

第二条　本条例适用于本省行政区域内的生态环境保护及其监督管理活动。

第三条　生态环境保护应当坚持人与自然和谐共生、生态优先、绿色发展，贯彻节约优先、保护优先、自然恢复为主的方针，遵循预防为主、综合治理、公众参与、损害担责的原则，实行最严格的生态环境保护制度，不断满足人民日益增长的优美生态环境需要。

第四条 各级人民政府对本行政区域的生态环境质量负责。

乡镇人民政府和街道办事处应当明确承担生态环境保护职责的机构，根据实际工作需要配备生态环境保护工作人员，落实生态环境保护相关要求。

鼓励和引导基层群众性自治组织通过村规民约等方式推进生态环境保护工作。

第五条 生态环境主管部门对本行政区域生态环境保护工作实施统一监督管理。

发展改革、公安、自然资源、住房城乡建设、交通运输、工业和信息化、水行政、农业农村、卫生健康、文化旅游、市场监督管理、林业草原、城市管理、行政审批、气象、海洋、邮政管理、海事管理机构等部门应当按照各自职责做好生态环境保护的相关工作。

第六条 一切单位和个人都有保护生态环境的义务。

企业事业单位和其他生产经营者应当防止、减少环境污染和生态破坏，对所造成的损害依法承担责任。

公民应当增强生态环境保护意识，践行绿色消费理念，采取低碳、节俭的生活方式，自觉履行生态环境保护义务。

第七条 各级人民政府应当加大保护和改善生态环境、防治污染和其他公害的财政投入，提高财政资金的使用效益。

推进绿色金融发展，鼓励和引导社会资本参与生态环境保护，建立健全多元化生态环境保护投资融资机制，推行有利于生态环境保护的经济、技术政策和措施。

第八条 县级以上人民政府及其有关部门应当推进绿色技术创新，支持生态环境保护科学技术研究、开发和应用，鼓励和支持生态环境保护产业发展，促进生态环境保护信息化建设，提高生态环境保护科学技术水平。

第九条 各级人民政府和有关部门应当加强生态环境保护宣传和普及工作，鼓励基层群众性自治组织、社会组织、生态环境保护志愿者开展生态环境保护法律法规和生态环境保护知识的宣传，营造保护生态环境的良好风气。

教育行政部门和学校应当将生态环境保护知识纳入学校教育内容，培养学生的生态环境保护意识。

干部教育培训机构应当将生态环境保护法律法规和生态环境保护知识作为干部教育培训的重要内容，提高国家工作人员生态环境保护意识。

报刊、电视、广播、网络等媒体应当开展生态环境保护法律法规和生态环境保护知识的宣传，褒扬生态环境保护先进典型，并对环境违法行为进行舆论监督。

第十条 各级人民政府应当对在保护和改善生态环境中做出显著成绩的单位和个人，依法给予奖励。

第二章 监督管理

第十一条 县级以上人民政府应当将生态环境保护工作纳入国民经济和社会发展规划。

生态环境主管部门应当会同有关部门，根据国家生态环境保护规划的要求，编制本行政区域的生态环境保护规划，报同级人民政府批准后公布实施。因保护和改善生态环境确需修改或者调整生态环境保护规划的，应当按照法定程序报批。修改或者调整的内容不得降低上级人民政府批准的生态环境保护规划的要求。

生态环境保护规划的内容应当包括生态保护和污染防治的目标、任务、保障措施等，并与国土空间规划相衔接。

第十二条 省人民政府对国家环境质量标准和国家污染物排放标准中未作规定的项目，可以制定本省地方标准；对国家环境质量标准和国家污染物排放标准中已作规定的项目，可以制定严于国家标准的地方标准。本省环境质量标准和污染物排放标准应当报国务院生态环境主管部门备案。

第十三条 编制土地利用有关规划和区域、流域、海域建设和开发利用规划以及有关专项规划，新建、改建、扩建对环境有影响的项目，应当依法进行环境影响评价。未依法进行环境影响评价的开发利用规划，不得组织实施；未依法进行环境影响评价的建设项目，不得开工建设。

建设单位应当依法编制环境影响报告书、环境影响报告表或者填报环境影响登记表，并按照国家规定报有审批权的生态环境主管部门审批或者备案。建设项目发生法定变动情形的，其环境影响评价文件应当依法重新报批或者审核。

在项目建设、运行过程中产生不符合经批准的环境影响评价文件的情形的，建设单位应当依法组织环境影响后评价，采取改进措施，并报原环境影响评价文件审批部门和建设项目审批部门备案；原环境影响评价文件审批部门也可以责成建设单位进行环境影响的后评价，采取改进措施。

第十四条 省人民政府生态环境主管部门应当组织开展生态环境质量监测、调查评价和考核工作，及时将生态环境质量现状及变化趋势向省人民政府报告，并会同有关部门建设生态环境监测网络和生态环境监测数据库，建立健全监测数据共享机制，完善生态环境监测预警机制。

设区的市人民政府应当加强县域生态环境监测机构的能力建设，建立完善的生态环境监测体系，加强生态环境监测工作。

设区的市人民政府生态环境主管部门负责本行政区域的污染源监督性监测、环境执法监测、突发环境事件监测等生态环境监测工作。

生态环境监测机构应当依法取得检验检测机构资质认定证书，使用符合国家标准的监测设备，加强监测人员生态环境保护法律法规和专业知识培训，遵守监测规范，建立质量管理体系，按照规定保存监测原始记录和监测报告，接受生态环境等部门的监督管理。生态环境监测机构及其负责人对其出具的监测数据的真实性和准确性负责，不得违规操作或者篡改、伪造监测数据，不得出具虚假监测报告。

第十五条 本省推进生态环境保护综合行政执法改革，统筹配置行政执法职能和执法资源，加强对生态环境保护领域行政执法源头治理，推进行政执法标准化，完善执法程序、严格执法责任，逐步形成可量化的综合行政执法履职评估机制，提高生态环境保护综合行政执法效能和依法行政水平。

生态环境主管部门和其他负有生态环境保护监督管理职责的部门应当加强联动和协调配合，创新环境监管模式，推行检查事项合并，依照法定程序和权限规范监督检查行为，严格规范公正文明执法。

第十六条 生态环境主管部门和其他负有生态环境保护监督管理职责的部门可以通过现场检查、自动监测、遥感监测、无人机巡查、远红外摄像等方式对排放污染物的企业事业单位和其他生产经营者进行监督检查。

被检查者应当配合检查，如实反映情况，提供必要的资料，不得拒绝、阻挠检查。实施现场检查的部门及其工作人员应当为被检查者保守商业秘密。

生态环境主管部门和其他负有生态环境保护监督管理职责的部门发现被检查者违法排放污染物，造成或者可能造成严重污染的，可以对排放污染物的设施、设备依法实施查封、扣押。

第十七条 本省建立健全生态环境信用管理制度，健全企业信用建设，完善企业环保信用评价制度，依据评价结果实施分级分类监管，建立排污企业黑名单制度。

生态环境主管部门和其他负有生态环境保护监督管理职责的部门，应当按照规定将企业事业单位和其他生产经营者、环境服务机构的环境违法信息记入信用档案，纳入公共信用信息平台，实施联合惩戒。

第十八条 省人民政府应当建立健全生态环境保护督察机制，对同级人民政府有关部门和下级人民政府、省属企业进行生态环境保护督察。督察结果应当向社会公开。

被督察单位应当配合督察工作，对督察中发现的问题应当及时整改。

第十九条 有下列情形之一的，省人民政府生态环境主管部门应当会同有关部门约谈该地区人民政府的主要负责人，要求其采取措施及时整改，并将约谈情况向社会公开：

（一）未完成生态环境质量改善目标的；

（二）超过重点污染物排放总量控制指标的；

（三）发生重大、特别重大突发环境事件的；

（四）存在公众反映强烈、防治污染工作不力、影响社会稳定的突出生态环境问题的；

（五）其他依法应当约谈的情形。

第二十条 对公众反映强烈、造成重大污染或者威胁公众健康等环境违法案件，由负有生态环境保护监督管理职责的部门挂牌督办，限期查处、整改。挂牌督办情况应当向社会公开。

第二十一条 县级以上人民政府应当按照相关规定制定部门生态环境保护责任清单，明确部门生态环境保护责任。

县级以上人民政府应当建立生态文明建设目标评价考核体系，将生态环境保护目标完成情况纳入对本级人民政府负有生态环境保护监督管理职责的部门及其负责人和下级人民政府及其负责人的考核内容，作为对其考核评价的重要依据。考核结果应当向社会公开。

实行领导干部自然资源资产离任审计和生态环境损害责任终身追究制。

第二十二条 县级以上人民政府应当每年向本级人民代表大会或者人民代表大会常务

委员会报告生态环境状况和生态环境保护目标完成情况，对发生的重大环境事件应当及时向本级人民代表大会常务委员会报告，依法接受监督。

第三章　保护和改善生态环境

第二十三条　各级人民政府应当根据生态环境保护目标和治理任务，采取有效措施，改善生态环境质量。

未达到国家生态环境质量标准的重点区域、流域的有关人民政府，应当制定限期达标规划，并采取措施按期达标。

第二十四条　省人民政府应当确定生态保护红线、环境质量底线、资源利用上限，制定实施生态环境准入清单，构建生态环境分区管控体系。

省人民政府应当组织有关部门或者委托专业机构，对生态环境状况进行调查、评价，建立环境资源承载能力监测预警机制，对资源消耗和环境容量接近或者超过承载能力的地区实行预警提醒和差异化限制性措施。

第二十五条　开发利用自然资源，应当合理开发，保护生物多样性，保障生态安全，依法制定有关生态保护和恢复治理方案并予以实施。

县级以上人民政府应当建立健全生态修复制度，因地制宜建设生态环境治理与保护工程，依法依规实施退耕还林、退耕还草、退耕还河（湖）、退耕还湿、轮作休耕、轮牧休牧，开展国土绿化和水土保持，保护和改善生态环境。

各级人民政府应当构建生物多样性保护制度。依照国家和本省规定，全面禁止猎捕、杀害、交易、运输、加工和食用陆生野生动物。保护野生植物及其生长环境，禁止任何单位和个人非法采集野生植物或者破坏其生长环境。

加强生物安全管理，防止境外有害生物物种进入，并对入侵的有害生物物种采取措施，严防扩散。研究、开发和利用生物技术，应当采取措施防止对生物多样性的破坏。

第二十六条　根据国家规定建立、健全生态保护补偿制度。加大对生态保护地区的财政转移支付力度。有关人民政府应当落实生态保护补偿资金，确保其用于生态保护补偿。

省人民政府应当以共建共享、受益者补偿和损害者赔偿为原则，建立健全市场化、多元化生态保护补偿制度，鼓励、指导受益地区和生态保护地区、流域下游与上游人民政府通过协商或者按照市场规则，采取资金补偿、对口协作、产业转移、人才培训、共建园区等方式建立横向补偿关系，改善重要生态功能区、重要水源地、重要湿地和自然保护地等重点区域的生态环境质量。

第二十七条　本省加强生态环境保护专业技术人才培养，组织开展重大生态环境保护项目科技攻关，搭建科技成果转化平台，促进生态环境保护科学技术进步。

各级人民政府应当采取有效措施，促进资源节约集约和循环利用，推动循环低碳绿色产业发展。

鼓励和支持企业事业单位和其他生产经营者对产品设计、原材料采购、制造、包装、销售、物流、回收和再利用等环节实施绿色改造。

第二十八条　国家机关和使用财政资金的其他组织应当优先采购和使用节能、节水、节材等有利于资源节约、生态环境保护的产品、设备和设施。

住宿、购物、餐饮等行业的企业事业单位和其他生产经营者应当采用有利于生态环境保护和资源循环利用的产品，引导消费者减少使用一次性用品。

第二十九条 各级人民政府和有关部门应当推动形成农业绿色生产方式，实现化学投入品减量化、生产清洁化、废弃物资源化、产业模式生态化，集中治理农业生态环境突出问题，提高农业可持续发展能力。

各级人民政府和有关部门应当加强农村生态环境保护设施建设，科学合理确定农村污水治理模式，统筹规划建设农村污水处理、垃圾收集处置设施和排水管网，推进农村厕所无害化改造，提高农村生态环境保护公共服务水平，改善农村人居环境。

第三十条 沿海各级人民政府应当采取措施防止和减少对海洋生态环境的污染损害。禁止违法向海洋排放污染物、倾倒废弃物，禁止违法进行海岸工程和海洋工程建设。

第三十一条 县级以上人民政府应当采取措施，推进绿色矿山建设，严格执行禁止和限制矿山开发的规定，加强矿山生态环境保护和综合治理，及时恢复被破坏的生态环境。

第三十二条 鼓励和支持企业事业单位和其他生产经营者投保环境污染责任保险。

第四章 防治污染和其他公害

第三十三条 各级人民政府应当采取措施，推广清洁能源的生产和使用，构建清洁低碳、安全高效的能源体系。

优化煤炭使用方式，推广煤炭清洁高效利用。加强民用散煤管理，完善煤改电、煤改气等政策措施，调整冬季取暖能源结构。

企业事业单位和其他生产经营者应当优先使用清洁能源，研发和采用节约高效、综合用能和污染物无害化处理新技术。

第三十四条 各级人民政府应当加强重点区域、重点流域、重点行业污染控制。

严格执行国家产业政策和准入标准，禁止新建、扩建高污染项目。鼓励和支持无污染或者低污染产业发展，提高资源利用效率，减少污染物排放。

第三十五条 县级以上人民政府及其有关部门应当推动工业集聚区建设，合理规划工业布局，科学确定工业集聚区产业结构，实现资源高效循环利用。

工业集聚区应当建设相应的污水集中处理设施和配套管网、固体废物收集和处置等环境公共设施，并保障正常运行。

第三十六条 省人民政府生态环境主管部门应当根据国务院下达的重点污染物排放总量控制指标，制定本省重点污染物排放总量控制计划，报省人民政府批准后组织实施。

设区的市人民政府应当按照省人民政府重点污染物排放总量控制计划的要求，制定本行政区域重点污染物排放总量控制实施方案。

对超过国家重点污染物排放总量控制指标或者未完成国家确定的生态环境质量目标的地区，省人民政府生态环境主管部门应当依法暂停审批其新增重点污染物排放总量的建设项目环境影响评价文件。

第三十七条 企业事业单位和其他生产经营者应当采取措施，防治在生产建设或者其他活动中产生的废气、废水、固体废物以及噪声、辐射等对生态环境的污染和危害，不得超过排放标准和重点污染物排放总量控制指标排放污染物。

空气质量不达标、水环境质量未达到控制要求的地区，应当严格控制建设项目新增重点污染物排放总量，按照国家和本省规定可以实行等量或者倍量替代。负责审批建设项目环境影响评价文件的部门和建设项目单位，应当向社会公开重点污染物总量替代情况，接受社会监督。

鼓励开展重点污染物排放总量指标交易。

第三十八条 本省实施以排污许可制为核心的固定污染源监管制度。依法对企业事业单位和其他生产经营者实行排污许可重点管理、简化管理和登记管理。

依法实行排污许可重点管理和简化管理的企业事业单位和其他生产经营者应当如实填报排污许可证申请材料，按照排污许可证规定的污染物种类、浓度、排放去向和许可排放量等要求排放污染物；未取得排污许可证的，不得排放污染物。

实行排污登记管理的企业事业单位和其他生产经营者应当依法进行排污登记，未登记前不得排放污染物。

实行排污许可管理的企业事业单位和其他生产经营者范围，依照国家有关规定执行。

第三十九条 排放污染物的企业事业单位和其他生产经营者是污染防治的责任主体，应当建立以下生态环境保护责任制度，明确负责人和相关人员的责任：

（一）确定生态环境保护工作机构或者生态环境保护工作人员；

（二）制定、完善生态环境保护管理制度和防治污染设施操作规程；

（三）保证各生产环节符合生态环境保护法律法规和技术规范的要求；

（四）建立健全生态环境保护工作档案；

（五）法律法规规定的其他生态环境保护责任。

第四十条 排放污染物的企业事业单位和其他生产经营者应当按照国家和本省的要求建设、安装、使用防治污染设施，严格控制污染物排放，未经处理不得直接排放污染物。对于生产过程中产生的粉尘和气态污染物的无组织排放，应当加强精细化管理，依法采取措施，严格控制粉尘和气态污染物的排放。

企业事业单位和其他生产经营者应当保障防治污染设施正常运行，因故障、不可抗力等紧急情况停运防治污染设施的，应当立即向当地生态环境主管部门报告。停运防治污染设施应当同时停运相应的生产设施，确因公共利益需要不能同时停运的，应当采取有效措施，减少污染物排放。

严禁通过暗管、渗井、渗坑、灌注或者篡改、伪造监测数据，或者不正常运行防治污染设施等逃避监管的方式违法排放污染物。

鼓励企业事业单位和其他生产经营者建设防治污染备用设施。

第四十一条 县级以上人民政府应当引导各类资本参与生态环境治理投资、建设、运行，鼓励和支持环境污染第三方治理，探索开展小城镇生态环境综合治理托管服务。

排放污染物的企业事业单位和其他生产经营者可以委托具有相应能力的环境服务机构运营其防治污染设施或者实施污染治理。

受委托的环境服务机构应当加强服务质量管理，对防治污染设施正常运行和污染物达标排放负责。

第四十二条 排放污染物的企业事业单位和其他生产经营者应当按照国家和本省有关规定设置、管理和使用污染物排放口及其监测点位监测设施，并在污染物排放口安装标志牌。

第四十三条 设区的市人民政府生态环境主管部门应当商有关部门依法确定重点排污单位名录并向社会公布。重点排污单位应当按照国家和本省有关规定以及相关监测规范安装使用污染物排放自动监测设备，与生态环境主管部门的监控设备联网，保障自动监测设备正常运行，并向社会公开自动监测数据。

重点排污单位自动监测设备应当安装独立、不可修改、规范统一的数据存储模块，实时记录设备工作参数、运行情况，实现所有操作全程留痕记录。

重点排污单位不得破坏、损毁或者擅自拆除、闲置自动监测设备。

重点排污单位的自动监测数据以及生态环境主管部门委托的生态环境监测机构出具的监测数据，可以作为生态环境执法和管理的依据。

第四十四条 排放污染物的企业事业单位和其他生产经营者应当按照国家和本省有关规定建立环境管理台账，记录防治污染设施运行管理、监测记录以及其他环境管理等信息，并对台账的真实性和完整性负责。

台账的保存期限不得少于 3 年，法律法规另有规定的除外。

企业事业单位和其他生产经营者应当依法真实、准确、完整、及时填报环境统计报表，不得提供不真实或者不完整的统计资料，不得拒报、迟报。

第四十五条 各级人民政府及其有关部门和企业事业单位，应当依法做好突发环境事件的风险控制、应急准备、应急处置和事后恢复等工作。

企业事业单位应当依法制定突发环境事件应急预案，并报生态环境主管部门和有关部门备案。在发生或者可能发生突发环境事件时，应当立即启动应急预案，采取切断或者控制污染源以及其他防止危害扩大的必要措施，及时通报可能受到危害的单位和居民，并向生态环境主管部门和有关部门报告；生态环境主管部门接到报告后，应当向当地人民政府和上级人民政府生态环境主管部门报告，并通报可能受到影响的邻近地区的同级人民政府生态环境主管部门。

第四十六条 实行大气环境质量管控制度。设区的市人民政府生态环境主管部门根据大气环境质量改善目标，会同相关部门制定按照污染物排放绩效分级的差别化管控方案，报设区的市人民政府批准后组织实施。

各县（市、区）人民政府应当制定本级管控方案，并组织实施。

第四十七条 县级以上人民政府应当制定重污染天气应急预案，依据重污染天气的预警等级，及时启动应急预案并向社会公布。根据应急需要，责令有关企业采取应急减排措施，并可以采取限制部分机动车行驶、禁止燃放烟花爆竹、停止工地土石方作业和建筑物拆除施工、停止工程爆破作业、停止混凝土搅拌、停止喷涂粉刷和护坡喷浆作业、停止露天烧烤、停止幼儿园和学校组织的户外活动、组织开展人工影响天气作业等应急管控措施。

根据重污染天气应急预案对大气污染物排放重点行业企业按照其污染治理水平、污染物排放强度、企业管理水平、交通运输方式等进行评价和绩效分级，实施应急减排差异化管控；鼓励企业结合行业生产特点和对空气质量的影响，采取季节性生产调控措施。

大气污染物排放重点企业根据重污染天气应急预案编制重污染天气应急响应操作方案，执行重污染天气应急减排措施。大气污染物排放重点企业清单由生态环境主管部门向社会公布。

第四十八条 国家确定的温室气体重点排放单位应当依法加强温室气体排放管理，对温室气体排放情况进行监测，合理控制温室气体排放量。从事碳排放权交易的应当遵守碳排放权交易规则。

温室气体重点排放单位应当按照国务院生态环境主管部门的规定，每年向所在地生态环境主管部门提交本单位上年度温室气体排放报告和核查机构的核查报告。

第四十九条 排放污染物的企业事业单位和其他生产经营者应当采取措施，防治在生产建设或者其他活动中产生的扬尘、餐饮油烟、放射性物质等对环境的污染和危害。

第五十条 县级以上人民政府应当严格控制工业污染、城镇生活污染、船舶污染，防治农业面源污染，推进生态治理和修复，预防、控制和减少水环境污染和生态破坏。

县级以上人民政府应当加强对南水北调以及其他饮用水水源保护，按照国家有关规定划定饮用水水源保护区，加强水源地生态涵养和治理修复，确保饮用水安全。

第五十一条 海洋生态环境保护应当建立海洋生态环境整治与陆源污染控制统筹推进、海洋资源开发与生态环境保护相结合的机制。

港口所在地市、县人民政府（开发区管理委员会）应当加强港口污染防治工作，制定港口污染防治方案，建设船舶污染物、废弃物的接收、转运、处理处置设施，实现与城市公共转运、处置设施的有效衔接。港口经营人应当采取有效措施，减少污染物排放。推进绿色港口建设，鼓励港口应用先进适用的环保技术，优先使用新能源、清洁能源设施设备。

设置入海排污口或者向海域排放陆源污染物的，应当符合海洋功能区划和海洋生态环境保护规划。禁止在海洋自然保护区、海洋特别保护区、重要渔业水域、盐场纳水口水域和海滨的风景名胜区、旅游度假区等需要特殊保护的区域新建入海排污口。

第五十二条 县级以上人民政府农业农村等有关部门应当指导农业生产经营者科学种植和养殖，科学合理施用农药、化肥等化学投入品，加强农药包装废弃物回收和废弃农用薄膜回收利用，防止农业面源污染。推行绿色有机肥施用和平衡施肥，促进化肥减施增效。鼓励采取生物防治，替代或者减少农药的使用。

畜禽养殖场、养殖小区、定点屠宰企业等场所的选址、建设和管理应当符合有关法律法规规定。从事畜禽养殖和屠宰的单位和个人应当采取措施，对畜禽粪便、尸体和污水等废弃物进行科学处置，防止污染环境。

第五十三条 县级以上人民政府及其有关部门应当加强土壤保护和合理利用，有效预防土壤污染。

对农用地实行分类管理，建立优先保护制度，严格风险管控措施，提升安全利用水平。禁止向农用地排放重金属或者其他有毒有害物质含量超标的污水、污泥，以及可能造成土壤污染的清淤底泥、尾矿、矿渣等。

对建设用地依法开展调查评估，严格落实建设用地土壤污染风险管控和修复名录制度。未按照规定开展调查评估和未达到土壤污染风险评估确定的风险管控、修复目标的建设用地地块，禁止开工建设任何与风险管控、修复无关的项目。

生产、使用、贮存、运输、回收、处置、排放有毒有害物质的单位和个人，应当采取有效措施，防止有毒有害物质渗漏、流失、扬散，避免土壤受到污染。

第五十四条 各级人民政府应当确定重点防控的重金属污染地区、行业和企业，加强对涉铅、镉、汞、铬和类金属砷等重金属加工企业的环境监管，防治重金属污染。

禁止在重点防控区域内新建、改建、扩建增加重金属污染物排放总量的建设项目。

第五十五条 产生固体废物的企业事业单位和其他生产经营者应当防止或者减少固体废物对生态环境的污染，不得擅自倾倒、堆放、丢弃、遗撒固体废物。

邮政、快递企业应当使用环保材料对邮件、快件进行包装，并且不得使用有毒物质作为邮件、快件填充材料。电子商务经营者等邮政、快递协议用户提供的封装用品和胶带应当符合国家规定。鼓励邮政、快递企业采取措施回收邮件、快件包装材料，实现包装材料的减量化利用和再利用。

鼓励、支持科研机构、高等院校和企业研发和推广全生物降解塑料产品，鼓励、引导公民减少一次性不可降解塑料制品使用。

县级以上人民政府应当根据区域卫生规划，合理布局医疗废物集中处置设施，加强医疗废物集中处置设施建设，并保障其正常运行。

第五十六条 县级以上人民政府应当采取符合本地实际的分类方式，加强对生活垃圾的科学管理，引导全民参与，建立健全生活垃圾分类工作协调机制，加强生活垃圾分类管理能力建设。加快建立生活垃圾分类投放、分类收集、分类运输、分类处理的垃圾处理系统，通过回收利用、焚烧发电、生物处理等方式，提高生活垃圾的资源化利用率和无害化处理率。

县级以上人民政府及其有关部门应当建立建筑垃圾全过程管理制度，规范建筑垃圾产生、收集、贮存、运输、利用、处置行为，推进综合利用，加强建筑垃圾处置设施、场所建设，保障处置安全，防止污染环境。按照国家和本省规定，实施建筑垃圾资源化利用产品的强制使用制度，明确产品使用的范围、比例和质量等要求。

建设单位和施工单位应当采取措施，减少施工现场建筑垃圾的产生，并对建筑垃圾实施分类管理。

第五十七条 排放环境噪声的企业事业单位和其他生产经营者应当采取有效措施，使其排放的环境噪声符合国家和本省规定的排放标准。

在城市市区噪声敏感建筑物集中区域内，禁止夜间进行产生环境噪声污染的建筑施工作业，但抢修、抢险作业和因生产工艺上要求或者特殊需要必须连续作业的除外。因特殊需要必须连续作业的，应当有县级以上人民政府或者其有关主管部门的证明，并提前二日公告附近居民。

在高考、中考等特殊时期，各级人民政府应当采取措施，制止产生噪声污染的活动。

第五章　信息公开和公众参与

第五十八条　公民、法人和其他组织依法享有获取环境信息、参与和监督生态环境保护的权利。

各级人民政府生态环境主管部门和其他负有生态环境保护监督管理职责的部门，应当依法公开环境信息，完善公众参与程序和公众监督制度，向社会公布生态环境保护举报电话等监督方式，为公民、法人和其他组织参与和监督生态环境保护提供便利。

第五十九条　省人民政府生态环境主管部门应当定期发布生态环境状况公报。

生态环境主管部门和其他负有生态环境保护监督管理职责的部门应当建立健全生态环境信息公开制度，通过政府网站、政务新媒体、公报、新闻发布会以及报刊、广播、电视等方式依法公开生态环境质量、生态环境监测、突发环境事件以及行政许可、行政处罚等信息。

第六十条　重点排污单位应当按照规定如实向社会公开其主要污染物的名称、排放方式、执行标准、排放浓度和总量、超标排放情况，以及防治污染设施的建设和运行情况、突发环境事件应急预案等环境信息，接受社会监督，并对公开信息的真实性、准确性和完整性负责。

鼓励和支持非重点排污单位自愿向社会公开其排污信息以及防治污染设施的建设和运行情况等环境信息。

建立完善上市公司和发债企业强制性环境治理信息披露制度。

第六十一条　公民、法人和其他组织发现任何单位和个人有污染环境和破坏生态行为的，有权向生态环境主管部门或者其他负有生态环境保护监督管理职责的部门举报。经查证属实的，按照有关规定对举报人给予奖励。

公民、法人和其他组织发现各级人民政府、生态环境主管部门和其他负有生态环境保护监督管理职责的部门不依法履行职责的，有权向其上级机关或者监察机关举报。接受举报的机关应当对举报人的相关信息予以保密，保护举报人的合法权益。

第六十二条　鼓励基层群众性自治组织、社会组织、生态环境保护志愿者参与生态环境保护教育、科普和实践，推动环境信息公开，监督环境违法行为。

污染环境、破坏生态损害国家利益、社会公共利益的，检察机关和社会组织可以依法向人民法院提起生态环境公益诉讼。有关机关可以依照国家规定向人民法院提起生态环境损害赔偿诉讼。

第六章　生态环境协同保护

第六十三条　本省与北京市、天津市及周边地区建立污染防治联动协作机制，定期协商区域污染防治重大事项，协调跨界污染纠纷，共同做好区域污染治理和生态环境保护工作。

第六十四条 本省与北京市、天津市及周边地区建立定期会商、联动执法、信息共享等机制，联合排查、协同处置跨区域重点污染企业、环境污染行为、环境违法案件或者突发环境事件。

第六十五条 本省与北京市、天津市及周边地区建立环境应急联动机制，及时通报重污染天气、环境污染事故等预警和应急响应的有关信息，并可以根据需要，商请有关省市采取相应的应对措施。

第六十六条 本省建立健全与北京市、天津市等周边地区横向生态保护补偿机制，共同推进区域生态环境协同保护。

第六十七条 本省加强与北京市、天津市及周边地区的污染防治科研合作，组织开展环境污染成因、溯源和污染防治政策、标准、措施等重大问题的联合科研，开展区域性、流域性生态环境问题研究，提高区域生态环境保护科技水平。

第七章　法律责任

第六十八条 各级人民政府、生态环境主管部门和其他有关部门未依照本条例规定履行职责，有滥用职权、玩忽职守、徇私舞弊行为的，对直接负责的主管人员和其他直接责任人员依法给予处分；构成犯罪的，依法追究刑事责任。

第六十九条 违反本条例规定，企业事业单位和其他生产经营者未取得排污许可证排放污染物的，由生态环境主管部门责令改正或者责令限制生产、停产整治，并处 10 万元以上 100 万元以下的罚款；情节严重的，报经有批准权的人民政府批准，责令停业、关闭。

实行排污登记管理的企业事业单位和其他生产经营者未按照本条例规定办理排污登记排放污染物的，由生态环境主管部门责令限期改正，处 5000 元以上 5 万元以下的罚款。

第七十条 违反本条例规定，企业事业单位和其他生产经营者有下列行为之一的，受到罚款处罚，被责令改正拒不改正的，依法作出处罚决定的行政主管部门可以自责令改正之日的次日起，按照原处罚数额按日连续处罚：

（一）未依法取得排污许可证排放污染物的；

（二）超过污染物排放标准或者超过重点污染物排放总量控制指标排放污染物的；

（三）未按照国家和本省的要求建设、安装、使用防治污染设施直接排放污染物的；

（四）通过暗管、渗井、渗坑、灌注或者篡改、伪造监测数据，或者不正常运行防治污染设施等逃避监管的方式排放污染物的；

（五）法律法规规定的其他实施按日连续处罚的行为。

第七十一条 违反本条例规定，建设单位未依法报批建设项目环境影响评价报告书、报告表，或者未依法重新报批或者报请重新审核环境影响报告书、报告表，擅自开工建设的，由生态环境主管部门责令停止建设，根据违法情节和危害后果，处建设项目总投资额 1% 以上 5% 以下的罚款，并可以责令恢复原状；对建设单位直接负责的主管人员和其他直接责任人员，依法给予处分。

建设项目环境影响报告书、报告表未经批准或者未经原审批部门重新审核同意，建设单位擅自开工建设的，依照前款的规定处罚、处分。

建设单位未依法备案建设项目环境影响登记表的，由生态环境主管部门责令备案，处5万元以下的罚款。

第七十二条 违反本条例规定，重点排污单位有下列行为之一的，由生态环境主管部门责令改正，处2万元以上20万元以下的罚款；拒不改正的，责令停产整治：

（一）未按照规定安装使用自动监测设备，或者未与生态环境主管部门的监控设备联网的；

（二）不正常运行自动监测设备的；

（三）破坏、损毁或者擅自拆除、闲置自动监测设备的；

（四）未按照规定向社会公开自动监测数据的。

第七十三条 违反本条例规定，生态环境监测机构篡改、伪造监测数据或者出具虚假监测报告的，由生态环境主管部门责令改正，处10万元以上50万元以下的罚款；情节严重的，移送相关资质认定部门依法撤销其资质认定证书。

第七十四条 违反本条例规定，排放污染物的企业事业单位和其他生产经营者未按照规定建立、保存环境管理台账或者台账记录内容不完整、弄虚作假的，由生态环境主管部门责令改正，处2万元以上20万元以下的罚款；拒不改正的，责令停产整治。

纳入生态环境保护统计调查范围的企业事业单位和其他生产经营者拒绝提供环境统计资料、提供不真实或者不完整的环境统计资料的，由县级以上人民政府统计机构责令改正，依照《中华人民共和国统计法》予以处理。

第七十五条 违反本条例规定，突发环境事件发生后，企业事业单位未及时启动突发环境事件应急预案，采取有关必要措施的，由生态环境主管部门责令改正；情节严重的，处2万元以上10万元以下的罚款；造成严重环境污染、生态破坏或者重大不良社会影响的，除承担生态环境损害赔偿责任外，依法追究直接负责的主管人员和其他直接责任人员的责任。

第七十六条 违反本条例规定，在城市市区噪声敏感建筑物集中区域内，夜间进行禁止进行的产生环境噪声污染的建筑施工作业的，由城市管理部门责令改正，可以处5万元以上10万元以下的罚款。

第七十七条 违反本条例规定，重点排污单位未按照要求公开环境信息的，由生态环境主管部门责令公开，处10万元以下的罚款，并予以公告。

第七十八条 违反本条例规定，大气污染物排放重点企业不执行重污染天气应急减排措施的，由生态环境主管部门责令改正；拒不改正的，处10万元以上50万元以下的罚款。

第七十九条 违反本条例规定，造成环境污染或者生态破坏的，应当依法承担生态环境损害赔偿责任，并负担清除污染、修复生态环境、修复期间服务功能的损失、生态环境功能永久性损害造成的损失以及生态环境损害赔偿调查、鉴定评估等费用。

因环境污染、生态破坏受到损害的单位和个人，有权依法要求污染者承担停止侵害、排除妨碍、消除危险、恢复原状、赔偿损失等民事侵权责任。

第八十条 违反本条例规定，法律法规对法律责任已有规定的，从其规定。

第八章 附则

第八十一条 本条例自2020年7月1日起施行。（1994年11月2日河北省第八届人民代表大会常务委员会第十次会议通过，2005年3月25日河北省第十届人民代表大会常务委员会第十四次会议修订通过，2016年9月22日河北省第十二届人民代表大会常务委员会第二十三次会议修正，2005年5月1日起施行的《河北省环境保护条例》同时废止。）

河北省水污染防治条例

（1997 年 10 月 25 日河北省第八届人民代表大会常务委员会第二十九次会议通过　根据 2014 年 5 月 30 日河北省第十二届人民代表大会常务委员会第八次会议《河北省人民代表大会常务委员会关于修改部分法规的决定》修正　2018 年 5 月 31 日河北省第十三届人民代表大会常务委员会第三次会议修订）

第一章　总则

第一条　为了保护和改善环境，防治水污染，保护水生态，保障饮用水安全，维护公众健康，推进生态文明建设，促进经济社会可持续发展，根据《中华人民共和国水污染防治法》等有关法律、行政法规的规定，结合本省实际，制定本条例。

第二条　本条例适用于本省行政区域内的河流、湖泊、运河、渠道、湿地、洼地、坑塘、淀库、蓄滞洪区等地表水体以及地下水体的污染防治。

海洋污染防治适用海洋环境保护有关法律法规。

第三条　水污染防治应当坚持统筹规划、预防为主、防治结合、综合治理、公众参与、损害担责的原则，优先保护饮用水水源，严格控制工业污染，防治城镇生活污染，减少农业面源污染，推进生态治理和修复，预防、控制和减少水环境污染和生态破坏。

第四条　各级人民政府对本行政区域的水环境质量负责，并应当及时采取措施持续改善水生态。

县级以上人民政府应当将水污染防治工作纳入国民经济和社会发展规划，确定年度水污染防治工作任务和目标，合理规划城镇布局和工业发展布局，优化产业结构，完善政策措施，统筹城乡水污染治理，保障本行政区域的水环境质量达到国家和本省规定的标准。

第五条　省、设区的市人民政府环境保护主管部门对本行政区域内水污染防治工作实施统一监督管理。

县级以上人民政府有关部门以及负有水环境保护监督管理职责的部门在各自的职责范围内，对有关水污染防治实施监督管理。

乡（镇）人民政府、街道办事处在县（市、区）人民政府的指导下，根据本地实际组织开展水污染防治工作。

第六条　省、市、县（市、区）、乡（镇）建立河长制、湖长制，分级分段分区组织领导本行政区域内河流、湖泊的水资源保护、水域岸线管理、水污染防治、水环境治理、水生态修复等工作。

县级及以上河长、湖长负责组织对相应河湖下一级河长、湖长实施考核。

第七条 县级以上人民政府应当加大对水污染防治的财政投入，加强水污染防治资金使用的监督管理，提高资金使用效益。

鼓励和支持社会资本参与水污染防治，引导金融机构增加对水污染防治项目的信贷支持。

鼓励、支持水污染防治科学技术研究，推广应用先进适用的水污染防治技术、设备，推进水污染防治产业发展。

县级以上人民政府及其有关部门应当对在水污染防治工作中做出显著成绩的单位和个人给予表彰和奖励。

第八条 各级人民政府应当加强水污染防治与节约用水的宣传教育工作，普及水污染防治法律法规和科学知识，鼓励基层群众性自治组织、社会组织、环境保护志愿者开展公益宣传，营造保护水环境的良好氛围。

教育行政部门、学校应当将水污染防治与节约用水知识纳入学校教育内容，培养学生的水环境保护意识。

新闻媒体应当开展水污染防治法律法规和节约用水知识的宣传，对污染水环境违法行为进行舆论监督。

第九条 企业事业单位和其他生产经营者应当健全水环境保护管理制度，如实向社会公开环境信息，实施清洁生产，采取有效措施，防止和减少水环境污染和生态破坏，对造成的水环境损害承担法律责任，依法接受环境保护主管部门以及其他负有水环境保护监督管理职责的部门的监督管理。

公民应当增强水环境保护意识，采取低碳、节俭的生活方式，自觉履行水环境保护义务，并有权对污染水环境的违法行为进行检举。

第二章 水污染防治的标准和规划

第十条 省人民政府可以对国家水环境质量标准和水污染物排放标准中未作规定的项目制定地方标准；对国家水环境质量标准和水污染物排放标准中已作规定的项目可以制定严于国家标准的地方标准，并报国务院环境保护主管部门备案。

直接或者间接向白洋淀、衡水湖以及重要河流流域排放污染物的，其主要污染物应当符合相应水功能区的水环境质量标准限值。

第十一条 省人民政府应当定期评估水环境质量标准、水污染物排放标准的执行情况，并根据需要予以修订。

第十二条 省人民政府环境保护主管部门应当会同有关部门和有关设区的市、县（市、区）人民政府按照国家确定的重要河流、湖泊的流域水污染防治规划和本省实际情况，编制本省行政区域内河流、湖泊的流域水污染防治规划。

跨省河流、湖泊的流域水污染防治规划经省人民政府审核后，报国务院批准。省内跨县河流、湖泊的流域水污染防治规划报省人民政府批准后，报国务院备案。

县级以上人民政府应当根据本省的流域水污染防治规划，组织制定本行政区域的水污染防治规划。

第十三条 设区的市、县（市、区）人民政府应当按照水污染防治规划确定的水环境质量改善目标的要求，制定限期达标实施规划，采取措施按期达标。

设区的市、县（市、区）人民政府应当将限期达标实施规划报上一级人民政府备案，并向社会公开。

第三章 饮用水水源保护

第十四条 饮用水水源保护区的划定，由设区的市、县（市、区）人民政府提出划定方案，报省人民政府批准。

饮用水水源保护区分为一级保护区和二级保护区；必要时，可以在饮用水水源保护区外围划定一定的区域作为准保护区。

除因饮用水水源功能发生变化、水质不能满足饮用水要求、饮用水水源安全受到威胁等原因确需调整外，饮用水水源保护区一经划定不得调整。饮用水水源保护区调整应当报省人民政府批准。

第十五条 饮用水水源一级保护区内禁止下列行为：

（一）新建、改建、扩建与供水设施和保护水源无关的建设项目；

（二）从事网箱养殖、旅游、游泳、垂钓或者其他可能污染饮用水水体的活动。

已建成的与供水设施和保护水源无关的建设项目，由县级以上人民政府责令拆除或者关闭。

第十六条 饮用水水源二级保护区内禁止下列行为：

（一）新建、改建、扩建排放污染物的建设项目；

（二）从事网箱养殖等可能污染饮用水水体的活动。

已建成的排放污染物的建设项目，由县级以上人民政府责令拆除或者关闭。

第十七条 禁止在饮用水水源准保护区内新建、扩建对水体污染严重的建设项目；改建建设项目，不得增加排污量。

第十八条 禁止在饮用水水源保护区内设置排污口。

第十九条 饮用水水源保护区所在地人民政府应当加强饮用水水源地隔离防护设施建设。在饮用水水源保护区的边界建设护栏围网或者生态隔离设施，并设立明确的地理界标和明显的警示标志。

禁止毁损、擅自移动前款规定的护栏围网、地理界标和警示标志。

第二十条 县级以上人民政府应当组织环境保护等部门对饮用水水源保护区、地下水型饮用水源的补给区以及供水单位周边区域的环境状况和污染风险进行调查评估，筛查可能存在的污染风险因素，并采取相应的风险防范措施。

饮用水水源受到污染可能威胁供水安全的，环境保护主管部门应当责令有关企业事业单位和其他生产经营者采取停止排放水污染物等措施，并通报饮用水供水单位和供水、卫生、水行政等部门；跨行政区域的，还应当通报相关地方人民政府。

县级以上人民政府有关部门应当监测、评估本行政区域内饮用水水源、供水单位供水和用户水龙头出水的水质等饮用水安全状况，至少每季度向社会公开一次饮用水安全状况信息。

饮用水供水单位应当做好取水口和出水口的水质检测工作，确保供水设施安全可靠运行，并对供水水质负责。

第二十一条　设区的市人民政府应当建设应急水源或者备用水源，有条件的地区可以开展区域联网供水。

第四章　水污染防治措施

第二十二条　禁止下列污染地表水体和地下水体的行为：

（一）向水体排放油类、酸液、碱液或者剧毒废液；

（二）在水体清洗装贮过油类或者有毒污染物的车辆和容器；

（三）向水体排放、倾倒放射性固体废物或者含有高放射性和中放射性物质的废水；

（四）向水体排放含有不符合国家有关放射性污染防治规定和标准的低放射性物质的废水；

（五）向水体排放未经消毒处理且不符合国家有关标准的含病原体的污水；

（六）向水体倾倒、排放工业废渣、城镇垃圾和其他废弃物；

（七）将含有汞、镉、砷、铬、铅、氰化物、黄磷等的可溶性剧毒废渣向水体排放、倾倒或者直接埋入地下；

（八）在河流、湖泊、运河、渠道、淀库最高水位线以下的滩地和岸坡堆放、存贮固体废弃物和其他污染物；

（九）利用渗井、渗坑、裂隙、溶洞，私设暗管，篡改、伪造监测数据，或者不正常运行水污染防治设施等逃避监管的方式排放水污染物；

（十）有关法律法规规定的其他污染水体的行为。

第二十三条　排放工业废水的企业应当采取有效措施，收集和处理产生的全部废水，防止污染环境。含有毒有害水污染物的工业废水应当分类收集和处理，不得稀释排放。

工业园区（工业集聚区）应当同步规划、配套建设相应的工业污水集中处理设施以及管网，并安装自动在线监控装置；未按照规定完成的，暂停审批和核准其增加水污染物排放的建设项目，并依照有关规定撤销其园区资格。

向污水集中处理设施排放工业废水的，应当按照国家有关规定进行预处理，达到集中处理设施处理工艺要求后方可排放。

第二十四条　化学品生产、存储、运输、销售企业以及工业园区（工业集聚区）、矿山开采区、尾矿库、危险废物处置场、垃圾填埋场等运营、管理单位，应当采取防渗漏等措施，防止地下水污染。

加油站、储油库等的地下油罐应当使用双层罐或者采取建造防渗池等其他有效措施，并进行防渗漏监测，防止污染地下水。

第二十五条　工业固体废弃物集中贮存、处置的设施、场所和生活垃圾填埋场应当采取防扬散、防流失、防渗漏或者其他符合水污染防治要求的措施，防止污染水环境。

第二十六条　企业、学校、科研院所、医疗机构、检验检疫机构等单位的实验室、检验室、化验室等产生的酸液、碱液及其他有毒有害废液，应当按照国家和省有关规定进行处理后达标排放或者单独收集、安全处置。

第二十七条 县级以上人民政府应当统筹规划、配套建设城镇排水与污水处理设施，按照雨污分流、泥水并重的原则合理确定城镇排水与污水处理设施建设标准，统筹安排管网、泵站、污水处理厂以及污泥处理处置、再生水利用等排水与污水处理设施建设与改造。

污水处理厂应当安装自动监测设备，与环境保护主管部门的监控设备联网，并提高管网等设施的建设质量和维护管理水平，增设溢流调蓄设施、溢流口净化设施，采用新技术和新设备对溢流口进行生态化改造，减少溢流污染。

鼓励、支持污水处理厂进行尾水深度处理，促进循环利用，提高再生水回用率。

第二十八条 县级以上人民政府应当加快城市黑臭水体整治工作，制定整治规划和实施方案，向社会公布黑臭水体名称、治理责任人及达标期限。

各级人民政府应当有计划地采取控源截污、垃圾清理、清淤疏浚、水生态修复等措施进行综合整治，消除乡村黑臭水体。

第二十九条 禁止利用无防渗漏措施的沟渠、坑塘等输送或者存贮含有毒污染物的废水、含病原体的污水和其他废弃物。

已经形成的纳污坑塘，有明确责任主体的，当地县级以上人民政府应当监督其制定整治方案，限期治理；没有明确责任主体的，应当由当地县级以上人民政府负责限期治理。

第三十条 县级以上人民政府农业主管部门和其他有关部门，应当采取措施，指导农业生产者科学、合理施用化肥、农药等农业投入品，推进化肥、农药使用减量化，防止造成水污染。

集中式饮用水水源保护区及引黄和南水北调工程沿线等环境敏感区，应当建设生态沟渠、污水净化塘、地表径流集蓄池等设施，净化农田排水及地表径流。

第三十一条 县级以上人民政府根据水环境质量改善和水污染防治等要求，科学确定养殖规模，划定畜禽养殖禁养区，合理优化养殖布局，促进畜禽养殖废弃物资源化利用。

支持畜禽养殖场、养殖小区建设畜禽粪便、废水的综合利用或者无害化处理设施。规模化养殖场、养殖小区应当配套建设粪便污水贮存、处理、利用设施，推进粪便污水资源化利用。

散养密集区所在地县（市、区）人民政府、乡（镇）人民政府、街道办事处应当组织对畜禽粪便污水进行分户收集、集中处理。

第三十二条 县级以上人民政府有关部门应当根据乡村的人口分布密度、自然环境和经济条件等，科学确定乡村生活污水处理模式，鼓励应用新技术、新材料、新工艺、新设备进行污水处理设施建设，实施乡村厕所改造，推进乡村生活污水治理。

第三十三条 兴建地下工程设施或者进行地热开发、地下勘探、采矿等活动，应当采取防护性措施，防止地下水污染。

报废矿井、钻井或者取水井等，应当按照有关技术规范要求实施封井或者回填。

第三十四条 县级以上人民政府应当依据土地利用总体规划，推进山水林田湖草综合治理和生态修复。

省人民政府应当加强白洋淀、衡水湖以及重要河流流域环境综合整治和生态修复，推进河湖水系连通，建立生态补水长效机制，实施退田还湖还湿、退渔还湖，合理控制旅游开发规模。

第三十五条 县级以上人民政府应当加强生态岸线保护，对湖泊、淀库岸线实行分区管理，合理划分保护区、保留区、控制利用区、可开发利用区，因地制宜推进滨水绿化带、水源涵养林、沿河沿湖植被缓冲带和隔离带、沿湖湿地公园和水生生物保护区建设，提高流域环境资源承载能力。

第三十六条 船舶以及有关作业单位从事有水污染风险的作业活动，应当按照有关法律法规和标准，采取有效措施，防止造成水污染。

港口、码头、装卸站和船舶修造厂所在地市、县级人民政府应当统筹规划、配套建设垃圾接收、转运以及处理处置设施，提高含油污水、化学品洗舱水等接收处置能力以及污染事故应急能力。

第三十七条 鼓励和支持第三方参与水污染防治，提高治理专业化水平和治理效果。

排污单位承担水污染治理的主体责任，可以委托有治理能力的第三方，代其运营水污染防治设施或者实施水污染治理。接受委托的第三方进行水污染防治，应当遵守环境保护法律法规和相关技术标准。

第五章　水污染事故的预防与处置

第三十八条 县级以上人民政府应当做好突发水污染事故的应急准备、应急处置和事后恢复等工作。

第三十九条 县级以上人民政府应当制定和完善水污染事故应急预案，明确责任主体、预警预报与响应程序、应急处置及保障措施等内容，并报上级人民政府备案。

可能发生水污染事故的企业事业单位，应当按照有关规定制定有关水污染事故的应急方案，做好应急准备，定期进行预防演练。

第四十条 水环境受到污染，可能影响公众健康和水环境安全时，县级以上人民政府应当立即发布预警信息，并启动应急预案。

第四十一条 企业事业单位发生事故或者其他突发性事件，造成或者可能造成水污染事故的，应当立即启动本单位的应急方案，采取隔离等应急措施，防止水污染物外排，并向事故发生地的县级以上人民政府或者环境保护主管部门报告。环境保护主管部门接到报告后，应当及时核查处理，并向本级人民政府报告，同时通报有关部门。

第四十二条 流域上下游设区的市人民政府应当建立水污染事故应急联动机制，发生水污染事故的设区的市人民政府应当及时通报下游设区的市人民政府。

第四十三条 突发水污染事故应急处置工作结束后，所在地县级以上人民政府应当立即组织有关部门开展突发水污染事故调查，评估事故造成的环境影响和损失，提出损害赔偿请求，并及时将调查和评估结果向社会公开。

第六章 区域水污染防治协作

第四十四条 省人民政府应当推动与北京市、天津市和周边地区建立水污染防治上下游联动协作机制和统一协同的流域水环境管理机制，推进水污染防治规划、防治政策措施和技术标准、重点工程、监督防控的协调工作，共同预防和治理水污染、保护水环境。

第四十五条 省人民政府环境保护主管部门应当推进与北京市、天津市和周边地区跨界水质断面监测，定期通报监测数据，开展监测信息共享、联合执法和水污染事故应急处理工作。

第四十六条 省人民政府及其环境保护主管部门应当统筹建设水环境监测网，在饮用水水源地、国省控河流断面、跨行政区域河流断面、入海河流控制断面统一规划设置水质监测断面，实现水质实时监控，并将监测结果统一发布。

第四十七条 流域上下游设区的市人民政府及其环境保护主管部门应当建立联席会商和联防治污机制，协同日常监测、预警、检查，统筹协调跨行政区域水污染防治工作。

第四十八条 省人民政府应当通过资金补偿、产业转移、对口协作等方式，建立健全对位于饮用水水源保护区区域和河流、湖泊、水库上游地区的生态补偿机制。

建立健全流域上下游人民政府河流跨界断面水质目标责任考核以及生态补偿机制，并定期向社会公布考核结果。具体办法由省人民政府制定。

第七章 水污染防治的监督管理

第四十九条 县级以上人民政府每年在向本级人民代表大会或者其常务委员会报告环境质量状况和环境保护目标完成情况时，应当报告水污染防治限期达标实施规划执行情况，依法接受监督，并向社会公开。

第五十条 省人民政府应当建立健全环保督察机制，制定水环境保护督察问题清单和整改方案，明确督办内容、流程、时限，对整改和督办不力的纳入政府核查问责范围，并依法向社会公开，接受监督。

第五十一条 省人民政府应当建立水资源、水环境承载能力监测预警机制，组织有关部门或者委托专业机构，对水环境状况进行调查、评价。

省人民政府环境保护主管部门应当每年向社会公布全省水环境质量状况和改善率。

县级以上人民政府应当按照水资源、水环境承载能力统筹本行政区域内生活、生产、生态用水。超过承载能力的，应当调整发展规划和产业结构。

第五十二条 省人民政府有关部门应当每两年开展一次水功能达标状况评估，对全省入河排污口水质及水量现状进行调查，制定入河排污口优化和规范化建设方案。

县级以上人民政府应当针对未达到水质目标要求的河流，制定达标方案，明确防治措施及达标期限。

第五十三条 新建、改建、扩建直接或者间接向水体排放污染物的建设项目和其他水上设施，应当依法进行环境影响评价。

建设项目的水污染防治设施，应当与主体工程同时设计、同时施工、同时投入使用。

水污染防治设施应当符合经批准或者备案的环境影响评价文件的要求。

水污染防治设施应当正常运行，不得擅自停用、闲置或者拆除。未能正常运行的，应当及时采取有效措施，并向所在地人民政府环境保护主管部门报告。

第五十四条 实行水污染物排放浓度控制和重点水污染物排放总量控制相结合的管理制度。排放水污染物的，应当符合国家或者本省水污染物排放标准；排放重点水污染物的，应当符合国家或者本省重点水污染物排放总量控制指标。

第五十五条 依法实行排污许可管理制度。

纳入排污许可管理名录的企业事业单位和其他生产经营者，应当依法取得排污许可证，按照排污许可证载明的排放水污染物种类、浓度、总量和排放去向等要求排放水污染物。

依法实行排污许可管理的企业事业单位和其他生产经营者，应当按照有关规定和监测规范，对其排放的水污染物进行监测，并保存原始监测记录。

第五十六条 向水体排放水污染物的企业事业单位和其他生产经营者，应当依法设置排污口。

排放国务院公布名录所列有毒有害水污染物的企业事业单位和其他生产经营者，应当对排污口和周边环境进行监测，评估环境风险，排查环境安全隐患，并公开有毒有害水污染物信息，采取有效措施防范环境风险。

第五十七条 县级以上人民政府及其有关部门应当加强信息化建设，逐步完善水资源和水环境监测、污染源监控、监督管理信息系统，推进水污染防治监督和管理的信息共享。

第五十八条 重点排污单位应当安装水污染物排放自动监测设备，与环境保护主管部门的监控设备联网，并保证监测设备正常运行。

环境保护主管部门发现重点排污单位的水污染物排放自动监测设备传输数据异常，应当及时进行调查、处理。

第五十九条 省、设区的市人民政府环境保护主管部门和县级以上人民政府负有水环境保护监督管理职责的部门，有权对本行政区域内的排污单位进行现场检查。被检查单位应当如实反映情况，并提供必要的资料。

第六十条 实行水环境质量目标责任制和考核评价制度。

省人民政府制定考核奖惩办法，对设区的市、县（市、区）人民政府水环境质量改善目标、水污染防治重点任务完成情况实施考核。考核结果应当向社会公开。

第六十一条 实行生态环境损害责任终身追究制。对在落实水污染防治监督管理责任过程中不履职、不当履职、违法履职，导致产生严重后果和恶劣影响的责任单位和责任人依法依规进行责任追究。

第六十二条 对超过重点水污染物排放总量控制指标或者未完成水环境质量改善目标的地区，省人民政府环境保护主管部门应当会同有关部门约谈该地区人民政府的主要负责人，并暂停审批新增重点水污染物排放总量的建设项目的环境影响评价文件。约谈情况应当向社会公开。

省、设区的市人民政府环境保护主管部门可以约谈向水体违法排放水污染物的企业事业单位主要负责人和其他生产经营者，责令其制定整治方案，并向社会公开约谈情况、整改措施及结果。

第六十三条 省、设区的市人民政府环境保护主管部门和县级以上人民政府负有水环境保护监督管理职责的部门应当公布举报电话、电子邮箱等，方便公民、法人和其他组织举报。

接到举报的部门应当限期处理，并对举报人的相关信息予以保密，保护举报人的合法权益。举报线索经查证属实的，有关部门应当按照规定对举报人给予奖励。

第六十四条 省、设区的市人民政府环境保护主管部门应当将企业事业单位和其他生产经营者的污染水环境违法信息记入社会诚信档案，纳入社会信用信息平台，实行失信联合惩戒。

第六十五条 对破坏水环境，损害社会公共利益的行为，法律规定的机关和社会组织，可以依照法律法规的有关规定提起公益诉讼。

法律规定的机关和社会组织申请负有水环境保护监督管理职责的部门为其提起公益诉讼提供监测数据、污染损害取证等方面协助的，负有水环境保护监督管理职责的部门应当予以支持。

排放水污染物造成生态环境损害的单位和个人，应当按照国家有关规定承担生态环境损害赔偿责任。

第八章　法律责任

第六十六条 各级人民政府，省、设区的市人民政府环境保护主管部门和县级以上人民政府负有水环境保护监督管理职责的其他部门发现违法行为或者接到对违法行为的举报后不予查处的，或者有其他未依照本条例规定履行职责的行为的，对直接负责的主管人员和其他直接责任人员依法给予处分。

第六十七条 违反本条例规定设置排污口的，按照《中华人民共和国水污染防治法》第八十四条的规定予以处罚。

第六十八条 违反本条例规定，有污染饮用水水源行为的，按照《中华人民共和国水污染防治法》第九十一条的规定予以处罚。

第六十九条 违反本条例规定，毁损、擅自移动饮用水水源保护区护栏围网、地理界标和警示标志的，由环境保护主管部门、水行政主管部门按照各自职责责令停止违法行为，恢复原状，可以处3000元以上1万元以下的罚款；情节严重的，处1万元以上3万元以下的罚款。

第七十条 违反本条例规定，有下列行为之一的，由环境保护主管部门责令改正或者责令限制生产、停产整治，并处20万元以上100万元以下的罚款；情节严重的，报经有批准权的人民政府批准，责令停业、关闭：

（一）超过水污染物排放标准或者超过重点水污染物排放总量控制指标排放水污染物的；

（二）未依法取得排污许可证排放水污染物的；

（三）利用渗井、渗坑、裂隙、溶洞，私设暗管，篡改、伪造监测数据，或者不正常运行水污染防治设施等逃避监管的方式排放水污染物的；

（四）未按照规定进行预处理，向污水集中处理设施排放不符合处理工艺要求的工业废水的。

第七十一条 违反本条例第二十二条第（一）项至第（八）项、第二十四条第二款、第二十九条第一款规定的，由环境保护主管部门责令停止违法行为，限期采取治理措施，消除污染；逾期不采取治理措施的，环境保护主管部门可以指定有治理能力的单位代为治理，所需费用由违法者承担。

违反本条例第二十二条第（二）项、第（四）项、第（五）项、第（六）项、第（八）项、第二十四条第二款规定的，处2万元以上5万元以下的罚款；情节严重的，处5万元以上20万元以下的罚款。

违反本条例第二十二条第（一）项、第（三）项、第（七）项、第二十九条第一款规定的，处10万元以上30万元以下的罚款；情节较重的，处30万元以上100万元以下的罚款；情节严重的，报经有批准权的人民政府批准，责令停业、关闭。

第七十二条 违反本条例规定，有下列行为之一的，由环境保护主管部门责令限期改正，处3万元以上10万元以下的罚款；情节较重的，处10万元以上20万元以下的罚款；逾期不改正的，责令停产整治：

（一）未按照规定对所排放的水污染物进行监测，或者未保存原始监测记录的；

（二）未按照规定安装水污染物排放自动监测设备，未按照规定与环境保护主管部门的监控设备联网，或者未保证监测设备正常运行的；

（三）未按照规定对有毒有害水污染物的排污口和周边环境进行监测，或者未公开有毒有害水污染物信息的。

第七十三条 违反本条例规定，企业事业单位有下列行为之一的，由环境保护主管部门责令改正；情节严重的，处2万元以上10万元以下的罚款：

（一）不按照规定制定水污染事故的应急方案的；

（二）水污染事故发生后，未及时启动水污染事故的应急方案，采取有关应急措施的。

第七十四条 违反本条例规定，造成水污染事故的，按照《中华人民共和国水污染防治法》第九十四条的规定予以处罚。

第七十五条 违反本条例规定，企业事业单位和其他生产经营者违法排放水污染物，受到罚款处罚，被责令改正的，依法作出处罚决定的行政机关应当组织复查，发现其继续违法排放水污染物或者拒绝、阻挠复查的，依照《中华人民共和国环境保护法》的规定按日连续处罚。

第七十六条 违反本条例规定，以拖延、围堵、滞留执法人员等方式拒绝、阻挠环境保护主管部门或者其他行使监督管理权的部门的监督检查，或者在接受监督检查时弄虚作假的，由环境保护主管部门以及其他负有水环境保护监督管理职责的部门责令改正，处3

万元以上10万元以下的罚款；情节严重的，处10万元以上20万元以下的罚款。

第七十七条 违反本条例规定，构成犯罪的，依法追究刑事责任。

第九章 附则

第七十八条 本条例自2018年9月1日起施行。1997年10月25日河北省第八届人民代表大会常务委员会第二十九次会议通过的《河北省水污染防治条例》同时废止。

河北省大气污染防治条例

（2016年1月13日河北省第十二届人民代表大会第四次会议通过，自2016年3月1日起施行。）

第一章　总则

第一条　为保护和改善环境，防治大气污染，保障公众健康，推进生态文明建设，促进经济社会可持续发展，根据《中华人民共和国大气污染防治法》等有关法律法规的规定，结合本省实际，制定本条例。

第二条　本条例适用于本省行政区域内的大气污染防治。

第三条　防治大气污染，应当以改善大气环境质量为目标，遵循源头治理、规划先行，突出重点、防治结合，政府主导、公众参与的原则。

第四条　各级人民政府对本行政区域内的大气环境质量负责。

县级以上人民政府应当将大气污染防治工作纳入国民经济和社会发展规划，合理规划城镇布局和工业发展布局，优化产业结构和能源结构，加强生态建设，改善大气环境质量。

第五条　县级以上人民政府环境保护主管部门对本行政区域内的大气污染防治实施统一监督管理。

县级以上人民政府其他有关部门在各自职责范围内对大气污染防治实施监督管理：

（一）县级以上人民政府发展和改革、工业和信息化部门负责煤炭消费总量控制，优化产业和能源结构以及布局调整，组织推动工业企业技术改造和升级、落后产能淘汰计划实施，加大清洁能源利用，发展循环经济，制定和完善大气环境保护等相关政策；

（二）县级以上人民政府公安、交通运输、商务等部门对机动车以及非道路移动机械、油气回收治理等实施监督管理；

（三）县级以上人民政府住房和城乡建设、国土资源、交通运输、城市管理、工业和信息化等部门对建筑扬尘、矿山扬尘、道路扬尘、企业料堆场等实施监督管理；

（四）县级以上人民政府城市管理、公安、工商、食品监督、农业等部门对餐饮服务、露天烧烤、原煤散烧、秸秆禁烧等实施监督管理；

（五）县级以上人民政府农业、林业、畜牧等部门对农业生产、畜禽养殖造成的大气污染等实施监督管理；

（六）县级以上人民政府交通运输、渔业部门、海事机构对船舶大气污染物排放实施监督管理。

乡（镇）人民政府和街道办事处在县（市、区）人民政府的指导下，根据本地区的实际，组织开展大气污染防治工作。

第六条 企业事业单位和其他生产经营者应当遵守法律法规的规定，健全环境保护管理制度，落实岗位责任制，如实向社会公开环境信息，自觉接受环境保护主管部门和其他负有大气环境保护监督管理职责的部门监督管理。加强清洁生产管理，采取有效措施，防止和减少大气污染，对所造成的损害依法承担责任。

公民应当增强大气环境保护意识，采取低碳、节俭、绿色的生活方式，自觉履行大气环境保护责任。

第七条 本省实行大气环境质量目标责任制和考核评价制度。省人民政府制定考核奖惩办法，对各设区的市、县（市、区）大气环境质量改善目标、大气污染防治重点任务完成情况实施考核。考核结果应当向社会公开。

第八条 县级以上人民政府应当加大对大气污染防治的财政投入，加强大气污染防治资金的监督管理，提高资金使用效益。

各级人民政府对开展技术改造、能源替代的企业事业单位和其他生产经营者应当给予扶持和帮助。

鼓励和支持社会资本参与大气污染防治，引导金融机构增加对大气污染防治项目的信贷支持。

第九条 省、设区的市人民政府应当鼓励和支持大气污染防治科学技术研究，开展对大气污染来源及其变化趋势的分析，编制大气污染物源排放清单，推广和应用先进的防治技术，发挥科学技术在大气污染防治中的支撑作用。

县级以上人民政府有关部门应当引导、服务企业事业单位和其他生产经营者，增强大气环境保护意识，采取有效措施，防止和减少大气污染。

第十条 各级人民政府对在防治大气污染、保护和改善大气环境方面成绩显著的单位和个人给予奖励。

机关、社会团体、学校、新闻媒体、基层群众性自治组织等，应当加强大气环境保护宣传和教育，普及大气污染防治法律法规和科学知识，提高公众的大气环境保护意识，推动公众参与大气环境保护。

第二章 大气污染防治的规划和标准

第十一条 未达到国家大气环境质量标准的设区的市人民政府应当按照国家和本省大气污染防治目标要求和区域大气环境质量状况，制定大气环境质量限期达标规划和大气污染防治年度实施计划，并采取严格的大气污染控制措施，按期达到规定的大气环境质量标准。

达到国家大气环境质量标准的设区的市人民政府应当按照国家和本省要求，制定大气环境质量持续改善措施。

大气环境质量达标规划和大气污染防治年度实施计划以及实施效果应当向社会公开，并适时进行评估、修订。

第十二条 省人民政府可以对国家大气环境质量标准和污染物排放标准中未作规定的，制定本省地方标准；对国家大气污染物排放标准中已作规定的，可以制定严于国家标准的地方标准，并报国务院环境保护主管部门备案。

省人民政府根据大气环境质量标准、主体功能区划和经济技术条件，合理确定本省重点产业发展布局、结构和规模，制定并完善大气环境功能区划。

第十三条 省人民政府应当组织有关部门或者委托专业机构，对大气环境状况进行调查、评价，建立大气环境承载能力监测预警机制。

第十四条 县级以上人民政府应当统筹考虑区域环境资源承载能力，合理确定重点产业和能源结构，制定和推行有利于大气污染防治的经济政策，促进污染企业进行技术改造与产业升级。

县级以上人民政府应当优化产业布局，逐步将钢铁、水泥、平板玻璃、化学合成制药、有色金属冶炼、化工等重污染企业搬出城市建成区和生态红线控制区。在完成落实技术改造措施和达到排放污染防治标准要求后，迁入工业园区。

第十五条 本省实行重点大气污染物排放总量控制制度，逐步削减重点大气污染物排放总量。

省人民政府结合经济社会发展水平、环境质量状况、产业结构，将重点大气污染物排放总量控制指标，分解落实到设区的市、县（市）人民政府。设区的市、县（市）人民政府按照公开、公平、公正的原则，将重点大气污染物排放总量控制指标分解落实到排污单位。排污单位不得超过总量控制指标排放大气污染物。

第十六条 本省在严格控制重点大气污染物排放总量、实行排放总量削减计划的前提下，按照有利于总量减少的原则，逐步推行重点大气污染物排污权和碳排放权交易。

第十七条 本省实行大气污染物排污许可管理制度。向大气排放工业废气或者有毒有害大气污染物的企业事业单位、集中供热设施的燃煤热源生产运营单位，以及其他依法实行排污许可管理的单位，应当依法取得排污许可证。禁止无排污许可证或者不按照排污许可证的规定排放大气污染物。

向大气排放污染物的排污单位，应当按照国家和本省规定，设置大气污染物排放口及其标志。除因发生或者可能发生安全生产事故或者突发环境事件需要通过应急排放通道排放大气污染物外，禁止通过其他排放通道排放大气污染物。

第十八条 向大气排放污染物的重点排污单位，应当按照国家和本省有关规定安装使用大气污染物排放自动监测设备，并与环境保护主管部门的监控设备联网，保证监测设备正常运行并依法公开排放信息。

重点排污单位不得破坏、损毁或者擅自拆除、闲置大气污染物排放自动监测设备，不得篡改、伪造监测数据。

第十九条 鼓励和支持社会资本投入大气环境治理领域，推行大气污染第三方治理，提高治理专业化水平和治理效果。

排污单位承担大气污染治理的主体责任，可以委托具有相应资质的第三方，代其运营大气污染防治设施或者实施大气污染治理。接受委托的第三方，应当遵守环境保护法律法规和相关技术标准以及排污企业委托要求，承担约定的污染治理责任。

第二十条 对超过国家或者本省重点大气污染物排放总量控制指标、未完成国家或者本省确定的大气环境质量目标的地区，省人民政府环境保护主管部门应当暂停审批新增重点大气污染物排放总量的建设项目环境影响评价文件。

第二十一条 县级以上人民政府应当科学编制并严格实施城市规划，建立有利于大气污染物扩散的城市和区域空间格局，设置和预留区域生态过渡带和生态保护区。

县级以上人民政府应当按照主体功能区划合理规划工业园区的布局。新建产生大气污染物的工业项目，应当严格环境准入，按照有利于减少大气污染物排放、资源循环利用和集中治理的原则，集中安排在工业园区建设。

第三章 大气污染防治措施

第一节 燃煤和其他能源污染防治

第二十二条 省人民政府发展和改革部门应当会同有关部门，根据经济社会发展需求以及区域环境资源承载能力等条件，制定区域煤炭消费总量控制规划和削减目标，逐步降低煤炭在一次能源消费中的比重，重点削减工业用煤和民用煤使用量，实现煤炭消费负增长。

设区的市和县（市、区）人民政府应当根据区域煤炭消费总量控制规划和削减目标，制定本级的区域煤炭消费总量控制计划并组织实施。

第二十三条 设区的市人民政府应当根据大气环境质量改善要求，将不低于城市建成区面积 80% 的范围划定为高污染燃料禁燃区。县（市、区）人民政府可以根据实际情况划定高污染燃料禁燃区范围。

禁燃区内不得新建燃烧煤炭、重油、渣油等高污染燃料的设施；现有燃烧高污染燃料的设施，应当限期改用清洁能源；未改用清洁能源替代的高污染燃料设施，应当配套建设先进工艺的脱硫、脱硝、除尘装置或者采取其他措施，控制二氧化硫、氮氧化物和烟尘等排放；仍未达到大气污染物排放标准的，应当停止使用。

禁燃区内禁止原煤散烧。

第二十四条 各级人民政府应当加强煤炭质量管理，禁止生产、进口、运输、销售和使用不符合标准的煤炭，鼓励燃用优质煤炭。

煤炭使用单位应当采用先进洁净煤技术，提高煤炭利用效率，降低大气污染物排放。

第二十五条 县级以上人民政府应当限期淘汰不符合国家规定规模的燃煤锅炉，加快改造燃煤锅炉和燃煤工业窑炉，推广使用清洁燃料。

禁止燃煤锅炉、燃煤工业窑炉、单位使用或者经营性的炉灶等设施排放明显可见黑烟。

第二十六条 县级以上人民政府应当统筹规划城市建设，发展热电联产和集中供热。

新建项目禁止配套建设自备燃煤电站。除热电联产外，禁止审批新建燃煤发电项目，现有多台燃煤机组装机容量合计达到国家规定要求的，可以按照煤炭等量替代的原则建设为大容量燃煤机组。

具备稳定热源的集中供热区域和联片采暖区域内的热力用户，应当使用集中供应的热源，不得建设分散的燃煤供热设施，原有分散的中小型燃煤供热设施应当限期拆除。

推广集中供热计量收费，提高供热效率，降低能源消耗。

第二十七条 各级人民政府应当采取以下措施，加强农村燃煤污染治理：

（一）推广使用民用清洁燃烧炉具，加快淘汰低效直燃式高污染炉具，严禁生产、销售、使用不符合环保要求的炉具；

（二）加强洁净型煤、优质煤炭的推广使用，实现农村地区洁净型煤配送网点建设全覆盖，严禁使用高硫分和劣质煤炭；

（三）推广太阳能、电能、燃气、沼气、地热等使用，加强农作物秸秆能源化，推进农村清洁能源的替代和开发利用。

第二节 工业污染防治

第二十八条 省人民政府工业和信息化部门会同省发展和改革、环境保护、质量监督等部门，按照国家淘汰落后生产工艺设备和产品指导目录，提出本省淘汰落后生产工艺、设备和产品目录，报省人民政府批准后实施。

企业事业单位和其他生产经营者应当在规定期限内，淘汰列入前款名录的生产工艺、设备和产品。

第二十九条 根据国家产业政策，严格控制新建、改建、扩建钢铁、水泥、平板玻璃、化学合成制药、有色金属冶炼、化工等工业项目。

现有大气重污染工业项目应当按照国家和本省有关规定开展清洁生产审核。

第三十条 对产能严重过剩行业、大气重污染企业，实行阶梯排污收费、差别信贷、差别水价、惩罚性电价。

第三十一条 在生产经营过程中产生有毒有害大气污染物的，排污单位应当安装收集净化装置或者采取其他措施，达到国家和本省规定的排放标准。

禁止直接排放有毒有害大气污染物。

第三十二条 用于工业生产的锅炉应当达到国家和本省规定的锅炉大气污染物排放标准，并标明燃料要求和大气污染物排放控制指标。

第三十三条 产生含挥发性有机物废气的生产和服务活动，应当在密闭空间或者设备中进行，并按照规定安装、使用污染防治设施；无法密闭的，应当采取措施减少废气排放。

禁止在人口集中地区从事露天喷漆、喷涂、喷砂、制作玻璃钢以及其他散发有毒有害气体的作业。

第三十四条 工业生产、垃圾填埋或者其他活动产生的可燃性气体应当回收利用，不具备回收利用条件的，应当采取污染防治措施。

可燃性气体回收利用装置不能正常作业的，应当及时修复或者更新。在回收利用装置不能正常作业期间确需排放可燃性气体的，应当将排放的可燃性气体充分燃烧或者采取其他控制措施，并向所在地人民政府环境保护主管部门报告，按照要求限期修复或者更新。

第三十五条 工业涂装企业应当使用低挥发性有机物含量的涂料，并建立台账，记录生产原料、辅料的使用量、废弃量、去向以及挥发性有机物含量。台账保存期限不得少于3年。

石油、化工、制药、印刷等产生挥发性有机物的工业企业，在生产过程中应当采取收集、处理等措施，确保达标排放。

第三十六条 石油、化工以及其他生产和使用有机溶剂的单位，应当建立泄漏检测与修复制度，对管道、设备进行日常维护、维修，及时收集处理泄漏物料。

新建储油库、储气库、加油加气站以及新登记油罐车、气罐车，应当按照国家标准配套安装油气回收系统并正常使用；已建储油库、储气库、加油加气站以及在用油罐车、气罐车，应当按照国家规定的标准和期限完成油气回收综合治理。

第三节 扬尘污染防治

第三十七条 从事各类工程建设等施工活动以及物料运输、堆放和其他产生扬尘污染物的建设单位和施工单位，应当向所在地人民政府负责监督管理扬尘污染防治的主管部门备案，并采取措施防止产生扬尘污染。

第三十八条 建设单位应当将施工扬尘污染防治费用纳入工程预算，并在施工合同中明确施工单位扬尘污染防治责任，施工单位应当制定具体施工扬尘污染防治方案并负责实施。

建设单位和施工单位应当遵守下列规定：

（一）开工前，在施工现场周边设置围挡并进行维护；暂未开工的建设用地，对裸露地面进行覆盖；超过3个月未开工的，应当采取临时绿化等防尘措施；

（二）在施工现场出入口公示施工现场负责人、环保监督员、扬尘污染控制措施、举报电话等信息；

（三）在施工现场出口处设置车辆冲洗设施并配套设置排水、泥浆沉淀设施，施工车辆不得带泥上路行驶，施工现场道路以及出口周边的道路不得存留建筑垃圾和泥土；

（四）施工现场出入口、主要道路、加工区等采取硬化处理措施；

（五）在施工工地内堆放水泥、灰土、砂石等易产生扬尘污染的物料，以及工地堆存的建筑垃圾、工程渣土、建筑土方应当采取遮盖、密闭或者其他抑尘措施；

（六）装卸和运输渣土、砂石、建筑垃圾等易产生扬尘污染物料的，应当采取完全密闭措施；

（七）出现重污染天气状况时，施工单位应当停止土石方作业、拆除工程以及其他可能产生扬尘污染的施工建设行为。

第三十九条 矿产资源开采、加工企业应当采用减尘工艺、技术和设备，采取洒水喷淋、运输道路硬化等抑尘措施，落实矿山生态恢复有关规定。

第四十条 企业料堆场应当按照有关规定进行封闭，不能封闭的应当安装防尘设施或者采取其他抑尘措施。装卸易产生扬尘的物料时，应当采取密闭或者喷淋等抑尘措施。

垃圾填埋场、建筑垃圾以及渣土消纳场，应当按照相关标准和要求采取抑尘措施。

第四十一条 城镇道路应当使用低尘机械化湿式清扫作业方式，进行降尘或者冲洗；采用人工方式清扫的，应当符合作业规范，减少扬尘。

运输渣土、砂石、建筑垃圾等易产生扬尘污染物料的车辆应当密闭，物料不得沿途散落或者飞扬，并按照规定路线行驶。

第四十二条 各级人民政府应当积极推动对裸露农田和农村荒地的治理，防治扬尘污染。

县级以上人民政府住房和城乡建设、城市管理、水利等部门按照职责分别对市政河道以及河道沿线、公共用地的裸露地面以及其他城镇裸露地面，进行绿化或者透水铺装，减轻扬尘污染。

第四节　机动车船和非道路移动机械污染防治

第四十三条 在用机动车船和非道路移动机械污染物排放，执行国家和本省规定的阶段性机动车船和非道路移动机械污染物排放标准。

第四十四条 新购置机动车应当符合本省污染物排放标准，或者经国家认可的检测机构检测确认达到本省新购置机动车污染物排放标准，方可在本省办理注册登记或者转入手续。

第四十五条 在用机动车应当按照国家和本省有关规定定期进行机动车污染物排放检验，经检验合格方可上道路行驶。未经检验合格的，公安机关交通管理部门不得核发安全技术检验合格标志。

县级以上人民政府环境保护主管部门可以在机动车集中停放地、维修地对在用机动车的大气污染物排放状况进行监督抽测，机动车集中停放地、维修地管理部门应当予以配合。

县级以上人民政府环境保护主管部门对在道路上行驶的机动车的污染物排放状况，在不影响正常通行的情况下可以通过遥感监测等手段进行监督抽测，公安机关交通管理部门应当予以配合。

第四十六条 机动车和非道路移动机械所有者或者使用者，被告知排放大气污染物超过标准的，应当及时进行维修，经检验合格后方可使用。

第四十七条 设区的市人民政府应当优化城市功能和布局，实施公共交通优先发展规划，合理控制燃油机动车保有量，推广新能源机动车，建设相应的充电站（桩）、加气站等基础设施，新建居民住宅小区停车位应当建设相应的充电设施；鼓励和支持公共交通、出租车、环境卫生、邮政、快递等行业用车和公务用车率先使用新能源机动车。

县级以上人民政府应当加强城市步行和自行车交通系统建设，引导公众绿色、低碳出行。

县级以上人民政府有关部门应当制定高排放在用机动车、非道路移动机械治理方案并组织实施。鼓励高排放机动车和非道路移动机械提前报废。

第四十八条 本省严格执行在用机动车检验方法和排放限值，配套供应合格的车用燃油，推动区域机动车排放污染监管协同。

禁止生产、进口、销售、使用不符合国家标准和京津冀区域使用要求的车用燃料。

第四十九条 船舶向大气排放污染物，应当符合有关排放标准，遵守排放控制区要求。

船舶靠港后应当优先使用岸电。新建码头应当规划、设计和建设岸基供电设施；已建成的码头应当逐步实施岸基供电设施改造。

第五节 其他污染防治

第五十条 禁止露天焚烧秸秆、落叶、枯草等产生烟尘污染的物质，以及电子废弃物、油毡、橡胶、塑料、皮革、沥青、垃圾等产生有毒有害、恶臭或者强烈异味气体的物质。

第五十一条 向大气排放汞、铅、铬、镉、类金属砷等污染物的企业事业单位和其他生产经营者，应当依照国家和本省相关标准要求，采取有效措施，减少污染物排放。

第五十二条 向大气排放二噁英等持久性有机污染物或者从事废弃物焚烧活动的企业事业单位和其他生产经营者，应当采取减少大气污染物排放的技术和工艺，安装废气收集净化装置，确保大气污染物排放达到标准要求。

第五十三条 任何单位和个人不得在所在地人民政府划定的禁止区域内露天烧烤食品。

禁止在下列场所新建、改建、扩建排放油烟的饮食服务项目：

（一）居民住宅楼等非商用建筑；

（二）未设立配套规划专用烟道的商住综合楼；

（三）商住综合楼内与居住层相邻的楼层。

排放油烟的餐饮服务和经营场所，应当按照要求安装并正常使用油烟净化设施，确保油烟达标排放。

第五十四条 县级以上人民政府园林绿化部门应当采用高效、低毒、低残留农药防治园林病虫害，并合理安排施药时间。

县级以上人民政府农业主管部门应当指导农业生产经营者科学合理施用农药、化肥等，降低大气污染物排放量。

从事畜禽养殖、屠宰生产经营活动的单位和个人，应当采取有效措施，防止周边环境受到污染。学校、医院、居民区等人口集中区域，禁止设置畜禽养殖场、屠宰场。

第五十五条 设区的市人民政府根据实际需要规定烟花爆竹禁售、禁放或者限售、限放的区域和时间，逐步扩大烟花爆竹的禁止燃放区域，严格限制燃放时间、品种，减少烟花爆竹燃放污染。

各级人民政府应当引导公民采取文明低碳方式举办婚庆、庆典和祭祀活动，减少燃放烟花爆竹和祭祀烧纸产生的污染。

第四章 重污染天气应对

第五十六条 县级以上人民政府应当建立重污染天气监测预警和应急处置机制，编制重污染天气应急预案，向上一级人民政府环境保护主管部门备案，并向社会公布。

大气污染物排放重点企业应当根据重污染天气应急预案编制重污染天气应急响应操作

方案。

第五十七条 省、设区的市人民政府环境保护主管部门应当会同气象等有关部门建立重污染天气预警和会商机制，提高大气环境质量预报和监测水平。可能发生重污染天气的，应当及时向所在地人民政府报告。

设区的市人民政府统一发布预警信息，其他任何单位和个人不得擅自向社会发布。

第五十八条 县级以上人民政府应当依据重污染天气的预警级别，按照规定程序，及时启动应急预案，通过媒体向社会发布重污染天气预警信息，实施下列应急响应措施：

（一）责令有关企业停产或者限产、限排；

（二）规定限制部分机动车行驶的区域和时段；

（三）禁止燃放烟花爆竹；

（四）停止或者限制建设工地易产生扬尘的施工作业；

（五）禁止露天烧烤；

（六）国家和本省规定的其他应急响应措施。

企业事业单位和其他生产经营者、公民应当配合政府及其有关部门采取的重污染天气应急响应措施。

第五十九条 预警信息发布后，设区的市人民政府及其有关部门应当通过电视、广播、网络、短信等告知公众采取健康防护措施。根据重污染天气应急响应级别，可以减免公众乘坐公共交通工具费用，有关单位应当停止举办露天群体性活动；幼儿园和中小学校应当减少或者停止户外活动，必要时可以停课。

第六十条 县级以上人民政府应当编制突发大气污染事件应急预案，在突发可能影响公众健康和环境安全大气污染事件时，采取应急措施。

企业事业单位应当按照国家有关规定制定大气污染突发环境事件应急预案，报所在地人民政府环境保护主管部门和有关部门备案。在发生或者可能发生大气污染突发环境事件时，企业事业单位应当立即采取措施控制污染扩大，及时向可能受到危害的单位和居民通报，并向所在地人民政府环境保护主管部门和有关部门报告。

所在地人民政府环境保护主管部门应当及时对突发环境事件产生的大气污染物进行监测，并向社会公布监测信息。

第五章 重点区域联合防治

第六十一条 省人民政府应当与北京市、天津市以及其他相邻省、自治区人民政府建立大气污染防治协调机制，定期协商大气污染防治重大事项，按照统一规划、统一标准、统一监测、统一防治措施的要求，开展大气污染联合防治，落实大气污染防治目标责任。

省人民政府有关部门在实施产业转移的承接与合作时，应当严格执行国家和本省有关产业结构调整规定和准入标准，统筹考虑与北京市、天津市以及其他相邻省、自治区大气污染防治的协调。

有关设区的市人民政府对北京市、天津市大气污染防治项目专项资金应当专款专用，不得截留、挪用。

第六十二条 省人民政府环境保护主管部门应当与北京市、天津市以及其他相邻省、自治区人民政府环境保护主管部门建立大气污染预警联动应急响应机制，统一重污染天气预警分级标准，加强区域预警联动和监测信息共享，开展联合执法、环评会商，促进大气污染防治联防联控，通报可能造成跨界大气影响的重大污染事故，协调跨界大气污染纠纷。

第六十三条 省人民政府有关部门应当加强与北京市、天津市以及其他相邻省、自治区人民政府有关部门的大气污染防治科研合作，组织开展区域大气污染成因、溯源和防治政策、标准、措施等重大问题的联合科研，提高区域大气污染防治水平。

第六十四条 省人民政府环境保护主管部门会同有关设区的市人民政府，制定重点区域大气污染防治规划，明确协同控制目标，提出重点防治任务和措施，促进区域大气环境质量改善。

第六章　监督检查

第六十五条 县级以上人民政府每年在向本级人民代表大会或者其常务委员会报告环境质量状况和环境保护目标完成情况时，应当报告大气环境质量限期达标规划执行情况，依法接受监督，并向社会公开。

县级以上人民代表大会常务委员会应当采取执法检查、质询、询问、代表视察等方式，加强大气污染防治监督。

第六十六条 县级以上人民政府及其环境保护主管部门应当监督检查下级人民政府及其有关部门履行大气污染防治职责情况，并进行综合考核，考核结果及时向社会公开。

第六十七条 省人民政府环境保护主管部门会同有关部门，对超过重点大气污染物排放总量控制指标或者未完成大气环境质量改善目标的地区，约谈当地人民政府的主要负责人。约谈情况应当向社会公开。

第六十八条 实行生态环境损害责任终身追究制，对在落实大气环境保护监督管理责任过程中不履职、不当履职、违法履职，导致产生严重后果和恶劣影响的责任单位和责任人依法依规进行责任追究。

第六十九条 县级以上人民政府环境保护主管部门和其他有关部门有权对管辖范围内的排污单位进行现场检查。被检查单位应当如实反映情况。

县级以上人民政府环境保护主管部门和其他有关部门对违反法律法规规定排放大气污染物，造成或者可能造成严重大气污染，或者有关证据可能灭失或者被隐匿的，可以对企业事业单位和其他生产经营者的有关设施、设备、物品依法采取查封、扣押等行政强制措施。

第七十条 县级以上人民政府环境保护主管部门和其他有关部门应当加强执法队伍建设，开展业务能力培训。政府部门之间应当加强联合执法和重点大气污染环境违法案件的督察工作，提高执法水平。

县级以上人民政府环境保护主管部门和其他有关部门应当加强大气污染防治信息化建设，逐步完善环境监测、污染源监控、监督管理信息系统，实现大气污染防治监督和管理的信息共享。

第七十一条 县级以上人民政府环境保护主管部门应当发布本行政区域环境大气质量实时监测数据，依法公开重点污染源大气污染物排放监测结果、突发大气污染环境事件等信息。

大气污染物重点排污单位应当依法向社会如实公开自动监测数据等有关环境信息，接受公众监督。

第七十二条 县级以上人民政府环境保护主管部门和其他有关部门应当对环境监测、环境评估和从事环境监测设备以及防治设施维护、运营的单位加强监督管理。

环境监测、环境评估以及从事环境监测设备和防治设施维护、运营的单位依法独立开展工作，不受任何单位和个人干涉。

环境监测、环境评估以及从事环境监测设备和防治设施维护、运营的单位对相应的监测结果、评估结论、设施运营状况负责，并承担法律责任。

第七十三条 县级以上人民政府应当建立大气污染防治不良记录制度，将违反大气污染防治法律法规，并拒不改正的企业事业单位和其他生产经营者列入不良记录名单，向社会公布。

当事人对被列入不良记录名单有异议的，有权依法提起行政复议或者行政诉讼。

当事人履行相关义务或者改正违法行为的，经县级以上人民政府确认，应当将其从不良记录名单中删除。

第七十四条 县级以上人民政府环境保护主管部门或者其他负有大气环境保护监督管理职责的部门应当公布举报电话、电子邮箱等，方便公民、法人和其他组织举报。

接到举报的部门应当及时处理。举报线索经查证属实的，有关部门应当按照规定对举报人给予奖励。

县级以上人民政府环境保护主管部门或者其他负有大气环境保护监督管理职责的部门应当对举报人的相关信息予以保密，维护举报人的合法权益。

第七十五条 对破坏大气环境，损害社会公共利益的行为，法律规定的机关和社会组织，可以依照法律法规的有关规定提起公益诉讼。

第七十六条 县级以上人民政府环境保护等部门应当加强与人民法院、人民检察院、公安机关的配合，健全大气污染案件行政执法和刑事司法衔接机制，完善联席会议、信息共享、案情通报、案件移送制度。

第七章 法律责任

第七十七条 各级人民政府、县级以上人民政府环境保护主管部门和其他负有大气环境保护监督管理职责的部门有下列行为之一的，由其上级主管部门或者监察机关责令改正，对直接负责的主管人员和其他直接责任人员依法给予处分；构成犯罪的，依法追究刑事责任：

（一）违反法律法规、主体功能区定位、生态环境保护规划等盲目决策，致使大气环境遭受破坏的；

（二）在职责范围内对严重大气污染事件处置不力导致严重后果的；

（三）违反规定核发排污许可证的；

（四）应当依法公开大气环境信息而未公开的；

（五）篡改、伪造或者指使篡改、伪造监测数据的；

（六）对环境违法行为进行包庇的；

（七）截留、挪用大气污染防治专项资金的；

（八）对举报不及时查处或者泄露举报人相关信息的；

（九）应当移送公安机关立案侦查的大气污染案件不移送的；

（十）其他滥用职权、玩忽职守、徇私舞弊的。

县级以上人民政府主要负责人任期内，区域大气环境质量持续恶化的，应当追究行政责任；造成生态环境严重破坏的，应当引咎辞职或者由其主管部门责令辞职。

第七十八条 违反本条例规定，有下列行为之一的，由县级以上人民政府环境保护主管部门责令停止排污或者限制生产、停产整治，并处10万元以上30万元以下罚款；情节较重的，并处30万元以上100万元以下罚款；情节严重的，报经有批准权的人民政府批准，责令停业、关闭。受到罚款处罚，被责令改正，拒不改正的，可以自责令改正之日的次日起，按照原处罚数额按日连续处罚：

（一）未依法取得排污许可证排放大气污染物的；

（二）超过大气污染物排放标准或者超过重点大气污染物排放总量控制指标排放大气污染物的；

（三）通过偷排、偷放等逃避监管的方式排放大气污染物的。

第七十九条 违反本条例规定，有下列行为之一的，由县级以上人民政府环境保护主管部门责令限期改正，处2万元以上5万元以下罚款；情节较重的，处5万元以上10万元以下罚款；情节严重的，处10万元以上20万元以下罚款；拒不改正的，责令停产整治：

（一）破坏、损毁或者擅自拆除、闲置大气污染物排放自动监测设备的；

（二）未按照规定安装大气污染物排放自动监测、监控等设备或者未按照规定与环境保护主管部门的监控设备联网，并保证监测设备正常运行的；

（三）重点排污单位自动监测数据不公开或者篡改、伪造数据的；

（四）未按照规定设置大气污染物排放口的。

第八十条 违反本条例规定，有下列行为之一的，由县级以上人民政府质量监督、工商等部门按照职责责令改正，没收原材料、产品和违法所得，并处货值金额1倍以上3倍以下的罚款：

（一）销售未达到质量标准煤炭的；

（二）生产、销售挥发性有机物含量不符合质量标准或者要求的原材料和产品的；

（三）生产、销售不符合质量标准和要求的机动车和非道路移动机械用燃料的；

（四）在禁燃区内销售高污染燃料的。

第八十一条 违反本条例规定，单位燃用不符合质量标准的煤炭的，由县级以上人民政府环境保护主管部门责令改正，处货值金额1倍以上3倍以下的罚款。

第八十二条 违反本条例规定，生产、销售不符合环保要求民用燃烧炉具的，由县级以上人民政府质量监督、工商等部门根据各自职责责令改正，处货值金额1倍以上3倍以下的罚款。

第八十三条 违反本条例规定，有下列行为之一的，由县级以上人民政府环境保护主管部门责令改正，处2万元以上5万元以下罚款；情节较重的，处5万元以上10万元以下罚款；情节严重的，处10万元以上20万元以下罚款；拒不改正的，责令停产整治或者报经有批准权的人民政府批准，责令停业、关闭：

（一）产生含挥发性有机物废气的生产和服务活动，未在密闭空间或者设备中进行，未按照规定安装、使用污染防治设施，或者未采取减少废气排放措施的；

（二）在人口集中地区从事露天喷漆、喷涂、喷砂、制作玻璃钢以及其他散发有毒有害气体作业的；

（三）工业生产、垃圾填埋或者其他活动中产生的可燃性气体未回收利用，不具备回收利用条件未进行防治污染处理，或者可燃性气体回收利用装置不能正常作业，未及时修复或者更新的；

（四）工业涂装企业未使用低挥发性有机物含量涂料或者未建立、保存台账的；

（五）石油、化工以及其他生产和使用有机溶剂的企业，未采取措施对管道、设备进行日常维护、维修，减少物料泄漏或者对泄漏的物料未及时收集处理的；

（六）储油库、储气库、加油加气站和油罐车、气罐车等，未按照国家有关规定安装并正常使用油气回收装置的。

第八十四条 违反本条例规定，企业事业单位和其他生产经营者有下列行为之一的，由县级以上人民政府住房和城乡建设、交通运输、国土资源、工业和信息化、城市管理、水利、环境保护等部门根据各自职责责令改正，处1万元以上3万元以下罚款；情节较重的，处3万元以上10万元以下罚款；拒不改正的，责令其停工整治。受到罚款处罚，被责令改正，拒不改正的，可以自责令改正之日的次日起，按照原处罚数额按日连续处罚：

（一）各类工程建设、矿产资源开采和加工等未采取有效措施防治扬尘污染的；

（二）企业料堆场未采取有效措施防治扬尘污染的。

第八十五条 违反本条例规定，运输渣土、砂石、建筑垃圾等易产生扬尘污染物料车辆，未采取密闭或者其他措施防止物料遗撒的，由县级以上地方人民政府确定的监督管理部门责令改正，处2000元以上5000元以下罚款；情节严重的，处5000元以上2万元以下罚款；拒不改正的，不得上道路行驶。

第八十六条 违反本条例规定，机动车驾驶人驾驶排放检验不合格的机动车上道路行驶的，由公安机关交通管理部门依法予以处罚。

第八十七条 违反本条例规定，露天焚烧秸秆、落叶、枯草等产生烟尘污染的物质，在禁止燃放区域或者重污染天气应急响应时燃放烟花爆竹，或者在人口集中地区对树木、花草喷洒剧毒、高毒农药的，由县级以上人民政府确定的监督管理部门责令改正，并可以处500元以上2000元以下罚款。

第八十八条 违反本条例规定，在当地人民政府划定的禁止区域内露天烧烤食品的，由设区的市、县(市、区)人民政府确定的主管部门责令改正，没收烧烤工具和违法所得，并处500元以上1500元以下罚款；情节较重的，并处1500元以上5000元以下罚款；情节严重的，处5000元以上2万元以下罚款。

第八十九条 违反本条例规定，在人口集中地区和其他依法需要特殊保护的区域内，露天焚烧沥青、油毡、橡胶、塑料、皮革、垃圾以及其他产生有毒有害烟尘和恶臭气体的物质的，由县级人民政府确定的监督管理部门责令改正，对单位处1万元以上3万元以下罚款；情节严重的，处3万元以上10万元以下罚款。对个人处500元以上2000元以下罚款。

第九十条 违反本条例规定，在居民住宅楼等非商用建筑、未设立配套规划专用烟道的商住综合楼、商住综合楼内与居住层相邻的楼层内新建、改建、扩建排放油烟的饮食服务项目的，由设区的市、县（市、区）人民政府确定的主管部门责令改正；拒不改正的，予以关闭，并处1万元以上3万元以下罚款，情节严重的，处3万元以上10万元以下罚款。

第九十一条 违反本条例规定，因排放大气污染物造成损害的，应当依照《中华人民共和国侵权责任法》的有关规定承担侵权责任。构成犯罪的，依法追究刑事责任。

第八章　附则

第九十三条 本条例自2016年3月1日起施行。1996年11月3日河北省第八届人民代表大会常务委员会第二十三次会议通过的《河北省大气污染防治条例》同时废止。

河北省固体废物污染环境防治条例

（2015 年 3 月 26 日河北省第十二届人民代表大会常务委员会第十四次会议通过）

目　录

第一章　总则

第一条　为了防治固体废物污染环境，保障公众健康，维护生态安全，促进经济和社会的可持续发展，根据《中华人民共和国环境保护法》和《中华人民共和国固体废物污染环境防治法》等有关法律、行政法规的规定，结合本省实际，制定本条例。

第二条　本条例适用于本省行政区域内固体废物污染环境的防治以及相关监督管理工作。

本条例所称固体废物，是指在生产、生活和其他活动中产生的丧失原有利用价值或者虽未丧失利用价值但被抛弃或者放弃的固态、半固态和置于容器中的气态的物品、物质以及法律、行政法规规定纳入固体废物管理的物品、物质。

固体废物污染海洋环境的防治和放射性固体废物污染环境的防治不适用本条例。

第三条　固体废物污染环境的防治实行污染者依法负责的原则。产品的生产者、销售者、进口者、使用者对其产生的固体废物依法承担污染防治责任。没有明确的责任人或者责任人不复存在的，由所在地县级以上人民政府承担污染防治责任。

第四条　县级以上人民政府应当对本行政区域的固体废物污染环境防治工作负责，将该项工作以及所需经费分别纳入国民经济和社会发展规划、政府环境保护目标以及财政预算，并建立健全固体废物污染环境防治工作的协调机制、责任制和相关监督管理体系。

第五条　县级以上人民政府环境保护主管部门对本行政区域内的固体废物污染环境防治工作实施统一监督管理，其设置的固体废物管理机构或者其他有关机构负责固体废物污染环境防治的日常监督管理工作。

县级以上人民政府发展和改革、住房和城乡建设、国土资源、卫生、农业、水利、教育、科学技术、公安等有关部门按照各自的职责分工，负责固体废物污染环境防治的相关工作。

乡（镇）人民政府（街道办事处）应当依法做好本地的固体废物污染环境防治工作。

第六条 县级以上人民政府及其有关部门应当鼓励和支持企业事业单位和其他生产经营者开展清洁生产、固体废物污染环境防治的科学研究、技术推广，加强固体废物综合利用工作，逐步实现固体废物的减量化、资源化和无害化处置。

第七条 鼓励产生、收集、贮存、运输、利用和处置固体废物的单位和个人参加环境污染责任保险，提高对环境污染事故的赔付能力。

第八条 县级以上人民政府及其有关部门应当加强固体废物污染环境防治的宣传教育，提高公众环境保护意识。对在固体废物污染环境防治和综合利用工作中做出显著成绩的单位和个人给予奖励。

第二章 固体废物污染环境的防治

第九条 县级以上人民政府应当加强固体废物分类处置设施建设和综合利用，将其纳入公共服务范围，制定固体废物分类处置和综合利用规划，规范固体废物的管理，采取措施防治固体废物污染环境。

产生、收集、贮存、运输、利用、处置固体废物的单位和个人应当采取防扬散、防流失、防渗漏等防止固体废物污染环境的措施。不得擅自倾倒、堆放、丢弃或者抛撒固体废物。

第十条 县级以上人民政府及其有关部门应当采取政策扶持和资金支持等措施，积极推进农作物秸秆综合利用，加强对农用薄膜、废弃农药和化肥、农药的包装物等固体废物的资源化利用以及无害化处置工作，防止或者减少对环境的污染。

第十一条 从事畜禽规模养殖的单位和个人应当按规定收集、贮存、利用、处置畜禽粪便以及其他固体废物，未达到规模养殖的畜禽养殖单位和个人应当采取与其养殖规模相适应的污染防治措施，防止污染环境。

畜禽养殖相对集中地区的县级以上人民政府及其有关部门应当根据本地实际，引导和支持从事畜禽规模养殖的单位和个人，采用沼气和有机复合肥生产等技术区域化处理畜禽粪便。

第十二条 污泥产生单位应当按照国家和本省有关规定，对污泥进行资源化利用和无害化处置，建立污泥管理台账，落实污泥转移联单管理制度。

污泥产生单位不具备污泥资源化利用和无害化处置能力的，应当对污泥进行稳定化和脱水处理，委托具备相应能力的企业进行利用和处置。

第十三条 县级以上人民政府应当组织土壤污染状况调查，对受到污染的土地按照污染者依法负责的原则采取措施组织修复。

第十四条 产生、收集、贮存、运输、利用和处置工业固体废物的单位和个人应当建立健全各项规章制度，对固体废物进行统一管理。

第十五条 产生工业固体废物的单位和个人应当按年度向所在地县级以上人民政府环境保护主管部门申报登记其工业固体废物的种类、产生量、流向、贮存和处置等事项。已申报事项发生重大改变的，应当自改变之日起15日内重新申报登记。

第十六条 产生、收集、贮存、利用和处置工业固体废物的单位和个人终止或者搬迁的，应当自终止或者搬迁之日起90日内，委托具有相应资质的单位对原址土壤和地下水污染状况进行监测、评估。对原址土壤或者地下水造成污染的，应当及时进行环境修复，并将监测、评估结果以及修复情况报所在地县级以上人民政府环境保护主管部门。

第十七条 矿山企业应当采用科学的采矿方法和选矿工艺，减少尾矿、煤矸石和废石等矿业固体废物的产生量和贮存量，并负责固体废物综合利用、环境治理和生态修复。

尾矿、煤矸石和废石等矿业固体废物的贮存设施停止使用后，矿山企业应当按照国家有关规定封场，并进行绿化或者复垦，防止造成环境污染和生态破坏。

第十八条 废弃电器电子产品应当分类收集，并由具有相应资质的单位按照国家有关规定集中处理。其他任何单位或者个人不得处理。

废弃电器电子产品处理企业应当建立废弃电器电子产品处理的数据信息管理系统，并按期向所在地县级以上人民政府环境保护主管部门报送废弃电器电子产品收集、拆解、利用、处理的基本数据和有关情况。基本数据的保存时间应当在3年以上。

第十九条 县级以上人民政府及其有关部门应当统筹建设城乡生活垃圾的收集、运输和处置设施，对生活垃圾实行分类收集、及时清运和密闭运输，并鼓励和支持有关单位和个人采用垃圾发电、发酵堆肥等方式处置生活垃圾，提高生活垃圾的利用率和无害化处置率。

第二十条 城市生活垃圾由设区的市、县（市、区）人民政府城市环境卫生行政主管部门负责组织清扫、收集、分类、运输和处置；农村生活垃圾由乡（镇）人民政府指导村民委员会、村民小组建立清运制度，实行村收集、乡（镇）转运、县（市、区）集中处置。

暂不具备集中处置条件的偏远地区，经县级人民政府环境卫生行政主管部门批准，可以在其监督下对生活垃圾就地无害化处理。县级人民政府应当在偏远地区农村加快建设生活垃圾处置设施，对生活垃圾实行集中处置。

生活垃圾应当在分类后到指定地点投放，不得随意倾倒、堆放。生活垃圾分类收集设施应当合理设置，并定期检查维护。

第二十一条 工程施工单位应当及时清运施工过程中产生的建筑垃圾，运输过程中应当使用密闭式运输车辆，并按照规定的时间和路线运至指定场所进行利用或者处置。

第二十二条 食品加工、餐饮服务、集体供餐等产生餐厨垃圾的单位和个人应当按照规定单独收集、存放餐厨垃圾，并委托依法取得相关许可的单位运至指定场所集中处置。

餐厨垃圾的产生、收集、运输和处置单位应当配备符合环境保护要求的设施，对餐厨垃圾进行统一管理，并建立相关台账，详细记录餐厨垃圾的产生量和处置等情况。台账的保存时间应当在3年以上。

第二十三条 行政执法部门收缴的违法生产、销售的产品需要销毁的，应当在县级以上人民政府环境保护主管部门指导下，采用符合环境保护要求的方式销毁。

第三章　固体废物污染环境防治的监督管理

第二十四条　县级以上人民政府环境保护主管部门应当加强对固体废物污染环境的监测和相关信息收集整理工作，定期发布本行政区域内固体废物的种类、产生量、利用和处置情况等信息，并逐步建立和完善信息查询系统，为公众及时查询和获取相关信息提供方便。

第二十五条　县级以上人民政府环境保护主管部门和其他有关部门应当依据各自的职责，对管辖范围内与固体废物污染环境防治工作有关的单位和个人进行现场检查。被检查者应当予以配合，如实提供有关情况和资料。现场检查时，可以采取现场监测、采集样品、查阅或者复制与固体废物污染环境防治工作有关的资料等措施。

第二十六条　上级人民政府及其有关部门，应当依法加强对下级人民政府及其有关部门固体废物污染环境防治行政执法的监督工作。

对违反法律、法规的规定造成固体废物污染环境的企业事业单位和其他生产经营者，所在地县级以上人民政府及其有关部门未依法作出处理决定的，上级人民政府及其有关部门应当责成其作出处理决定或者依法直接作出处理决定。

第二十七条　企业事业单位和其他生产经营者违反法律、法规的规定造成或者可能造成固体废物严重污染环境的，县级以上人民政府环境保护主管部门可以依法查封、扣押其造成污染物排放的设施和设备。查封、扣押的期限不得超过30日。情况复杂且解除查封、扣押可能造成重大环境污染的，经县级以上人民政府环境保护主管部门批准，可以延长，但是延长期限不得超过30日。

县级以上人民政府环境保护主管部门采取查封、扣押措施的，应当依法履行相关程序，并出具查封、扣押清单。

第二十八条　县级以上人民政府有关部门应当建立固体废物污染环境不良记录制度，并将不良记录向社会公布。

当事人对被列入不良记录名单有异议的，有权依法提起行政复议或者行政诉讼。当事人履行相关义务的，应当将其从不良记录名单中删除。

第二十九条　对造成固体废物污染环境的行为，公民、法人和其他组织有权向县级以上人民政府有关部门举报。有关部门接到举报后，对属于本部门职责范围的，应当及时调查处理；对不属于本部门职责范围的，应当及时转交有权处理的部门调查处理，并书面告知举报人。

第三十条　对产生、收集、贮存、运输、利用、处置固体废物污染环境的行为，可以依照有关法律的规定提起公益诉讼。

第四章　危险废物污染环境防治的特别规定

第三十一条　省人民政府环境保护主管部门应当会同有关部门，加强对医疗废物等危险废物的管理，组织编制本省的危险废物集中处置设施、场所建设规划，建立危险废物转移、利用、处置信息平台。

县级以上人民政府应当按照国家和本省危险废物集中处置设施、场所建设规划的要求，组织建设本地的危险废物集中处置设施、场所。

第三十二条 产生危险废物的单位和个人应当建立危险废物台账，详细记录产生的危险废物的种类、成分、数量、流向、贮存、利用和处置等事项；从事收集、贮存、利用和处置危险废物的经营单位（以下简称危险废物经营单位）应当按照规定填写危险废物经营情况记录簿（以下简称记录簿），详细记录本单位收集、贮存、利用、处置的危险废物的种类、成分、来源、数量、流向和有无事故等事项。危险废物台账和记录簿的保存时间应当在 10 年以上。

第三十三条 危险废物经营单位以填埋方式处置危险废物的，应当永久保存记录簿，并在填埋场地建立危险废物填埋的永久识别标志。所在地县级以上人民政府环境保护主管部门应当定期对危险废物填埋场地进行监测。危险废物经营单位终止经营活动的，应当将记录簿移交所在地县级以上人民政府环境保护主管部门存档管理。

第三十四条 转移危险废物的，应当依法办理相关手续，并按照规定填写危险废物转移联单。

在设区的市行政区域内转移危险废物的，由设区的市人民政府环境保护主管部门批准；在省内跨设区的市行政区域转移危险废物的，由移出地设区的市人民政府环境保护主管部门商接收地设区的市人民政府环境保护主管部门同意后批准；向省外转移危险废物的，由省人民政府环境保护主管部门商接收地省（自治区、直辖市）人民政府环境保护主管部门同意后批准。

第三十五条 产生危险废物的单位在同一年度内需要两次以上转移同一种类危险废物的，应当于年底前按规定向所在地省或者设区的市人民政府环境保护主管部门报送下一年度危险废物转移年度计划。年度计划经依法批准后，按照计划转移危险废物免予批准。转移的危险废物的种类、成分、流向发生变更或者转移数量超过年度计划的，应当依法办理相关手续。

危险废物转移年度计划应当载明拟转移危险废物的种类、成分、产生单位、数量、运输单位、接收单位、利用和处置方案以及转移的时间和次数等事项。

第三十六条 严格控制省外的危险废物转移至本省行政区域内贮存或者处置。

危险废物转移至本省行政区域内利用之前，利用单位应当向省人民政府环境保护主管部门提交危险废物种类和成分的分析报告，并依法履行相关手续。

禁止任何单位和个人接收非法转移的危险废物。

第三十七条 危险废物的产生和经营单位应当对本单位从事危险废物收集、贮存、运输、利用和处置工作的人员，进行相关法律和专业技术、安全防护、突发事件应急处置等方面的培训。

第三十八条 企业事业单位和其他生产经营者设置的产生危险废物的实验室应当建立危险废物的分类、登记管理制度，对危险废物分类存放，确定人员管理，并委托具有相应资质的单位统一处置危险废物。

第三十九条 因发生事故或者其他突发事件造成危险废物污染环境后，有关责任单位和个人应当立即采取措施消除或者减轻对环境的污染危害，及时通报可能受到污染危害的单位和个人，并立即报告所在地县级以上人民政府环境保护等有关部门，接受调查处理。

第五章　法律责任

第四十条　县级以上人民政府环境保护主管部门和其他有关部门及其工作人员违反本条例规定，有下列行为之一的，由本级人民政府或者上级人民政府有关部门责令改正，对直接负责的主管人员和其他直接责任人员依法给予处分：

（一）不依法办理行政许可的；

（二）对收缴的需要销毁的违法生产、销售的产品不按规定采用符合环境保护要求方式销毁的；

（三）发现违法行为或者接到举报后不予调查处理的；

（四）发现违法行为涉嫌构成犯罪应当向公安机关移送而不移送或者以行政处罚代替移送的；

（五）违法实施行政处罚的；

（六）其他滥用职权、玩忽职守、徇私舞弊的行为。

第四十一条　违反本条例规定，污泥产生单位未按规定建立污泥管理台账或者产生危险废物的单位未按规定建立危险废物台账的，由县级以上人民政府环境保护主管部门责令限期改正，处2万元以上5万元以下罚款。

第四十二条　违反本条例规定，污泥产生单位未按规定落实污泥转移联单管理制度的，由县级以上人民政府环境保护主管部门责令限期改正，处5万元以上10万元以下罚款。

第四十三条　违反本条例规定，有下列行为之一的，由县级以上人民政府环境保护主管部门责令限期改正，处10万元以上20万元以下罚款：

（一）具备资源化利用和无害化处置能力的污泥产生单位未按规定对污泥进行资源化利用和无害化处置的；

（二）不具备资源化利用和无害化处置能力的污泥产生单位未按规定对污泥进行稳定化和脱水处理或者未委托具备相应能力的企业进行利用和处置的；

（三）产生、收集、贮存、利用和处置工业固体废物的单位终止、搬迁未按照规定委托具有相应资质的单位对原址土壤、地下水污染状况进行监测、评估，或者造成原址土壤、地下水受到污染的责任单位未按照规定进行环境修复的；

（四）接收非法转移的危险废物的。

第四十四条　违反本条例规定，有下列行为之一的，由县级以上人民政府环境卫生行政主管部门责令停止违法行为，限期改正，处以罚款：

（一）随意倾倒、抛撒、丢弃或者堆放生活垃圾的；

（二）擅自关闭、闲置或者拆除生活垃圾处置设施、场所的；

（三）工程施工单位不及时清运施工过程中产生的固体废物，造成环境污染的；

（四）在车辆行驶或者运输过程中沿途丢弃、遗撒建筑或者生活垃圾的。

单位有前款第（一）项、第（三）项、第（四）项行为之一的，处2万元以上5万元以下的罚款；有前款第（二）项行为之一的，处5万元以上10万元以下的罚款。个人有前款第（一）项、第（四）项行为之一的，处100元以上200元以下的罚款。

第四十五条　违反本条例规定，构成犯罪的，依法追究刑事责任。

第六章　附则

第四十六条　本条例自2015年6月1日起施行。2002年3月30日河北省第九届人民代表大会常务委员会第二十六次会议通过的《河北省实施〈中华人民共和国固体废物污染环境防治法〉办法》同时废止。

河北省生态保护红线

河北省人民政府
关于发布《河北省生态保护红线》的通知
（冀政字〔2018〕23号）

各市（含定州、辛集市）人民政府，各县（市、区）人民政府，雄安新区管委会，省政府各部门：

为贯彻落实《中共中央办公厅　国务院办公厅印发〈关于划定并严守生态保护红线的若干意见〉的通知》（厅字〔2017〕2号），根据《中共河北省委办公厅　河北省人民政府办公厅印发〈关于划定并严守生态保护红线的实施意见〉的通知》（冀办字〔2017〕36号），我省划定了生态保护红线，已经国务院同意，现予发布，请认真贯彻执行。

河北省人民政府
2018年6月29日

河北省生态保护红线

一、总面积

全省生态保护红线总面积4.05万平方千米，占全省国土面积的20.70%。其中，陆域生态保护红线面积3.86万平方千米，占全省陆域国土面积的20.49%，海洋生态保护红线面积1880平方千米，占全省管辖海域面积的26.02%。

二、基本格局

基本格局呈“两屏、两带、多点”。

“两屏”为燕山和太行山生态屏障，主要生态功能为水源涵养、水土保持与生物多样性维护。

“两带”为坝上高原防风固沙林带和滨海湿地及沿海防护林带。坝上高原防风固沙林带主要生态功能为防风固沙，是京津冀地区抵御浑善达克沙地南侵的最后一道防线；滨海湿地及沿海防护林带对维护海岸生态系统稳定，提高抵御风沙和大潮等自然灾害具有重要生态功能。

“多点”是指分散于平原及山地的各类生态保护地。保护地内多以水库、湖泊、森林、湿地、河流为主，具有洪水调蓄、调节径流、水源涵养、生物多样性维护等功能。

三、主要类型和分布范围

主要类型有坝上高原防风固沙生态保护红线、燕山水源涵养—生物多样性维护生态保护红线、太行山水土保持—生物多样性维护生态保护红线、河北平原河湖滨岸带生态保护红线、海岸海域生态保护红线等。

主要分布于承德、张家口市，唐山市北部山区，秦皇岛市中北部山区，保定、石家庄、邢台、邯郸市西部山区，沧州、衡水、廊坊市局部区域。

（一）坝上高原防风固沙生态保护红线。

分布范围：该区属内蒙古高原的南缘，生态保护红线主要分布于张北县、沽源县、康保县、塞北管理区和尚义县、丰宁满族自治县、围场满族蒙古族自治县的部分地区。生态保护红线面积3277平方千米，占全省陆域面积的1.74%。

生态系统类型及生态功能：区域内以草原生态系统为主，其次为森林生态系统，植被组成以旱生针茅属植物为优势种，羊草草原比重较大，组成森林的树种有白桦、华北落叶松、山杨、蒙古栎等，具有极其重要的防风固沙功能。

保护重点：主要保护脆弱的草原生态系统和林草交错区过渡地带。

（二）燕山水源涵养—生物多样性维护生态保护红线。

分布范围：该区位于河北省东北部，北与坝上高原相接，南与河北平原为邻。生态保护红线主要分布于张家口东部坝下、承德地区坝下和唐山、秦皇岛市所属19个县（市）。生态保护红线面积22579平方千米，占全省陆域面积的11.97%。

生态系统类型及生态功能：区域内以森林生态系统为主，植被覆盖率高，降水条件好，河流水系发达，是滦河、潮白河、辽河三大水系的主要发源地，有潘家口、大黑汀等水库，是北京、天津、唐山三大城市重要水源地，具有重要的水源涵养功能。区域内物种丰富，植被保护良好，为大量生物提供了栖息地，保护了物种的完整性，具有较强的生物多样性维护功能。

保护重点：主要保护森林生态系统，以及珍稀野生动植物栖息地与集中分布区。

（三）太行山水土保持—生物多样性维护生态保护红线。

分布范围：该区位于河北省西部，西与山西省交界，东与河北平原相连，南与河南省相接。生态保护红线主要分布于保定、石家庄、邢台、邯郸市的西部山区。生态保护红线面积11158平方千米，占全省陆域面积的5.92%。

生态系统类型及生态功能：区域内以森林生态系统为主，有大小河流数十条，分属于海河水系的大清河、子牙河、漳卫河系。还分布有西大洋、王快、岗南、黄壁庄、朱庄、岳城等多个大中型水库，具有重要的水土保持与水源涵养功能。区域内西部深山区物种比较丰富，具有较强的生物多样性维护功能。区域内低山丘陵区植被盖度较差，水土流失敏感性强，水土流失严重，易发生地质灾害，是国家水土流失重点治理区域。

保护重点：主要保护森林生态系统，珍稀野生动植物栖息地与集中分布区，以及太行山丘陵水土流失重点治理区。

（四）河北平原河湖滨岸带生态保护红线。

分布范围：该区属华北平原北部区，南到河南省界，北至燕山，西邻太行山，东濒渤海。生态保护红线主要分布于廊坊、沧州、衡水市，秦皇岛、唐山市南部，保定、石家庄、邢台、邯郸市东部。生态保护红线面积1618平方千米，占全省陆域面积的0.86%。

生态系统类型及生态功能：区域内主要以农田生态系统为主，兼有河流与淡水湿地生态系统，分布有海河、滦河两大水系，其中，海河是该区域最大河流，主要支流有北运河、永定河、大清河、子牙河、南运河。区域内还分布有白洋淀、衡水湖、南大港等河湖、湿地、洼地，具有重要的洪水调蓄、生物多样性维护功能。

保护重点：主要保护内陆河流与淡水湿地生态系统，逐渐恢复流域内珍稀濒危野生动植物栖息地。

（五）海岸海域生态保护红线。

分布范围：海岸海域生态保护红线主要分布于秦皇岛、唐山、沧州市的沿海地区。生态保护红线面积 1880 平方千米，占全省管辖海域面积的 26.02%。

生态系统类型及生态功能：区域内主要有海洋、河口、湿地、森林等生态系统。主要生态功能是维护水产种质资源，缓解生态环境恶化，改善沿海地带生态脆弱性，提高抵御风沙和大潮等自然灾害，是京津地区的海防安全重要屏障。

保护重点：主要保护海岸海域生态系统，逐步恢复海岸海域区域内的水产种质资源栖息地以及沿海防护林。

河北省地下水管理条例

（2014 年 11 月 28 日河北省第十二届人民代表大会常务委员会第十一次会议通过　2018 年 9 月 20 日河北省第十三届人民代表大会常务委员会第五次会议修订通过）

目　　录

第一章　总则

第一条　为了加强地下水管理和保护，修复地下水生态，促进地下水可持续利用，推进生态文明建设，根据《中华人民共和国水法》《中华人民共和国水污染防治法》等法律、行政法规的规定，结合本省实际，制定本条例。

第二条　在本省行政区域内从事地下水开发、利用、保护、节约和管理及其相关活动，适用本条例。

本条例所称地下水，是指赋存于地表以下的水体（含地热水、矿泉水）。

第三条　地下水管理应当遵循统筹规划、综合治理、节约优先、全面保护、总量控制、采补平衡的原则。

第四条　县级以上人民政府水行政主管部门负责本行政区域内地下水的统一管理和监督工作。

县级以上人民政府其他有关部门在各自的职责范围内负责地下水有关工作。

第五条　县级以上人民政府应当落实最严格水资源管理制度，将地下水开发、利用、保护和节约的主要指标纳入地方经济社会发展综合评价体系，划定地下水开发利用红线，严格考核管理。

县级以上人民政府应当健全完善地下水超采综合治理投入机制，合理安排地下水保护、节约等资金，保障地下水管理工作的开展。

乡（镇）人民政府、街道办事处应当协助、配合有关部门做好地下水相关管理和监督工作。

第六条 县级以上人民政府及其有关部门应当采取多种形式，加强地下水保护、节约的宣传教育，并将其纳入公益性宣传范围和国民素质教育体系，普及地下水保护、节约科学知识。鼓励基层群众性自治组织、社会组织、志愿者开展地下水保护法律法规和相关知识的宣传，增强公众保护、节约地下水的意识。

第七条 任何单位和个人都有保护、节约地下水的义务，有权对违法开发、破坏和污染地下水的行为进行投诉、举报。

对在保护、节约和管理地下水工作中取得突出成绩的单位和个人，县级以上人民政府应当按照有关规定给予表彰或者奖励。

第二章　利用与保护

第八条 县级以上人民政府制定国民经济和社会发展规划，应当充分考虑当地水资源条件，与水资源承载能力相适应。

县级以上人民政府水行政主管部门应当会同本级人民政府有关部门，编制本行政区域的地下水利用与保护规划，依法进行环境影响评价后，报本级人民政府批准，并报上一级人民政府水行政主管部门备案。

地热水的开发利用与保护按照地质矿产行政主管部门编制的地热资源勘查利用开发规划执行。

第九条 地下水利用与保护规划应当与国民经济和社会发展规划、生态环境保护规划、土地利用总体规划、水资源综合规划、流域综合规划、流域水污染防治规划相协调。与地下水相关的其他专业规划应当和地下水利用与保护规划相协调。

编制地下水利用与保护规划，应当征求专家和公众的意见。

第十条 县级以上人民政府及其有关部门编制城市总体规划和开发区、工业园区规划以及重大建设项目布局，应当组织开展规划水资源论证，听取有关部门和专家的意见。

第十一条 省人民政府有关部门应当在地下水勘查的基础上，定期开展地下水调查评价和比较复核工作，调整划定地下水一般超采区和严重超采区，在地下水严重超采区划定地下水限制开采区、禁止开采区，报省人民政府批准后公布。

地下水调查评价报告应当作为编制地下水利用与保护规划的依据。

第十二条 县级以上人民政府应当根据划定的地下水不同区域实行分类管理。

在地下水一般超采区，应当按照采补平衡原则严格控制开采地下水，限制取水量，并规划建设替代水源，采取措施增加地下水的有效补给。

在地下水限制开采区，一般不得开凿新的取水井。确需取用地下水的，省人民政府水行政主管部门应当统筹安排，按照总量控制原则通过按比例核减其他取水单位的地下水取水量和年度用水计划，进行合理配置。

在地下水禁止开采区，一律禁止开凿新的取水井。对已有的取水井，应当制定计划逐步予以关停。

第十三条 开采地下水应当分层取水、高效利用，禁止越层混合开采。

地下水开发利用应当以浅层地下水为主。深层地下水作为饮用水水源、战略储备或者应急水源，应当严格限制开采。

第十四条 县级以上人民政府应当对城镇公共供水管网覆盖范围内的自备井予以关停。

在利用地表水灌溉有保障的区域和退耕还林还湿区域，对农业灌溉井实施封填；在农业休耕区域，对农业灌溉井实施封存备用；在深层地下水漏斗区，对取用深层地下水的农业灌溉井按照计划予以关停。

第十五条 省人民政府应当明确总体目标和主要任务，制定全省取水井有计划逐步关停方案。

设区的市、县（市、区）人民政府应当根据本辖区水资源条件编制不同区域取水井关停具体方案，并组织实施。

第十六条 地下水管理实行取用水总量控制和水位控制制度。

省人民政府水行政主管部门应当制定各设区的市、省直管县（市）行政区域内地下水取用水总量控制指标和水位控制指标。

设区的市人民政府水行政主管部门应当制定本行政区域内各县（市、区）地下水取用水总量控制指标和水位控制指标，并报省人民政府水行政主管部门备案。

第十七条 省、设区的市人民政府水行政主管部门应当根据本行政区域内地下水取用水总量控制指标和水位控制指标以及年度地下水需求量，制定并向下一级人民政府水行政主管部门下达地下水年度用水计划。下一级人民政府水行政主管部门应当严格执行上一级人民政府水行政主管部门下达的地下水年度用水计划。

第十八条 省人民政府水行政主管部门对地下水取用水总量或者地下水水位接近控制指标的行政区域，应当限制审批建设项目新增取用地下水；对地下水取用水总量或者地下水水位已经达到或者超过控制指标的行政区域，应当暂停审批建设项目新增取用地下水。

第十九条 取用地下水的单位和个人应当依照国家取水许可和水资源有偿使用制度的规定，向所在地人民政府水行政主管部门提交申请材料，由省人民政府水行政主管部门办理取水许可审批手续。

取用地下水的单位和个人应当按照取水许可证载明的事项使用地下水，不得擅自转供或者改变规定的用途。

第二十条 新建、改建、扩建建设项目申请取用地下水的，建设单位应当按照有关要求进行建设项目水资源论证，提交水资源论证报告书。省人民政府水行政主管部门审查同意后，依法办理取水许可审批手续。

未取得取水申请批准文件，建设单位不得擅自开工建设和投产使用。

第二十一条 农业开发、国土整治、扶贫等农业基础设施建设项目需要开凿取水井取用地下水的，建设单位应当依法申请办理取水许可。

第二十二条 有下列情形之一的，省人民政府水行政主管部门不予批准取用地下水，并书面告知申请人不予批准的理由和依据：

（一）不符合国家、本省产业政策的；

（二）列入国家产业结构调整指导目录中淘汰类的；

（三）高耗水产业项目或者产品不符合行业用水定额标准的；

（四）城镇公共供水管网能够满足用水需要的；

（五）在地下水禁止开采区取用地下水的；

（六）取水许可总量已经达到取用水总量控制指标的地区增加取水量的；

（七）取水可能对水功能区水域使用功能或者对社会公共利益产生重大损害的；

（八）南水北调受水区内按照分配的供水指标和规定的用途能够满足用水需要的；

（九）水资源紧缺、生态脆弱等地区开荒垦殖扩大种植面积的；

（十）法律、法规规定的其他情形。

第二十三条 取水井主体工程竣工并试运行满30日的，取用水单位或者个人应当向省人民政府水行政主管部门申请验收，并按照国家有关规定报送相关材料。

省人民政府水行政主管部门应当在收到取用水单位或者个人提交的取水井工程验收申请20日内，组织或者委托有关单位进行验收，验收合格后核发取水许可证，并明确监督管理部门。

取用水单位或者个人负责取水井的安全管理，维护取水计量设施。

第二十四条 省人民政府地质矿产行政主管部门采用招标、拍卖、挂牌等方式出让矿泉水、地热水采矿权的，应当事前征求省人民政府水行政主管部门的意见。竞得人（中标人）凭出让合同和水资源论证报告书向省人民政府水行政主管部门申请办理取水许可证，并凭取水许可证，向地质矿产行政主管部门办理采矿许可证。

第二十五条 禁止在地下水饮用水水源保护区、地下水禁止开采区将地下水作为地下水源热泵系统的水源。

禁止将深层地下水作为地下水源热泵系统的水源。

开采供暖用地热水、地下水源热泵系统的建设和管理应当符合国家和本省相关技术标准、规范，取水井与回灌井应当布设在同一含水层位，保持合理的数量和间距，取水应当全部回灌到同一含水层，严禁对地下水造成污染。

开采地热水、利用地下水源热泵系统取水和注水均应当安装在线计量监控设施。

第二十六条 经批准取用地下水的单位或者个人，应当委托具有相应专业技术能力的凿井施工单位按照取水申请批准文件确定的井位、取水层位开凿取水井，并加强施工工程安全管理。

凿井施工等单位不得承揽未取得取水申请批准文件的取水井工程或者为其建设取水配套设施。

第二十七条 县级以上人民政府水行政主管部门应当发挥市场机制在水资源配置中的作用，培育水市场，建立健全水权交易制度，鼓励和引导区域之间取用水单位或者个人之间开展水权交易，探索多种形式的水权流转方式。

第二十八条 设区的市、省直管县（市）人民政府应当组织编制地下水饮用水水源保护区划定方案，经省人民政府批准后划定，并在地下水饮用水水源保护区的边界设立明确的地理界标和明显的警示标志。

县级以上人民政府应当完善地下水饮用水水源地核准及安全评估制度，核准公布重要地下水饮用水水源地名录，强化地下水饮用水水源地应急管理，完善地下水饮用水水源地突发事件应急预案，根据地下水水源条件和应急备用的需要，统筹建设应急备用地下水源工程，建立备用水源。

第二十九条 在城市排污管网未覆盖的乡（镇）、饮用水水源保护区、湿地和自然保护区周边，县级以上人民政府应当有计划地组织建设乡（镇）污水处理站和分散式污水净化设施，防止污染地下水。

第三十条 严禁通过暗管、渗井、渗坑、灌注，或者篡改、伪造监测数据，或者不正常运行防治污染设施等逃避监管的方式排放污染物，防止造成地下水污染。

第三十一条 县级以上人民政府及其有关部门应当指导农业生产经营者合理施用农药、化肥等农业投入品，科学处置农用薄膜、农药和化肥包装物等农业生产废弃物；禁止将不符合农用标准和环境保护标准的固体废物、废水施入农田或者排入沟渠，防止有毒有害物质污染地下水。

第三章 节约与治理

第三十二条 县级以上人民政府应当制定节水规划，落实节水工作责任，健全完善节水制度和节水激励机制，合理调整经济结构和产业布局，采取法律、经济、技术和工程等综合措施，全面推进全社会节约用水。

鼓励和支持科研单位开展节水技术研究开发，推进节水科技成果转化应用，推广节水新技术。

第三十三条 省人民政府标准化行政主管部门应当会同水行政主管部门制定严格的地方节水标准，逐步淘汰落后、高耗水的用水工艺、设备和产品。

第三十四条 县级以上人民政府应当组织编制本行政区域的地下水超采区综合治理方案，确定超采区管理目标和治理措施，并报上一级人民政府水行政主管部门备案。

第三十五条 县级以上人民政府应当制定农业综合节水规划，根据水资源状况，调整优化农业种植结构，合理控制农田灌溉面积。在地下水严重超采区且无地表水替代的区域减少高耗水农作物种植，推行季节性休耕、旱作农业。在地下水一般超采区推广种植抗旱品种和低耗水农作物。

县级以上人民政府应当实行农业用水总量控制和定额管理制度，推进实施地下水农田灌溉计量，建立农业水价精准补贴机制和节水奖励机制，因地制宜推广工程节水、农艺节水和生物节水等综合节水技术，提高灌溉用水效率。

第三十六条 县级以上人民政府水行政主管部门和有关部门应当根据水源状况、区域特点、作物种类，合理布设农田灌溉预报站点，加强农田土壤墒情预报，指导农民适时、适量灌溉。

第三十七条 新建、改建、扩建建设项目，应当按照国家和本省相关标准、规范，进行节水设施的设计和施工，实现节水设施与建设项目主体工程同时设计、同时施工、同时投产。

已建成的建设项目未配套建设节水设施的，应当按照国家和本省有关规定完善配套建设。

第三十八条 省人民政府标准化行政主管部门、水行政主管部门应当根据用水效率控制红线确定的目标，组织制定、修订火电、石化、钢铁、纺织、建材、造纸、食品、服务业等高耗水行业用水定额地方标准，报省人民政府批准后公布。

县级以上人民政府水行政主管部门应当加强用水定额管理，将用水定额作为水资源论证、取水许可、计划用水、节水评价考核的重要依据。

第三十九条 县级以上人民政府应当加强南水北调工程、引黄工程和其他重点地表水水源工程建设，完善地表水置换地下水的输配水和人工回灌工程设施，扩大地表水供水范围。

县级以上人民政府水行政主管部门应当建立多种水源联合调度机制，科学利用水库调蓄水功能，合理配置、高效利用调入水、本地地表水和非常规水，减少地下水开采。

第四十条 县级以上人民政府应当加强湿地保护和管理，推进退耕还湿，发挥湿地在净化水质、补给涵养地下水中的功能和作用；加强河、湖、库、渠等蓄水工程建设，提高对地表水的存蓄能力，增加地下水替代水源。

第四十一条 县级以上人民政府应当根据地下水保护需要，有计划地涵养地下水水源，积极推进雨雪水、再生水、海水、微咸水等非常规水源利用，并采取多种措施给予鼓励。

县级以上人民政府应当在规划建设污水处理设施的同时，同步安排污水处理回用设施与管网系统建设，鼓励工业生产、建筑施工、环境卫生、城市绿化和生态景观使用再生水。

第四十二条 县级以上人民政府应当推进海绵城市建设，逐步完善滞、渗、蓄、净、用、排等相结合的雨水收集利用系统，增加对地下水的补给。河流、湖泊治理应当减少防渗材料使用。

第四十三条 县级以上人民政府水行政主管部门应当加强取水井管理，建立信息管理系统，严格落实取水井登记、建档、认证和监督管理制度。

依法需要关停、报废或者未建成已经停工的取水井，产权单位或者个人应当在停止取水或者停工之日起30日内向省人民政府水行政主管部门申请注销取水许可证或者废止取水申请批准文件，并在取水井所在地县级人民政府水行政主管部门的监督下实施封闭。

第四十四条 对依法需要封闭并且年久失修、成井条件差的取水井，产权单位或者个人应当依照有关技术要求永久填埋。

对依法需要封闭但成井条件好、水质水量有保证的取水井应当封存备用，并建立封存备用井启用制度，确保在特殊情况下，按照规定程序启用。

封存备用的取水井经批准可以用做回灌井或者监测井。

第四十五条 开采矿藏或者建设地下工程项目排放地下水的单位和个人，应当采取预防和保护措施，减少矿坑排水，并优先利用；未能全部利用的，应当在处理达标后排放；防止造成地下水含水层串通或者地下水污染。

第四章　监督管理

第四十六条　县级以上人民政府水行政主管部门应当健全地下水位、水量、水质监测系统，组织建设地下水管理平台，完善地下水监测站网，明确计量方式，及时采集、传输、处理、储存监测数据，推进地下水水文地质数字信息化，实现地下水的有效、动态和精准管理。

在地下水严重超采区取用地下水的单位和个人，应当按照国家和本省有关要求、标准安装水量或者水质自动监测设备，与水行政主管部门的监测设备联网，保证监测设备的正常运行，保存原始监测记录。

在地下水一般超采区取用地下水的单位和个人，应当按照国家和本省有关要求、标准安装取用水计量设施，实现对取用水的智能控制。

任何单位和个人不得侵占、损坏或者擅自移动地下水监测设备、取用水计量设施及其标志。

第四十七条　省人民政府水行政主管部门应当积极推行政务事项网上受理、办理、查询业务，提高行政效率和服务水平。

第四十八条　县级以上人民政府水行政主管部门应当依法及时公开本行政区域地下水总量控制指标和水位控制指标等相关信息，为公民、法人和其他组织参与监督地下水保护节约提供便利，并对有关投诉、举报以及新闻媒体曝光的违法行为及时进行调查处理。

第四十九条　省人民政府水行政主管部门应当将企业事业单位和其他生产经营者在地下水开发、利用方面的违法信息记入社会诚信档案，及时向社会公布违法者名单，完善对违法者的联合惩戒机制。

第五十条　省、设区的市人民政府应当对下一级人民政府地下水管理总量控制、水位控制等目标完成情况和制度建设、措施落实情况进行考核，并将考核结果作为对下一级人民政府及其负责人综合考核评价的依据。

考核不合格的，责令限期整改。整改期间，暂停该地区建设项目新增取水和新增主要水污染物排放建设项目环境影响评价审批，对已批准的建设项目不再下达新的用水计划。

第五十一条　本省与周边省、自治区、直辖市建立地下水管理协调合作机制，定期协商地下水管理重大事项，对在省、自治区、直辖市边界建设可能影响相邻地区地下水资源的重大项目，应当及时通报有关信息。

第五章　法律责任

第五十二条　各级人民政府、县级以上人民政府水行政主管部门或者其他有关部门有下列行为之一的，由其上级行政机关责令改正；情节严重的，对直接负责的主管人员和其他直接责任人员依法给予处分；构成犯罪的，依法追究刑事责任：

（一）未按照规定编制地下水利用与保护规划、地下水超采区综合治理方案的；

（二）未按照规定在编制城市总体规划和开发区、工业园区规划以及重大建设项目布局时，开展规划水资源论证的；

（三）对不符合地下水取水条件的单位或者个人批准取水的；

（四）对有关投诉、举报以及新闻媒体曝光的违法行为不予调查处理的；

（五）其他滥用职权、玩忽职守、徇私舞弊的。

第五十三条 违反本条例规定，越层混合开采地下水的，由县级以上人民政府水行政主管部门责令停止违法行为，限期采取补救措施，并处5万元以上10万元以下罚款。

第五十四条 违反本条例规定，侵占、损坏或者擅自移动地下水监测设备、取用水计量设施及其标志的，由县级以上人民政府水行政主管部门责令限期改正、恢复原状或者采取其他补救措施；情节严重的，处5000元以上2万元以下罚款；造成损坏的，依法承担赔偿责任。

第五十五条 违反本条例规定，有下列行为之一的，由县级以上人民政府水行政主管部门责令限期封闭取水井和回灌井，并处5万元以上10万元以下罚款；逾期未封闭的，依照《中华人民共和国行政强制法》的规定，申请人民法院强制执行；造成地下水污染的，由县级以上人民政府环境保护主管部门依照水污染防治有关法律、法规予以处罚：

（一）在地下水饮用水水源保护区将地下水作为地下水源热泵系统水源的；

（二）在地下水禁止开采区将地下水作为地下水源热泵系统水源的；

（三）将深层地下水作为地下水源热泵系统水源的；

（四）利用地下水源热泵系统取水不回灌、不能全部回灌，或者不能全部回灌到同一含水层的。

第五十六条 违反本条例规定，未经批准开凿取水井取水或者未按照取水许可规定条件取用地下水的，由县级以上人民政府水行政主管部门按照下列规定予以处罚，对已开凿的取水井责令限期封闭；逾期不封闭的，依照《中华人民共和国行政强制法》的规定，申请人民法院强制执行：

（一）在地下水禁止开采区开凿取水井取水的，处10万元以上20万元以下罚款；

（二）在地下水限制开采区开凿取水井取水的，处5万元以上10万元以下罚款；

（三）在其他区域开凿取水井取水的，处3万元以上5万元以下罚款。

第五十七条 违反本条例规定，凿井施工等单位承揽未取得取水申请批准文件的取水井工程或者为其建设取水配套设施的，由县级以上人民政府水行政主管部门责令停止违法行为，并处5万元以上10万元以下罚款。

第五十八条 违反本条例规定，通过暗管、渗井、渗坑、灌注或者篡改、伪造监测数据，或者不正常运行防治污染设施等逃避监管的方式排放污染物的，依照《中华人民共和国环境保护法》第六十三条规定给予处罚；构成犯罪的，依法追究刑事责任。

第五十九条 违反本条例规定，将不符合农用标准和环境保护标准的固体废物、废水施入农田或者排入沟渠的，由县级以上人民政府环境保护主管部门责令停止违法行为，限期采取补救措施，并处5万元以上10万元以下罚款。

第六十条 违反本条例规定，应当实施封闭的取水井，产权单位或者个人拒不实施的，由省人民政府水行政主管部门吊销取水许可证或者废止取水申请批准文件；逾期不封闭的，依照《中华人民共和国行政强制法》的规定，申请人民法院强制执行。

第六章　附则

第六十一条　本条例所称地下水源热泵系统，是指利用地表以下 200 m 以内、温度低于 25℃的地下水作为低位热源，利用热泵技术，实现冷热量转移，为使用对象供热（冷）的系统。

第六十二条　本条例自 2018 年 11 月 1 日起施行。

河北省节约能源条例

（2006年5月24日河北省第十届人民代表大会常务委员会第二十一次会议通过 2017年3月30日河北省第十二届人民代表大会常务委员会第二十六次会议修订）

第一章 总则

第一条 为了推进全社会节约能源（以下简称节能），提高能源利用效率，保护和改善环境，实现绿色低碳可持续发展，根据《中华人民共和国节约能源法》等有关法律、行政法规的规定，结合本省实际，制定本条例。

第二条 本条例适用于本省行政区域内的节能管理、能源使用和节能技术的开发、利用等活动。

第三条 节能工作应当遵循政府引导、市场驱动、科技引领、公众参与的原则；坚持节能与经济社会发展相互促进。

第四条 县级以上人民政府应当加强对节能工作的领导，将节能工作纳入国民经济和社会发展规划、年度计划，并组织编制和实施节能中长期专项规划、年度节能计划。

第五条 县级以上人民政府发展改革部门是本行政区域的节能主管部门，综合负责节能监督管理工作。

县级以上人民政府工业和信息化、住房城乡建设、交通运输、农业、统计等有关部门以及负责机关事务管理工作的机构，应当在各自的职责范围内负责节能监督管理工作，并接受同级节能主管部门的指导。

县级以上人民政府节能主管部门所属的节能监察机构具体负责节能监察工作。

第六条 本省实行能源消费总量和单位地区生产总值能耗双重控制，建立节能目标责任制和考核评价制度，将目标完成情况作为对设区的市、县（市、区）人民政府及其负责人年度考核评价的内容。

县级以上人民政府应当每年向上一级人民政府报告节能目标责任的履行情况，并按照要求向本级人民代表大会或者其常务委员会报告年度节能工作。

第七条 县级以上人民政府及其有关部门应当有效控制能源消费总量，优化能源消费结构，降低煤炭消费比重，鼓励支持开发和利用风能、太阳能、生物质能等新能源、可再生能源，提高清洁能源消费比重。

第八条 县级以上人民政府及其有关部门应当加强节能宣传和教育，将节能知识、技能纳入国民教育和培训体系，增强公众节能意识，倡导节能环保的生活方式。

新闻媒体应当加强对节能法律、法规、规章、政策和节能知识的宣传，发挥社会舆论引导和监督作用。

第九条 任何单位和个人都应当依法履行节能义务，有权举报浪费能源的行为。

第二章 管理与监督

第十条 县级以上人民政府应当建立协调机制，健全节能工作体系，对节能工作进行综合部署，研究解决节能工作中的重大问题。

第十一条 县级以上人民政府节能主管部门和有关部门应当加强对节能工作的监督管理，依法查处违法违规用能行为。

节能监察机构对能源生产、经营、使用单位和其他相关单位执行节能法律、法规、规章和强制性节能标准等情况进行监督检查。被监察单位应当予以配合，不得拒绝监察。

节能监察经费列入同级财政预算，节能监察机构不得向被监察单位收取费用。

第十二条 用能单位应当严格执行有关节能的强制性国家标准、行业标准。需要制定地方节能标准的，由省标准化主管部门会同有关部门依法组织制定，并适时修订。

鼓励企业制定严于国家标准、行业标准或者地方标准的企业节能标准。

第十三条 县级以上人民政府统计部门应当健全能源统计工作体系，完善能源统计制度，加强能源消费和利用状况的统计分析，根据工作需要向节能主管部门及时提供相关统计数据，并会同节能主管部门定期向社会发布能耗公报。

第十四条 本省实行固定资产投资项目节能审查制度。

固定资产投资项目应当编制节能报告，并按照国家有关规定进行固定资产投资项目节能审查，由县级以上人民政府节能主管部门出具节能审查意见。

固定资产投资项目未按规定进行节能审查或者审查未获通过的，建设单位不得开工建设，已经建成的，不得投入生产、使用；属于政府投资项目的，依法负责审批的机关不得批准建设。

第十五条 县级以上人民政府应当严格控制煤炭消费总量，制定煤炭消费总量削减计划，完成年度煤炭消费总量削减目标。

新增煤炭消费的固定资产投资项目，应当进行煤炭消费等(减)量替代，在项目审批、核准、备案前编制煤炭消费等（减）量替代方案，报节能主管部门进行审查。

第十六条 县级以上人民政府节能主管部门和有关部门应当建立健全节能服务体系，鼓励、支持高等学校、科研机构、社会组织和有条件的企业事业单位等节能服务机构，依法开展节能咨询、设计、评估、检测、认证、能源审计、成果转化、技术转移服务、节能技术培训，提供节能信息、节能示范和其他公益性节能服务。

第十七条 县级以上人民政府节能主管部门应当建立失信不良记录制度，对用能单位和节能服务机构失信行为进行认定和记录，并纳入公共信用信息共享平台。

当事人对被列入不良记录名单有异议的，有权依法提起行政复议或者行政诉讼。

当事人对失信行为做出实质性改正且期间未新增失信行为，经县级以上人民政府节能主管部门认定合格，应当将其从不良记录名单中删除。

第十八条 县级以上人民政府及其有关部门应当鼓励和支持行业协会在行业节能规划、节能标准的制定和实施、节能技术推广、能源消费统计、节能宣传培训和信息咨询等方面发挥作用。

第十九条 省、设区的市人民政府节能主管部门和有关部门应当推动节能管理信息化建设，建立信息服务平台，及时公布节能标准、节能政策，定期发布节能新产品、新技术等信息，为社会提供节能指导和服务。

第三章 用能与节约

第二十条 用能单位应当加强节能管理，制定并实施节能计划和节能技术措施，建立健全节能目标责任制、奖惩制度、教育和岗位培训制度，优化用能结构，提高能源利用效率，降低能源消耗。

第二十一条 用能单位应当按照规定和计划配备能源计量器具，建立能源消费统计台账，保存原始记录，确保能源消费统计数据真实、准确、完整。定期对能源利用状况、主要用能设备能耗进行分析，制定改进措施。

第二十二条 县级以上人民政府有关部门应当推动工业节能技术改造，实施钢铁、电力、石油加工、化工、煤炭、建材、造纸等主要耗能行业的节能技术改造，限期淘汰落后的用能产品、设备和生产工艺。

经济技术开发区（园区）、高新技术产业开发区、工业园区应当按照能源高效循环利用的生产模式，编制实施用能规划或者节能方案，开展节能和循环化改造，发展集中供能和能源梯级利用。

第二十三条 对利用余热余压、城市垃圾、煤层气等发电的机组，符合并网调度条件的，电网企业应当优先并网，并在核定的上网电量内优先购买，上网电量的价格依照国家和本省有关规定确定。

第二十四条 电网企业应当按照国家节能发电调度管理的有关规定，优先安排利用新能源、可再生能源发电和热电联产、资源综合利用机组发电以及其他节能环保水平先进的机组发电。

第二十五条 有条件的城镇以及经济技术开发区（园区）、高新技术产业开发区应当实行集中供热。鼓励采用热电冷联产、多能互补、能源梯级利用、分布式能源、能源互联网等技术，提高热能综合利用率。

在已经实行集中供热的区域内，不得新建分散式燃煤供热设施；对已经建成的分散式燃煤供热设施，应当依法限期拆除，并将供热系统接入集中供热管网。

第二十六条 县级以上人民政府应当制定措施，鼓励、支持利用工业余热向居民供暖。县级以上人民政府住房城乡建设主管部门应当将工业余热纳入供热专项规划，制定热源热网等供热工程建设方案应当优先选用工业余热，并同步制定供热应急预案。

第二十七条 县级以上人民政府住房城乡建设主管部门应当逐步提高建筑节能标准，鼓励采用新型节能建筑材料和建筑技术，推行可再生能源与建筑一体化，加快既有建筑节能改造，降低建筑全寿命周期的能耗。

县级以上人民政府住房城乡建设主管部门应当在农村推广节能建筑，引导农村个人自建自用住宅按照农村建筑节能相关标准进行设计和建造。

第二十八条 使用财政性资金或者以财政性资金为主的机关办公建筑、公益性建筑、保障性住房以及单体建筑面积超过2万平方米的大型公共建筑，应当执行绿色建筑标准。鼓励其他新建建筑执行绿色建筑标准、既有建筑按照绿色建筑标准进行改造。

第二十九条 道路、隧道、广场、公园、公共绿地等公共场所的照明，应当严格遵循照明设计标准规范；已建设施不符合照明设计标准规范的，应当进行节能改造。

县级以上人民政府有关部门应当加强节约用电管理，推广使用节能照明产品，优化节能控制技术，严格控制公共场所以及大型建筑物的装饰性景观照明能耗。

第三十条 县级以上人民政府交通运输主管部门应当推进节能型综合交通运输体系建设，优先发展公共交通，完善公共交通网络和服务体系。公共交通等公共服务行业应当优先采购、使用节能和新能源交通工具。

第三十一条 县级以上人民政府及其有关部门应当根据实际需要设置公交专用道和非机动车道，加强公共充电桩、公共自行车等设施建设。鼓励公众采用公共交通、非机动交通、步行等绿色低碳的方式出行。

第三十二条 鼓励港口建设和使用岸电设备，为靠港船舶和码头设施的货物装卸、航道清淤、照明厨炊等生产生活提供电力。

第三十三条 公共机构应当科学决策，厉行节约，杜绝浪费，带头使用节能产品、设备，提高能源利用效率，发挥表率作用。

公共机构应当按照国家和本省有关规定实行能耗定额管理制度，实施能源消费统计、能源审计、能效公示，优先采用合同能源管理方式对既有办公建筑进行节能改造，优先采购列入政府采购名录中的节能环保产品和设备，优先采购、使用节能和新能源交通工具，禁止采购、使用国家明令淘汰的用能产品和设备。

第三十四条 县级以上人民政府农业主管部门应当在农村推广太阳能、生物质能等清洁可再生能源，提高秸秆能源化利用率；提倡节约高效用能，更新和淘汰高耗能农业机械、设备设施，推动农业清洁生产。

第三十五条 本省实行重点用能单位节能管理制度。年综合能源消费总量5000吨标准煤以上的用能单位为省重点用能单位。

设区的市人民政府节能主管部门可以根据本地实际确定本行政区域内的重点用能单位。

第三十六条 重点用能单位应当建立能源消费总量和单位产品综合能耗控制目标责任制，制定并实施节能计划，完成节能目标。

第三十七条 高耗能行业的重点用能单位应当开展能效水平对标活动，采用能量系统优化、锅炉窑炉改造、电机系统节能、余热余压利用等节能新工艺、新技术，实施节能技术改造，降低单位产品综合能耗。

第三十八条 重点用能单位应当设立能源管理岗位，依法配备管理人员，并报节能主管部门备案。

第三十九条 重点用能单位应当完善能源管理体系，逐步建立能源管理中心和能耗在线监测终端系统，并与省、设区的市能源监控平台联网。

本省鼓励和支持重点用能单位开展能源管理体系认证。

第四十条 重点用能单位应当按照国家和本省规定的标准和程序，开展能源审计工作。能源审计至少每 5 年进行一次，并按照权限向节能主管部门报送能源审计报告。通过能源管理体系认证的重点用能单位可不再进行能源审计。

第四十一条 重点用能单位应当按照国家和本省有关规定，定期将年度能源利用状况报告报送节能主管部门。

县级以上人民政府节能主管部门应当依法对重点用能单位的能源利用状况报告进行审查。

第四章 保障与激励

第四十二条 县级以上人民政府应当加快调整产业结构，限期淘汰落后产能，化解过剩产能，大力发展低耗能、低排放、高附加值产业；鼓励支持先进高效的节能设备、节能产品产业化和推广应用，提高节能产业比重，发挥节能产业支撑作用。

第四十三条 县级以上人民政府应当支持节能技术应用研究和重点行业共性、关键性节能技术的研究开发，推广能源节约、替代和循环利用的先进适用技术；组织实施重大节能科研项目、节能示范项目和重点节能工程，促进节能技术创新与成果转化。

鼓励科研机构、高等院校等事业单位、社会组织和企业采取多种方式开展国内、国际节能和可再生能源技术与信息交流，引进和开发先进节能技术。

第四十四条 县级以上人民政府财政主管部门应当每年在财政预算内安排节能专项资金用于节能技术研究开发、节能技术和产品的示范与推广、重点节能工程的实施、节能管理、节能评审、能源审计、节能宣传培训、节能监察机构能力建设、信息服务和奖励等。

第四十五条 县级以上人民政府及其有关部门对重大节能科研项目、节能示范项目和重点节能工程，应当予以支持，优先列为重点项目，优先安排贴息和资金补助，并依照国家有关规定落实税收减免、固定资产加速折旧等优惠政策。

县级以上人民政府科技主管部门应当在科技专项资金计划中，优先安排节能新产品、新技术研究开发项目，促进节能技术创新与科技成果转化应用。

第四十六条 鼓励金融机构为符合条件的节能技术研究开发、节能设备和产品生产、节能技术改造以及合同能源管理等项目优先给予信贷支持，创新信贷产品，简化申请和审批手续，提供多种形式的金融服务。

县级以上人民政府应当鼓励和引导社会资金加大对节能领域的投入，多方面拓宽融资渠道，支持节能领域符合条件的企业上市融资、挂牌融资、发行债券和资产证券化，促进节能技术改造和节能产业发展。

第四十七条 重点用能单位应当每年安排一定数额的资金，用于节能技术开发、技术改造和培训等活动。

第四十八条 本省推行用能权、用煤权等交易制度，逐步建立健全用能权、用煤权核定和交易机制，坚持总量严控、减量出售、超量购买、企业自愿的原则，建立用能权、用煤权交易平台，组织企业依法依规开展交易，推动跨区域交易，提高有限资源的有效利用率。

第四十九条 本省实行有利于节能的价格政策，引导用能单位和个人节能。实行峰谷分时电价、季节性电价、可中断负荷电价制度，提高用电效率。对能源消耗超过国家和本省能耗限额标准的用能单位，实行惩罚性电价；对主要耗能行业的用能单位，分淘汰、限制、允许和鼓励类实行差别电价。

实行居民用电阶梯电价，引导合理、节约用电。

第五十条 县级以上人民政府采取措施，引导消费者购买和使用能源效率等级较高或者有节能认证标志的用能产品；鼓励企业进行节能产品认证，取得节能产品认证证书的产品、设备优先列入政府采购目录。

第五十一条 县级以上人民政府鼓励企业利用技术优势和管理经验，组建专业化节能服务机构，推动节能服务机构实现规模化经营；鼓励节能服务机构通过效益分享、能源费用托管、节能量保证、融资租赁等合同能源管理方式为用能单位提供节能诊断、融资、改造等服务，并按照合同约定与用能单位分享节能效益。

第五十二条 县级以上人民政府对在节能工作中取得显著成绩的单位和个人应当给予表扬和奖励。

用能单位应当建立节能工作激励机制，根据节能效益对在节能工作中做出显著成绩的集体和个人给予奖励。

第五章　法律责任

第五十三条 县级以上人民政府节能主管部门和其他负有节能监督管理、节能监察职责的部门以及机构，有下列行为之一的，由其上级主管部门或者其他有关部门对直接负责的主管人员和其他直接责任人员依法给予处分；构成犯罪的，依法追究刑事责任：

（一）未依法履行节能监督检查、节能监察职责或者未依法查处违法违规用能行为的；

（二）提供虚假节能监察、能源消费总量数据的；

（三）违反规定向被监察单位收取费用的；

（四）对不符合强制性节能标准的政府投资项目予以批准建设的；

（五）其他滥用职权、玩忽职守、徇私舞弊的。

第五十四条 违反本条例规定，固定资产投资项目建设单位未按规定进行节能审查或者审查未获通过，擅自开工建设或者擅自投入生产、使用的，由节能主管部门责令停止建设或者停止生产、使用，限期改造；不能改造或者逾期不改造的生产性项目，由节能主管部门报请本级人民政府按国务院规定的权限责令关闭。

第五十五条 节能服务机构从事节能咨询、设计、评估、检测、审计、认证等活动提供虚假信息的，由节能主管部门责令改正，没收违法所得，并处 8 万元以上 10 万元以下罚款。

第五十六条 违反本条例规定，电网企业对符合并网调度条件的利用余热余压、城市垃圾、煤层气等发电的机组不允许并网的，由能源监管部门责令限期改正；造成发电企业经济损失的，依法承担赔偿责任。

第五十七条 违反本条例规定，重点用能单位未按照标准和程序开展能源审计的，由县级以上人民政府节能主管部门责令限期改正；逾期不改正的，处1万元以上3万元以下罚款。

第五十八条 违反本条例规定，公共机构未优先采购列入政府采购目录的节能产品、设备，或者采购国家明令淘汰的用能产品、设备的，由政府采购监督管理部门给予警告，可以并处采购金额1%的罚款；对直接负责的主管人员和其他直接责任人员依法给予行政处分。

第五十九条 违反本条例规定，被监察单位无正当理由拒绝节能监察的，由县级以上人民政府节能主管部门责令限期改正；逾期不改正的，处1万元以上3万元以下罚款。

第六章　附则

第六十条 本条例自2017年5月1日起施行。2006年5月24日河北省第十届人民代表大会常务委员会第二十一次会议通过的《河北省节约能源条例》同时废止。

汇编四　技术规范

矿山生态环境保护与恢复治理方案（规划）编制规范（试行）

目　次

前　言

为贯彻《中华人民共和国环境保护法》和《国务院关于加强环境保护重点工作的意见》，加强矿山生态环境管理，推进矿产资源开发过程中的生态环境保护与恢复治理，指导和规范矿山生态环境保护与恢复治理方案（规划）编制工作，制定本标准。

本标准规定了矿山生态环境保护与恢复治理方案（规划）编制的原则、程序、内容和技术要求。

本标准的附录 A 为规范性附录。

本标准由环境保护部科技标准司组织制定。

本标准主要起草单位：中钢集团马鞍山矿山研究院有限公司（国家环境保护矿山固体废物处理与处置工程技术中心）、环境保护部环境标准研究所、环境保护部南京环境科学研究所、山西省环境保护厅、安徽工业大学。

本标准环境保护部 2013 年 7 月 23 日批准。

本标准自 2013 年 7 月 23 日起实施。本标准由环境保护部解释。

矿山生态环境保护与恢复治理方案（规划）编制规范（试行）

1 适用范围

本标准规定了矿山生态环境保护与恢复治理方案（规划）编制的原则、程序、内容和技术要求。

本标准适用于新建、改（扩）建矿山及生产和闭坑矿山编制矿山生态环境保护与恢复治理方案（规划）。

2 规范性引用文件

本标准内容引用了下列文件中的条款。凡是不注明日期的引用文件，其有效版本适用于本标准。

HJ 651　矿山生态环境保护与恢复治理技术规范（试行）

3 术语和定义

下列术语和定义适用于本标准。

3.1　矿山生态环境

指矿区内生态系统和环境系统的整体，包括地表植被与景观、生物多样性、大气环境、水环境、声环境、土壤环境、地质环境等。

3.2　矿山生态环境保护

指采取必要的预防和保护措施，避免或减轻矿产资源勘探和采选矿造成的生态破坏和环境污染。

3.3　矿区生态环境恢复

指对矿产资源勘探和采选矿过程中造成的各类生态破坏和环境污染采取人工促进措施，依靠生态系统的自我调节能力与自组织能力，逐步恢复与重建其生态功能。

3.4　露天采矿场

开采所形成的采坑、台阶和露天沟道总称为露天采矿场。

3.5　地下采矿

指采用竖井、斜井和平硐方式从地下矿床采出有用矿物过程。

3.6　排土场

指矿山剥离和掘进排弃物集中排放的场所，包括外排土场和内排土场，又称废石场、排岩场或弃渣场。

3.7　矸石场

指煤矿采选过程中产生的含炭岩石及其岩石等固体废弃物的集中排放和处置场所。

3.8　选矿场

指采用物理、化学、生物等各类方法将有用矿物与脉石矿物分开，以获得工业原料的分选场所。

3.9　尾矿库

指由筑坝拦截谷口或围地构成的、用于贮存经选矿场选别后排出尾矿的场所。

3.10　矿山沉陷区

指矿山开采导致采空区之上覆岩层发生冒落、断裂、弯曲等移动变形，最终导致地表形成下沉盆地和裂隙等的沉陷区域。

4　方案（规划）编制的基本原则和工作程序

4.1　基本原则

4.1.1　保护优先，防治结合

矿山企业要遵循在开发中保护、在保护中开发的理念，坚持“边开采、边治理”的原则，从源头上控制生态环境的破坏，减少对生态环境影响。对矿产资源开发造成的生态功能破坏和环境污染，通过生物、工程和管理措施及时开展恢复治理。

4.1.2　景观相似，功能恢复

根据矿山所处的区域、自然地理条件、生态恢复与环境治理的技术经济条件，按“整体生态功能恢复”和“景观相似性”原则，宜耕则耕、宜林则林、宜草则草、宜藤植藤、宜景建景、注重成效，因地制宜采取切实可行的恢复治理措施，恢复矿区整体生态功能。

4.1.3　突出重点，分步实施

坚持矿产资源开发与生态环境恢复治理同步进行，按照轻、重、缓、急，分步实施，优先抓好生态破坏与环境污染严重的重点恢复治理工程。以典型示范和以点带面的方式，有计划地推广试点经验，稳步推动《方案》的全面实施。

4.1.4　科技引领，注重实效

坚持科学性、前瞻性和实用性相统一的原则，鼓励广泛应用新技术、新方法，选择适宜的保护与治理方案，努力提高矿山生态环境保护和恢复治理成效和水平。

4.2　方案（规划）编制的工作程序

矿山生态环境保护与恢复治理方案（规划）编制的工作程序如图 1 所示。

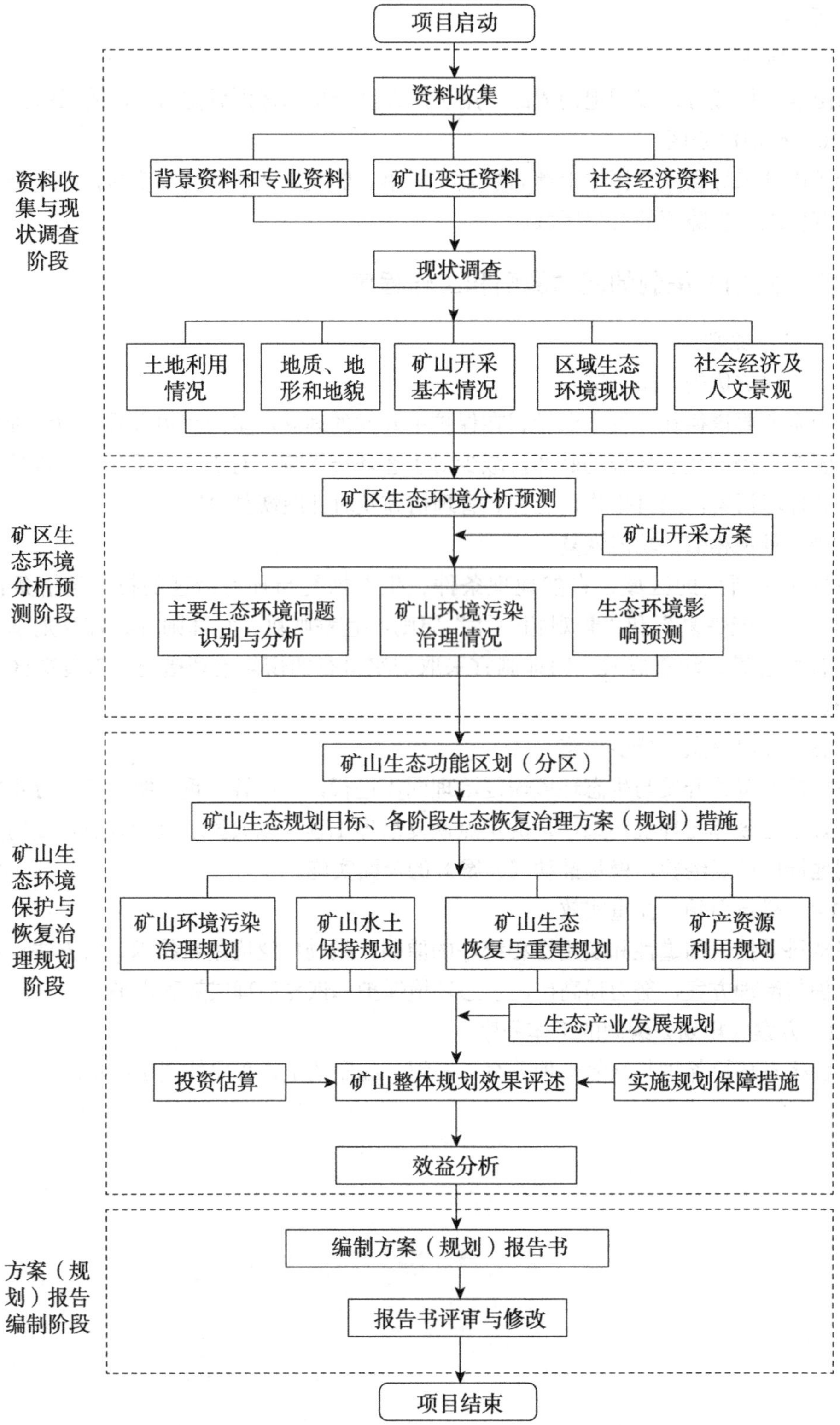

图 1　矿山生态环境保护与恢复治理方案（规划）编制的工作程序

5 方案（规划）编制背景资料收集与现状调查

通过资料收集、现场踏勘、监测分析、人员访谈等方式开展调查，确定矿山生态环境保护与恢复方案（规划）范围、时限。

5.1 资料收集

5.1.1 背景资料和专业资料

矿区自然地理资料、地质资料；土地利用、农业、林业、城乡建设等规划资料；矿山开发利用规划、地质灾害防治规划；矿产资源开发利用方案、矿产资源开发建设项目环评、矿山土地复垦方案、矿山地质环境保护与恢复治理方案、水土保持方案等生态环境保护相关资料；矿山开发相关政府文件等。

5.1.2 矿山变迁资料

反映矿山及其邻近区域的开发及活动状况航片或卫片，其他有助于评价矿区生态破坏和环境污染的历史资料；矿山资源开发利用变迁过程中的建筑、设施、工艺流程和产生污染等的变化情况。

5.1.3 社会经济资料

矿山所在地的经济现状和发展规划、人口密度和分布、敏感目标分布等。

5.2 现状调查

5.2.1 调查方式

5.2.1.1 现场踏勘

应对矿山开采工艺过程、矿山及周边生态环境状况、自然环境及人文景观、社会经济状况进行全面踏勘。

5.2.1.2 监测分析

必要时，应对矿山及受影响区域大气、水体、声环境、土壤环境质量状况进行监测，以及对受保护的动植物进行生态监测。

5.2.1.3 人员访谈

访谈对象为矿山的现状或历史的知情者，包括地方政府的行政人员、矿山及其周边居民、矿山土地不同阶段使用者、以及熟悉当地情况或矿山的第三方等。访谈内容主要包括矿区生态破坏、环境污染的历史及现状、社会经济状况等。

5.2.2 调查内容

5.2.2.1 土地利用现状

踏勘和记录矿区土地功能和性质；土地利用的类型；废弃地恢复利用情况等。

5.2.2.2 地质、地形和地貌

踏勘和记录矿山及其周围区域的水文、地质与地形地貌。

5.2.2.3 矿山开采基本情况

踏勘和记录矿山范围、矿床赋存条件、采选矿工艺与设备、尾矿及废石（矸石）处理与处置和生产能力、水耗、电耗等矿山工程项目的基本情况。

5.2.2.4　区域生态环境现状

踏勘和记录矿区大气、水体、土壤、固体废弃物污染及环境质量状况；动植物分布状况；植被破坏、地表沉陷等生态破坏状况；矿山开采历史遗留的环境污染问题等。

5.2.2.5　社会经济及人文景观情况

踏勘和记录矿山所在地的工农业总产值、人口数量、人均耕地、人均收入、三大产业组成比例、重点发展产业、周边景观位置及分布，以及区域所在地的经济现状和发展规划等。

6　方案（规划）生态环境影响分析与预测

6.1　主要生态环境问题识别与分析

结合矿区生态环境现状调查，分析大气、水体、土壤等环境污染及生态破坏的范围、程度。包括对矿区生态系统和生物多样性的影响与分析（主要是对动物、植物、森林、草地资源等的影响）；矿山生产对大气污染影响与分析；矿山生产对水体（地表水、地下水）的影响与分析；矿山生产对土壤质量及污染的影响与分析；水土流失影响与分析、地表沉陷对土地资源的破坏、生态功能下降的情况、工业场地“三废”排放对环境的污染情况，以及人文景观的防护措施等。新、改（扩）建矿山可根据环境影响评价预测结果说明方案实施期内生态环境破坏情况。

6.2　矿山环境污染治理情况分析

根据调查结果，分析矿山目前环保装备水平、“三同时”履行情况、运行状况、污染治理技术水平、污染物排放情况、是否满足现行环保标准要求和总量控制要求等，分析存在的主要环境问题。

6.3　生态环境影响预测

结合矿床开拓布局和采掘规划或计划，对采矿活动在方案（规划）期内不同年份造成的生态破坏和环境污染进行预测，包括生态破坏和环境污染的范围和强度。明确矿山生态恢复与污染治理的重点，确定重点治理区、次重点治理区和一般治理区。

7　方案（规划）编制要点

7.1　范围与时限

规划以矿区为基准，包括其生态环境影响范围。编制含矿山服务年限在内的规划，一般分近期、中期和矿山服务期满（闭坑）后三个阶段。

方案期限。对于新建和改（扩建）矿山，方案编制应以矿山基本建设完成、未投产前的年份为基准年，对于已投产矿山，方案编制以前一年为基准年。方案应根据不同矿种特点原则上 3 ～ 5 年为一个周期，滚动编制、审批、实施和验收。

7.2　方案（规划）分区

分区应根据矿山企业生态破坏与环境污染状况现状调查、评价与预测确定，按照重点治理区、次重点治理区和一般治理区进行分区。

重点治理区一般指排土场、尾矿库、塌陷区等。一般治理区指矿山生活区、办公区等。其他为次重点治理区。

7.3 方案（规划）目标

编制规划，应按照国家和地方对矿山清洁生产、污染控制、水土保持、生态恢复治理等方面的要求提出生态环境保护与恢复治理的总体目标、阶段目标和具体指标，制定各阶段规划的切实可行目标指标体系。

制定方案，应根据矿山企业生态破坏与环境污染状况及相关技术政策和标准，分阶段确定目标和指标。

7.3.1 清洁生产指标

包括采选矿生产工艺先进性及装备技术水平、资源能源利用指标、综合利用指标、环境管理要求，并符合相应的国家和地方环境保护标准要求。

7.3.1.1 资源能源利用指标

采矿回采率（%）、采矿贫化率（%）、选矿金属回收率（%）、耗水量（m^3/t）、电耗（kW·h/t）等。

7.3.1.2 综合利用指标

采矿废石（矸石）利用率（%）、矿坑（露天、井下）涌水利用率（%）、选矿尾矿综合利用率（%）、选矿水重复利用率（%）等。

7.3.2 污染控制指标

包括工业废水排放达标率（%）、工业废气排放达标率（%）、作业环境粉尘合格率（%）、固体废弃物安全处置率（%）、生活垃圾无害化处理率（%）、生活污水处理率（%）、环境空气质量达标率（%）、地表水环境质量达标率（%）、声环境质量达标率%）等。

7.3.3 水土保持指标

包括扰动土地整治率（%）、水土流失总治理度（%）、林草覆盖率（%）等。

7.3.4 生态恢复指标

包括矿山损毁土地恢复率（%）、工业广场及办公生活区绿化率（%）、污染场地治理达标率（%）等。

7.4 方案（规划）工程措施

方案（规划）应对各类生态环境保护与恢复治理工程所采取的技术措施、技术指标、实施时间等进行说明，对各类生态环境保护和恢复治理的要求应当符合 HJ 651 规定。

7.4.1 污染防治工程

7.4.1.1 大气污染防治工程

包括采选矿生产过程粉尘污染控制及有害气体防治等工程。

7.4.1.2 水污染防治与水资源保护工程

包括采选矿过程中产生的矿坑水、排土场淋溶水、选矿废水及生活污水等治理。根据矿山废水形成的条件和原因，从减源、减量、减时三个方面进行预防或减轻其危害程度，采取截流减源、减少疏干水量、改进工艺减少废水产生量、废水循环利用等工程措施，保护矿区地表水和地下水资源。

7.4.1.3　固体废弃物处理与处置利用工程

包括排土场、尾矿库有价值元素选别、建筑及其他材料应用；固体废弃物处理与处置包括安全贮存、植被复垦等。

7.4.1.4　噪声与振动控制工程

包括矿山生产爆破冲击波与爆破振动；采选矿设备及道路运输噪声等控制工程。

7.4.2　生态恢复与重建工程

包括采矿表土资源管理、采矿过程生态恢复与重建（含采矿坑或沉陷区生态恢复与重建）、排土（矸石）场生态恢复与重建、选矿场及尾矿库生态恢复与重建、工业场地生态恢复与重建，以及必要的土壤污染治理工程等。

7.4.3　水土保持建设工程

包括土地整治、拦渣、防洪排导、植被复垦等工程。

7.4.4　地质环境保护与治理恢复工程

包括矿山开采过程中和服务期满后矿山地质灾害防治措施（地面塌陷、地裂缝的预防措施，滑坡、崩塌的预防治施，泥石流的预防治施等）；地下含水层保护措施；矿区地形地貌景观（包括人文景观）保护与恢复工程措施等。

7.4.5　生态产业工程

可产生经济效益的生态产业，如建材业（固废利用）、花卉苗圃园等。

7.5　矿山生态环境监测与评估

提出矿山生态环境监测（地面与遥感）方案和生态环境评估方法等。

7.6　矿山生态环境保护与恢复治理效果

依据建设工程和生态监测绘制矿山生态环境保护与恢复治理工程实施后的生态恢复与重建效果，并附效果图。

7.7　投资估算

包括生态恢复与重建、环境污染治理、水土保持、资源综合利用（固废资源）、生态产业发展等工程所需要的资金估算，工程实施与执行计划（含资金计划）。

7.8　效益分析

效益主要体现在社会、经济及生态环境效益三个方面。

7.9 实施方案（规划）保障措施

包括组织管理措施、技术保障措施、资金保障措施(资金来源、渠道、责任主体)等。

8　方案（规划）报告编制

8.1　报告书文本内容

矿山生态环境保护与恢复治理方案（规划）报告书的内容结构参见附录 A-1 方案（规划）报告编写大纲。可根据矿山实际情况适当增、减有关内容。

8.2　资料性附件

报告书的资料性附件参见附录 A-2 方案（规划）报告书附件，可根据矿山实际情况适当增、减有关内容。

附录 A-1　方案（规划）报告编写大纲

1. 总论

1.1　任务由来

说明方案（规划）编制任务的由来、背景资料等。

1.2　必要性和意义

阐述方案（规划）编制的的政策符合性和规划一致性，论述方案（规划）的实施对修复矿山生态环境，改善矿区生态环境质量，促进地方经济发展的作用与意义。

1.3　方案（规划）编制的依据

国家、地方、部门、行业等相关法律法规、标准、规范、政策性文件等。

1.4　方案（规划）涵盖范围、基准年及实施时限

方案（规划）涵盖范围以矿山全部区域，包括生产区、生活区、办公区，同时考虑矿山开采影响范围内的生态环境问题。

方案编制应以矿山基本建设完成、未投产前的年份为基准年，对于已投产矿山，《方案》编制以前一年为基准年。方案应根据不同矿种特点原则上 3 ～ 5 年为一个周期，中远期与国民经济与社会发展规划相一致，规划应依据国家和地方相关政策要求适时调整。

2. 指导思想与基本原则

2.1　指导思想、基本原则

以科学发展观为指导，以维护矿区生态环境安全为重点，针对矿产资源开发利用方式以及产生的主要生态环境问题，科学规划、合理布局，提出生态环境保护与恢复治理的主要措施，及时治理受损的生态环境，最大限度地减少因矿产资源开发利用造成的危害，促进矿产资源开发与社会经济的可持续发展。

2.2　基本原则

保护优先、防治结合，景观相似、功能恢复，突出重点、分步实施，科技引领、注重实效。

3. 规划区的基本概况

3.1　矿区所处行政区划

包括位置、分布范围、地理坐标、区位条件等。

3.2　矿区及周围经济社会发展状况

包括人口、教育、工业和能源生产、农业与土地利用、交通运输、人文景观等方面内容。

3.3　矿区自然条件概况

包括气象气候、地质、水文、土壤、植被等。

3.4 矿山开采基本情况

包括储量、设计生产能力、可采矿层及其基本特征、采选工艺及设备等。

4 生态环境现状调查与预测、评价

4.1 矿区自然资源与生态系统调查

包括土地资源、动植物资源、陆生生态系统、水生生态系统等。

4.2 矿区土地、动植被资源的占用与破坏

包括土地利用现状改变，地貌景观破坏、水土流失控制、土地沙化、土壤盐碱化及污染、矿区土地复垦与土壤污染防治、动植物种类与生存状况等。

4.3 矿区地下水均衡破坏与污染

包括地下水水位下降、水资源枯竭、地下水及地表水污染等。

4.4 矿山地质灾害引发生态环境破坏

包括矿坑疏干排水引发的崩塌、滑坡、地面塌陷（开采沉陷、岩溶塌陷）、地裂缝、不稳定边坡；固体废弃物堆积引起的崩塌、滑坡、泥（渣）石流、不稳定边坡；尾矿库溃坝、裂隙与管涌等地质灾害引发生态破坏与环境污染、地质环境保护与治理恢复等。

4.5 矿山生态环境现状评价及生态状况分级

包括水、气、声、噪声与振动、动植物状况等。

4.6 矿山生态环境破坏的控制、恢复治理重建评价

说明生态破坏控制、恢复治理与重建水平。矿山企业污染物达标排放与总量控制要求，以及环保“三同时”履行情况。

4.7 生态环境预测与评估

包括各类生态系统破坏、水土流失变化、地质灾害、环境污染等的预测评估。

5 生态环境保护目标与指标

5.1 生态环境保护总体目标

依据现行法律、法规及有关技术政策，结合矿山实际情况，明确规定矿山生态环境保护与恢复治理应达到的总体目标与指标。

5.2 生态环境保护分期目标

结合矿山生态环境现状，其中应明确规定各分期（近期、中期与矿山开采服务期满后）目标实现年限及应达到的分期目标与指标。建立矿山生态环境保护与恢复治理的目标指标体系。

6 主要任务

6.1 确定生态环境保护与恢复治理规划分区

6.1.1 方案（规划）分区原则

方案（规划）分区依据矿山所处的地形地貌、地质环境，矿石种类、开采方式及规模，采矿活动对生态环境所造成的破坏和影响类型、程度，地质灾害隐患等特征，参照城镇建

设规划和生态规划，进行生态环境保护与恢复治理分区。

6.1.2 具体方案（规划）分区

按排土场、尾矿库、矿山沉陷区、矸石场等对规划进行分区，明确重点治理区、次重点治理区以及一般治理区（可列图表说明）。

6.2 制定生态环境保护方案

结合矿山实际情况与生态环境保护与恢复治理目标指标，按照矿山建设和开采的不同阶段确定矿山生态环境保护与恢复治理的工作部署（可附表说明）。

6.3 不同阶段矿山生态环境保护与恢复工程措施

6.3.1 勘查阶段的生态环境保护与恢复治理

矿产地质勘探应根据查明矿区环境地质条件、现状预测评价，对可能产生的生态环境破坏与恢复治理提出防治对策。

6.3.2 建设阶段矿山生态环境保护与恢复治理

包括矿山建设准入条件符合性描述；矿产资源开发利用方案、矿产资源综合利用方案、水土保持方案、土地复垦方案、地质灾害防治方案、“三废”处理措施等；建设项目“三同时”落实情况叙述。

6.3.3 生产阶段的生态环境保护与恢复治理

包括采矿塌陷和其他采矿活动破坏（如排土场、矿坑）的矿山生态恢复治理工程；选矿生产及尾矿库生态恢复和污染治理工程；矿山“三废”排放治理工程；矿区生产过程水土流失及水土保持工程；工程实施进度与工作安排等。

6.3.4 矿山闭坑阶段的生态环境保护与恢复治理

闭坑矿山的生态环境恢复与重建工程，包括露天坑、排土场与尾矿库、沉陷区、生产与生活区生态恢复与重建工程；可能存在生态环境问题和地质灾害隐患的防治措施；自然人文景观恢复措施等。

6.4 生态环境治理工程方案

明确工程项目名称、建设位置、实施期限、主要建设内容、工程规模及投资（包括分年度建设内容）、建设目的及预期应达到的效果以及责任单位等。

6.5 生态产业发展规划

根据矿山具体情况而定。包括经济林、经济作物建设规划；人工湿地建设规划；花卉苗圃产业；生态旅游业规划。

7 方案（规划）可行性及预计效果分析

7.1 方案（规划）可行性分析

从技术、组织管理、资金等方面，对方案（规划）可行性进行分析。

7.2 方案（规划）实施效益分析

对方案（规划）预期的经济效益、生态环境效益、社会效益进行分析。

7.3 方案（规划）预计效果分析

根据规划任务，对矿山污染控制、矿山生态社区建设、地质灾害隐患消除、清理矿山场地总面积、绿化面积、新增建设用地、新增垦地、人文景观恢复重建等方面进行预计效果分析，并附效果图。

8 方案（规划）实施的保证措施

8.1 政策保障措施；

8.2 组织保障措施；

8.3 资金保障措施；

8.4 技术保障措施。

9 结论

附录 A-2 方案（规划）报告书附件

附件 1：矿山开采支撑文件

附件 2：规划附图

1．矿区卫星影像图。

2. 矿山企业总平面布置图。

3. 矿区范围及生态环境现状图。应包含项目地理位置、范围、矿体境界、主要道路、主要水系、河流与湖泊、土地利用现状、绿化、矿区植被复垦类型、水土流失与水土保持、地质环境保护与治理恢复、人文景观等信息资料。

4. 矿山生态环境影响预测图。

5. 生态环境综合整治总体布局图。图中应包括综合整治工程的主要信息。

6. 方案（规划）中各项工程的配套专业图件。

7. 生态环境恢复治理效果图。绘制生态环境恢复综合整治效果图，并标示各项工程治理效果的有关数据。

附件 3：其他相关附件

矿山生态环境保护与恢复治理技术规范(试行)

目 次

前 言

为贯彻《中华人民共和国环境保护法》《中华人民共和国环境影响评价法》和《国务院关于加强环境保护重点工作的意见》，规范矿产资源开发过程中的生态环境保护与恢复治理工作，促进矿区生态环境保护，制定本标准。

本标准规定了矿产资源勘查与采选过程中，排土场、露天采场、尾矿库、矿区专用道路、矿山工业场地、沉陷区、矸石场、矿山污染场地等矿区生态环境保护与恢复治理的指导性技术要求。

本标准由环境保护部自然生态保护司提出。

本标准由环境保护部科技标准司组织制定。

本标准主要起草单位：环境保护部南京环境科学研究所、环境保护部环境标准研究所、中钢集团马鞍山矿山研究院有限公司（国家环境保护矿山固体废物处理与处置工程技术中心）和中国科学院寒区旱区环境与工程研究所。

本标准环境保护部 2013 年 7 月 23 日批准。

本标准自 2013 年 7 月 23 日起实施。

本标准由环境保护部解释。

矿山生态环境保护与恢复治理技术规范（试行）

1 适用范围

本标准规定了矿产资源勘查与采选过程中的矿区生态环境保护要求，包括排土场、露天采场、尾矿库、矿区专用道路、矿山工业场地、沉陷区、矸石场、矿山污染场地等生态环境保护与恢复治理的指导性技术要求。

本标准适用于煤矿、金属矿、非金属矿、油气矿、煤层气、砂石矿等陆地矿产资源勘查、采选过程和闭矿后生态环境保护与恢复治理。

铀、钍等放射性矿产资源开发的生态环境保护与恢复治理可参照执行。

2 规范性引用文件

本标准内容引用了下列文件中的条款。凡是不注明日期的引用文件，其有效版本适用于本标准。

GB 3095	环境空气质量标准
GB 3838	地表水环境质量标准
GB 5084	农田灌溉水质标准
GB 8978	污水综合排放标准
GB 9078	工业炉窑大气污染物排放标准
GB 11607	渔业水质标准
GB/T 14848	地下水环境质量标准
GB 14500	放射性废物管理规定
GB 16297	大气污染物综合排放标准
GB 18484	危险废物焚烧污染控制标准
GB 18597	危险废物贮存污染控制标准
GB 18598	危险废物填埋污染控制标准
GB 18599	一般工业固体废物贮存、处置场污染控制标准
GB 20426	煤炭工业污染物排放标准
GB 21522	煤层气（煤矿瓦斯）排放标准（暂行）
GB 25465	铝工业污染物排放标准

GB 25466	铅、锌工业污染物排放标准
GB 25467	铜、镍、钴工业污染物排放标准
GB 25468	镁、钛工业污染物排放标准
GB 26451	稀土工业污染物排放标准
GB 28661	铁矿采选工业污染物排放标准
GB 50433	开发建设项目水土保持技术规范
HJ/T 294	清洁生产标准　铁矿采选业
HJ/T 358	清洁生产标准　镍选矿行业
HJ 446	清洁生产标准　煤炭采选业
HJ 607	废矿物油回收利用污染控制技术规范
HJ 652	矿山生态环境保护与恢复治理方案（规划）编制规范（试行）
AQ 2006	尾矿库安全技术规程
UDC—TD	土地复垦技术标准（试行）

3　术语和定义

下列术语和定义适用于本标准。

3.1　矿山生态环境保护

指采取必要的预防和保护措施，避免或减轻矿产资源勘探和采选造成的生态破坏和环境污染。

3.2　矿山生态环境恢复

指对矿产资源勘探和采选过程中的各类生态破坏和环境污染采取人工促进措施，依靠生态系统的自我调节能力与自组织能力，逐步恢复与重建其生态功能。

3.3　探矿

指在勘查许可证规定的范围内勘查矿产资源的活动。

3.4　露天开采

指从敞露地表的采矿场采出有用矿物，或将矿藏上的覆盖物（包括岩石、土壤等）剥离后开采显露矿层的过程，又称露天采矿。

3.5　地下开采

指采用立井、斜井和平硐形式从地下矿床采出有用矿物的过程。

3.6　充填采矿

指随着回采工作面的推进，向地下采空区送入充填材料，控制围岩垮落和地表移动变形。

3.7　表土

指土壤剖面中最靠近地表的一个层次（A 层），一般厚度 20 ～ 30cm，黑土和黑钙土的 A 层厚度可达 50 ～ 100cm。

3.8　排土场

指矿山剥离和掘进排弃物集中排放的场所，包括外排土场和内排土场，又称废石场、排岩场。

3.9　露天采场

指由采矿活动在地表形成的“空场”或“空洞”，也称露天采空区。

3.10　尾矿库

指由筑坝拦截谷口或围地构成的、用于贮存经选矿场选别后排出尾矿的场所。

3.11　矿山沉陷区

指矿山开采导致采空区之上覆岩层的原始应力平衡状态受到破坏，发生冒落、断裂、弯曲等移动变形，最终涉及地表，形成下沉盆地和裂隙等沉陷地形。

3.12　矿山工业场地

指为矿山生产系统和辅助生产系统服务的地面建筑物、构造物以及有关设施的场地。

3.13　矸石场

指煤矿采选过程中产生的含炭岩石及其他岩石等固体废弃物的集中排放和处置场所。

3.14　矿山污染场地

指因堆积、储存、处理、处置或其他方式（如迁移）承载了有害物质，对人体健康或生态环境产生危害或具有潜在风险的矿山空间区域。

4　矿山生态环境保护与恢复治理的一般要求

4.1　禁止在依法划定的自然保护区、风景名胜区、森林公园、饮用水水源保护区、文物古迹所在地、地质遗迹保护区、基本农田保护区等重要生态保护地以及其他法律法规规定的禁采区域内采矿。禁止在重要道路、航道两侧及重要生态环境敏感目标可视范围内进行对景观破坏明显的露天开采。

4.2　矿产资源开发活动应符合国家和区域主体功能区规划、生态功能区划、生态环境保护规划的要求，采取有效预防和保护措施，避免或减轻矿产资源开发活动造成的生态破坏和环境污染。

4.3　坚持“预防为主、防治结合、过程控制”的原则，将矿山生态环境保护与恢复治理贯穿矿产资源开采的全过程。根据矿山生态环境保护与恢复治理的重点任务，合理确定矿山生态保护与恢复治理分区，优化矿区生产与生活空间格局。采用新技术、新方法、新工艺提高矿山生态环境保护和恢复治理水平。

4.4　所有矿山企业均应对照本标准各项要求，编制实施矿山生态环境保护与恢复治理方案。

4.5　恢复治理后的各类场地应实现：安全稳定，对人类和动植物不造成威胁；对周边环境不产生污染；与周边自然环境和景观相协调；恢复土地基本功能，因地制宜实现土地可持续利用；区域整体生态功能得到保护和恢复。

5　矿山生态保护

5.1　在国家和地方各级人民政府确定的重点（重要）生态功能区内建设矿产资源基地，应进行生态环境影响和经济损益评估，按评估结果及相关规定进行控制性开采，减少对生态空间的占用，不影响区域主导生态功能。在水资源短缺、环境容量小、生态系统脆弱、地震和地质灾害易发地区，要严格控制矿产资源开发。

5.2 矿山开采前应在矿区范围及各种采矿活动的可能影响区进行生物多样性现状调查，对于国家或地方保护动植物或生态系统，须采取就地保护或迁地保护等措施保护矿山生物多样性。

5.3 高寒区露天采矿、设置排土场和尾矿库时，应将剥离的草皮层集中养护，满足恢复条件后及时移植，恢复植被；严格控制临时施工场地与施工道路面积和范围，减少对地表植被的破坏。

5.4 荒漠和风沙区矿产资源开发应避开易发生风蚀和生态退化地带，减少开采、排土和运输等活动对土壤结皮、砾幕及沙区植被的破坏和扰动；排土场、料场及尾矿库等场地应采取围挡和覆盖等防风蚀措施。

5.5 水蚀敏感区矿产资源开发应科学设置露天采场、排土场、尾矿库及料场，并采取防洪、排水、边坡防护、工程拦挡等水土保持措施，减少对天然林草植被的破坏。

5.6 在基本农田保护区下采矿，应结合矿山沉陷区治理方案确定优先充填开采区域，防止地表二次治理；在需要保水开采的区块，应采取有效措施避免破坏地下水系。

5.7 采矿产生的固体废物，应在专用场所堆放，并采取措施防止二次污染；禁止向河流、湖泊、水库等水体及行洪渠道排放岩土、含油垃圾、泥浆、煤渣、煤矸石和其他固体废物。

5.8 评估采矿活动对地表水和地下水的影响，避免破坏流域水平衡和污染水环境；采矿区与河道之间应保留环境安全距离，防止采矿对河流生物、河岸植被、河流水环境功能和防洪安全造成破坏性影响。

5.9 矿区专用道路选线应绕避环境敏感区和环境敏感点，防止对环境保护目标造成不利影响。

5.10 排土场、采场、尾矿库、矿区专用道路等各类场地建设前，应视土壤类型对表土进行剥离。对矿区耕作土壤的剥离，应对耕作层和心土层单独剥离与回填，表土剥离厚度一般情况下不少于 30 cm；对矿区非耕作土壤的采集，应对表土层进行单独剥离，如果表土层厚度小于 20 cm，则将表土层及其下面贴近的心土层一起构成的至少 20 cm 厚的土层进行单独剥离；高寒区表土剥离应保留好草皮层，剥离厚度不少于 20 cm。剥离的表层土壤不能及时铺覆到已整治场地的，应选择适宜的场地进行堆存，并采取围挡等措施防止水土流失。

6 探矿生态恢复

6.1 探矿活动结束后，应根据景观相似原则，对探矿活动造成的土壤、植被和地表景观破坏进行恢复。

6.2 对水文地质条件、土地耕作及道路安全有影响或位于江、河、湖、海防护堤或重要建筑物附近的钻孔或坑井应予回填封闭，并恢复其原有生态功能。

7 排土场生态恢复

7.1 岩土排弃要求

7.1.1 合理安排岩土排弃次序，将有利于植被恢复的岩土排放在上部。

7.1.2 采矿剥离物在排弃前应进行放射性和危险性物质鉴别，含放射性成分渣土的排弃应符合 GB 14500 的相关要求，经鉴别属于危险废物的应按照 GB 18597、GB 18598 等标准要求进行处置，其他类型的剥离物排弃要求应符合 GB 18599 的相关要求。

7.2 排土场水土保持与稳定性要求

7.2.1 排土场基底坡度大于 1 ：5 时，应将地基削成阶梯状。排土场原地面范围内有出水点的，排土之前应在沟底修筑疏水暗沟、疏水涵洞。

7.2.2 排土场应设置完整的排水系统，位于沟谷的排土场应设置防洪和排水设施，避免阻碍泄洪，防止淤塞农田、加剧水土流失和诱发地质灾害。

7.2.3 具有丰富水源的排土场或有大量松散物质排放的陡坡场地，以及其他有可能出现滑坡、坍塌的排土场，应采取坡脚防护或拦碴工程。

7.3 排土场植被恢复

7.3.1 排土场总高度大于 10 m 时应进行削坡开级，每一台阶高度不超过 5 ～ 8 m，台阶宽度应在 2 m 以上，台阶边坡坡度小于 35º，形成有利于林木植被恢复的地表条件。

7.3.2 充分利用工程前收集的表土覆盖于排土场表层，覆盖土层厚度根据植被恢复类型和场地用途确定。恢复为农业植被的，覆土厚度应在 50 cm 以上；恢复为林灌草等生态或景观用地的，根据土源情况进行适当覆土。

7.3.3 干旱风沙区排土场不具备植被恢复条件的，应采用砂石等材料覆盖，防止风蚀。

7.3.4 排土场植被恢复宜林则林、宜草则草、草灌优先，恢复后的植被覆盖率不应低于当地同类土地植被覆盖率，植被类型要与原有类型相似、与周边自然景观协调。不得使用外来有害植物种进行排土场植被恢复。已采用外来物种进行植被恢复造成危害的，应采取人工铲除、生物防治、化学防治等措施及时清理。

7.4 排土场恢复再利用

生态恢复后的排土场应因地制宜地转为农业、林业、牧业、建筑等类型用地，具体恢复工程实施参照 UDC—TD 等相应标准执行。

8 露天采场生态恢复

8.1 场地整治与覆土

露天采场的场地整治和覆土方法根据场地坡度来确定。水平地和 15º 以下缓坡地可采用物料充填、底板耕松、挖高垫低等方法；15º 以上陡坡地可采用挖穴填土、砌筑植生盆（槽）填土、喷混、阶梯整形覆土、安放植物袋、石壁挂笼填土等方法。

8.2 露天采场植被恢复

8.2.1 边坡治理后应保持稳定。非干旱地区露天采场边坡应恢复植被。边坡恢复措施及设计要求应符合 GB 50433 的相关要求。

8.2.2　位于交通干线两侧、城镇居民区周边、景区景点等可视范围的采石宕口及裸露岩石，应采取挂网喷播、种植藤本植物等工程与生物措施进行恢复，并使恢复后的宕口与周围景观相协调。

8.3　露天采场恢复与利用

露天采场作为内排土场时，场地水土保持与稳定性、植被恢复要求按 7.2 和 7.3 执行。露天采场不作为内排土场时，按满足以下要求：

8.3.1　采矿剥离物含有毒有害或放射性物质时，按照 7.1.2 的要求执行。

8.3.2　平原地区的露天采场应平整、回填后进行生态恢复，并与周边地表景观相协调，位于山区的露天采场可保持平台和边坡。

8.3.3　露天采场回填应做到地面平整，充分利用工程前收集的表土和露天采场风化物覆盖于表层（覆土要求按 7.3.2 执行），并做好水土保持与防风固沙措施。

8.3.4　恢复后的露天采场进行土地资源再利用时，在坡度、土层厚度、稳定性、土壤环境安全性等方面应满足相关用地要求。

9　尾矿库生态恢复

9.1　尾矿库安全稳定性要求

尾矿库的排水、围挡、防渗、稳定等措施参照 AQ 2006 执行。

9.2　尾矿库覆土及植被恢复

9.2.1　尾矿库闭库后，坝体和坝内应视尾矿库所处地区气象条件、尾矿污染物毒性、植被恢复方式、土源情况进行不同厚度覆土，因地制宜进行植被恢复和综合利用。恢复植被的覆土厚度不低于 10 cm。

9.2.2　位于干旱风沙区、不具备植被恢复条件的尾矿库，应覆盖砂石等材料。

9.2.3　尾矿库恢复后用于农业生产的，应对尾矿库覆盖土壤（包括植物根系延伸区的尾砂）进行污染物检测与农产品安全评估，根据评估结果确定农业利用方式。

9.3　尾矿再利用的生态恢复

尾矿库进行回采再利用或经批准闭库的尾矿库重新启用时，应通过环境影响评价，制定实施尾矿利用规划和恢复治理方案。再利用结束的尾矿库根据本标准要求进行生态恢复。

10　矿区专用道路生态恢复

10.1　矿区专用道路用地应严格控制占地面积和范围。开挖路基及取弃土工程，均应根据道路施工进度有计划地进行表土剥离并保存，必要时应设置截排水沟、挡土墙等相应保护措施。

10.2　矿区专用道路取弃土工程结束后，取弃土场应及时回填、整平、压实，并利用堆存的表土进行植被和景观恢复。

10.3　矿区专用道路使用期间，有条件的地区应对道路两侧进行绿化。道路绿化应以乡土树（草）种为主，选择适应性强、防尘效果好、护坡功能强的植物种。

10.4　道路建设施工结束后，临时占地应及时恢复，与原有地貌和景观协调。

11　矿山工业场地生态恢复

11.1　矿山工业场地不再使用的厂房、堆料场、沉砂设施、垃圾池、管线等各项建（构）筑物和基础设施应全部拆除，并进行景观和植被恢复。转为商住等其他用途的，应开展污染场地调查、风险评估与修复治理。

11.2　地下开采的矿山闭矿后应将井口封堵完整，采取遮挡和防护措施，并设立警示牌。

12　矿山大气污染防治

12.1　矿山采选过程中产生的大气污染物排放应符合 GB 9078、GB 16297、GB 20426、GB 25465、GB 25466、GB 25467、GB 25468、GB 26451、GB 28661 等国家大气污染物排放标准以及所在省（自治区、直辖市）人民政府发布实施的地方污染物排放标准。矿区环境空气质量应符合 GB 3095 标准要求。

12.2　矿山企业应采取如下措施避免或减轻大气污染：

12.2.1　采矿清理地面植被时，禁止燃烧植被。运输剥离土的道路应洒水或采取其他措施减少粉尘。

12.2.2　勘探、采矿及选矿作业中所用设备应配备粉尘收集或降尘设施。

12.2.3　矿物和矿渣运输道路应硬化并洒水防尘，运输车辆应采取围挡、遮盖等措施。

12.2.4　矿物堆场和临时料场应采取防止风蚀和扬尘措施。

12.2.5　天然气井选点测试放喷，应远离居民区和建筑物，排出的气体要点燃焚烧。

12.2.6　煤炭、石油、天然气开发中产生的伴生气或者其他有毒有害气体，应进行综合利用或无害化处置，确需排放的，须达到 GB 21522 等国家或地方排放标准。

13　矿山水污染防治

13.1　充分利用矿井水、选矿废水和尾矿库废水，避免或减少废水外排。矿山采选的各类废水排放应达到 GB 8978、GB 20426、GB 25465、GB 25466、GB 25467、GB 25468、GB 26451、GB 28661 等标准要求，矿区水环境质量应符合 GB 3838、GB/T 14848 标准要求；污废水处理后作为农业和渔业用水的，应符合 GB 5084、GB 11607 标准要求；实施清洁生产认证的企业废水污染物排放与废水利用率还应满足 HJ/T 294、HJ/T 358、HJ 446 等清洁生产标准的相关要求。

13.2　可能产生酸性废水的采矿废石堆场、临时料场等场地的矿山，应采取有效隔离和覆盖措施，减少降水入渗，并采用沉淀法、石灰中和法、微生物法、膜分离法等方法处理矿区酸性废水。

13.3　矿井水和露天采场内的季节性和临时性积水应在采取沉淀、过滤等措施去除污染物后重复利用。

14　沉陷区恢复治理

14.1　矿山企业应采取有效措施，避免或减少地面沉陷和地表扰动。

14.2　因地制宜采用固体材料、膏体材料、高水材料等安全无害充填材料和充填工艺技术，有效控制地表沉陷，固体、膏体（似膏体）、高水（超高水）材料的充填率应分别达到 70%、85% 和 90% 以上。

14.3　沉陷区恢复治理应综合考虑景观恢复、生态功能恢复及水土流失控制，根据沉陷区稳定性采用生态环境恢复治理措施，可按照 UDC—TD 相关要求恢复沉陷区的土地用途和生态功能。沉陷区稳定后两年内恢复治理率应达到 60% 以上；尚未稳定的沉陷区应采取有效防护措施，防止造成进一步生态破坏和环境污染。

15　矸石场恢复治理

15.1　煤矸石综合利用

在煤矸石不对土壤、地下水造成污染的前提下，通过生产建筑材料、筑路、充填（包括建筑充填、低洼地和荒地充填、矿井采空区充填）等方式充分利用煤矸石，减少露天堆放量。在平原区，煤矸石应进行综合利用或井下充填，禁止露天占地堆放。在满足相关规定条件下，可开展煤矸石发电。

15.2　煤矸石堆放

煤矸石堆放与处置应安全稳定，符合 GB 18599 标准要求。禁止矸石堆的有毒有害液体和废物进入河流和地下水体。堆存煤矸石时，应设计稳定的边坡角度，并分层覆土压实，防止出现自燃和爆炸。一般每层矸石堆存厚度不超过 2m，覆土厚度不低于 0.5m。

15.3　矸石场生态恢复

矸石场闭场后，应进行平整和覆土处理，依据景观相似性原则选择植物种进行绿化或景观恢复。矸石场生态恢复与利用可参照第 7 章相关要求执行。

16　污染场地恢复治理

16.1　污染场地的恢复应切断污染源，防止渗漏和扩散，去除污染物，恢复场地生态功能，保证安全再利用。

16.2　污染场地应采取设置屏障等措施控制污染土壤、污泥、沉积物、非水相液体和固体废物等污染物进一步迁移。

16.3　易于积水的污染场地应采用防渗膜、土工膜、土工布、GCL 膨润土垫等做好防渗漏措施，根据污染场地天然基础层的地质情况分别采用天然材料衬层、复合衬层或双人工衬层作为其防渗层，必要时设置集排水系统，防止污水渗漏和扩散。

16.4　污染场地应因地制宜采用物理、化学、生物、热处理等技术进行场地修复。对于有毒有害污染物和放射性污染物处置，应符合 GB 18484、GB 18597、GB 18598 和 GB 14500 等标准要求。酸碱污染场地应采用水覆盖法、湿地法、碱性物料回填等方法进行场地修复，使修复后的土壤 pH 达到 5.5 ～ 8.5 范围。场地内废矿物油的利用与处置应符合

HJ 607 标准要求。

16.5 污染场地恢复治理达到相关标准要求并经环保部门组织验收后，可转为农业、林业、牧业、渔业、建设等用地。

17 评估与管理

17.1 县级以上环境保护主管部门应定期组织对矿山生态环境质量状况进行监测与监督检查，并对矿山大气环境、水环境、污染物排放、植被覆盖度、生物多样性、水土流失情况、土地毁损与景观破坏等方面进行评估；根据矿山生态环境保护与恢复治理方案分阶段目标，对矿山生态环境保护与恢复治理成效进行评估。矿山生态环境保护与恢复治理方案应符合相应编制导则要求，参照 HJ 652 编制。

17.2 恢复治理后的排土场、尾矿库、污染场地、矸石场、沉陷区、采空区等用于农业种植或养殖时，需连续进行 3 年以上农产品安全性检测与评估，达不到要求的，禁止种养殖食用农产品或能够进入食物链的农产品。

18 标准实施与监督

标准由县级以上人民政府环境保护行政主管部门监督实施。